KB154245

정동의 힘

affcom aff-com총서03

정동의 힘 情動の権力

지은이 이토 마모루
옮긴이 김미정

펴낸이 조정환
책임운영 신은주
편집부 김정연
홍보 김하은
프리뷰 아프꼼, 이도훈

펴낸곳 도서출판 갈무리 **등록일** 1994. 3. 3. **등록번호** 제17-0161호
초판인쇄 2016년 1월 16일 **초판발행** 2016년 1월 26일
종이 화인페이퍼 **출력** 경운출력 **인쇄** 예원프린팅
라미네이팅 금성산업 **제본** 은정제책

주소 서울 마포구 동교로18길 9-13 [서교동 464-56]
전화 02-325-1485 **팩스** 02-325-1407
website http://galmuri.co.kr e-mail galmuri94@gmail.com

ISBN 978-89-6195-130-2 94300 / 978-89-6195-049-7(세트)
도서분류 1. 문화연구 2. 미디어 3. 사회학 4. 예술 5. 미학 6. 대중문화 7. 철학 8. 인문학 9. 정치학 10. 경제학

값 20,000원

이 도서의 국립중앙도서관 출판예정도서목록(CIP)은 서지정보유통지원시스템 홈페이지(http://seoji.nl.go.kr)와 국가자료공동목록시스템(http://www.nl.go.kr/kolisnet)에서 이용하실 수 있습니다.(CIP제어번호: CIP2015035728)

情動の権力 The Affective Power

정동의 힘

미디어와 공진(共振)하는 신체

from Cultural Turn to Affective Turn

이토 마모루 伊藤守 지음 김미정 옮김

일러두기

1. 원전의 서지사항
이 책은 伊藤守, 『情動の権力―メディアと共振する身体』(せりか書房, 2013)을 완역한 것이다.

2. 철학상 고유어, 개념어 번역에 대한 원칙
1) 이 책에 등장·인용되는 서구철학·이론서의 경우 일본어 중역이 되는 것을 최대한 피하기 위해, 가능한 한 한국어판 및 원문(영어, 프랑스어) 대조를 하면서 문맥에 맞게 번역했고, 본문에서는 옮긴이주로 한국어판 출처와 쪽수(필요한 경우 직접 인용)를 명기했다.
2) 한국어화했을 때 본래 함의가 희미해지거나, 각 분과학문에서 통상적으로 사용되거나(반대로 합의된 역어로 정착되지 못했거나), 저자의 문제의식이 강조된 단어들은 가독성이 떨어지더라도 무리하게 번역하지 않고 그대로 표기했다. 필요에 따라 본문에서 옮긴이 주석을 통해 설명했다. (ex. 오디언스, 포지셔닝, 아이덴티티, 내셔널 아이덴티티, 에스노 아이덴티티, 내셔널, 트랜스내셔널, 로컬, 에스닉 등.)
3) 주석과 참고문헌에서 저자명을 서지사항의 일부로 쓸 때에는, 도서검색의 용이성을 감안하여 각 한국어판의 표기에 준하여 기록했다. 따라서 본문 안에서 저자명이 각기 상이하게 표기된 경우도 있음을 미리 부기해 둔다. (ex. 메를로 퐁티/메를로-퐁티, 펠릭스 가타리/펠릭스 과타리)
4) 한국에서는 통상적으로 'actual'(그 계열어들도 포함)은 '현재의'·'현실의' 등으로 번역되었으나, 이 책의 저자는 특히 들뢰즈적 용법의 경우 '現働'이라는 말을 사용하고 있다. 하지만 본 번역서에서는 그 뉘앙스와 차이를 면밀히 고려하지 않아도 큰 문제가 없고 오히려 번역어를 통일하는 것이 가독성에 도움이 된다는 판단에서 일괄적으로 '현실의'로 옮겼다.
5) virtual, potential의 번역어에 관련된 문제는 본문의 3장 옮긴이 주에서 언급했다.

3. 부호 표기 원칙
1) 단행본, 전집, 정기간행물, 보고서에는 겹낫표(『 』)를, 논문, 논설, 기고문 등에는 홑낫표(「 」)를 사용했다.
2) 행사, 영상, 텔레비전 프로그램 이름 등은 꺾쇠(〈 〉)를 사용하여 표기했다.

4. 주석 표기 원칙
지은이 주석과 옮긴이 주석은 같은 일련번호를 가지며, 옮긴이 주석에는 [옮긴이]라고 표시했다.

차례

정동의 힘

올해 2015년 여름, 일본 사회는 뜨거운 정치의 계절을 맞았다. 7월과 8월 내내 국회의사당 앞에서는 안전보장법제에 반대하는 사람들 수만 명의 데모가 있었다. 참의원에서의 강행타결을 앞둔 8월 30일에는 주최 측 발표에 따르면 12만여 명이 국회 앞에 모였다고 한다.

2011년 3월 11일 동일본 대지진과 후쿠시마 원전 사고를 계기로 일본에서는 '원전반대', '원전 재가동 반대' 여론이 고조되어 국회 앞에서 데모가 이어져 왔다. 이 공동행동의 확대는 일본사회를 '데모할 수 있는 사회'로 변화시켰고, 그것이 8월 30일 대규모 데모에서도 나타났다고 볼 수 있다.

지금까지 40년여 년 동안 '데모는 절대 안 된다', '데모해 봤자 정치는 변하지 않는다'는 의식이 계속 있어 왔으나, 그 분위기가 변화하여 '정치적 의사를 표현하는 하나의 수단'으로 데모가 인지된 것이다.

이런 집합적 행동이 확대되고 의식이 고조된 배경에는 소셜미디어가 일정 정도 역할을 했다는 지적이 있다. 예전에 데모에 참여하는 사람들은 특정 정당 지지자나 노동조합의 구성원, 좌파 쪽 사람들이 대부분이었다. 그런데 3·11 이후에는 일반 회사원이나 아이를 데리고 나온 어머니, 젊은이, 예술가 등, 조직과는 무관한 일반시민이 각자의 판단으로 데모에 참가하기 시작했다. 랩의 리듬을 통해서 자기 의사를 표현하는 사운드데모 스타일도 등장했다. 이런 운동이 크게 확산된 계기로는 트위터나 페이스북에서 데모 관련 정보나, '원전반대'·'안보법제반대'를 호소하는 수많은 트윗과 리트윗을 쉽게 접할 수 있게 된 상황을 들 수 있다. 대학이나, 노동조합의 세미나 같은 단위에서 이루어졌던 집합적 행동이, 디지털 네트워크로 연결되는 무수한 사람들 사이의 순간적으로 이동하는 정보로부터 발생하고 있다. 인터넷상의 정보에서 촉발되어 '인터넷에서도 이 정도로 논의가 들끓고 있는데 나도 가 봐야겠다'는 의식이 생겨난 것이다. 튀니지와 이집트의 '민주화' 운동을, 어느 다국적기업의 이름을 붙여 '페이스북 혁명'이라고 부르기도 하지만, 나는 거기에서 그 기업의 이름이 아니라 새로운 커뮤니케이션의 변화를 읽고 싶다. 현대의 정치적인 집합 행동은 분명, 디지털 네트워크와 접속하면서 생겨난 측면이 크다. 동원의 미디어로서, 참가를 독려하는 미디어로서, 소셜미디어는 강력한 힘을 발휘하고 있는 것이다.

하지만 변화는 이것에만 한정할 수 없다. 국회의사당 앞 데모 현장 뒤편에서는 디지털 네트워크 공간을 떠도는 각종 언설이나 인터넷상의 '주절거림'들 사이에서 대립, 야유, 비방, 중상, 조롱도 빈번하게 오가고 있다. 그것은 안보법제에 찬성하는 측과 반대하는 측의 대립인 경우도 있다.

그런데 특징적인 것은 반대하는 측의 내부에서도, 무심코 누군가가 내뱉은 '주절거림'이 네트워크를 통해 확산되는 과정에서, 강한 반발이나 비판, 야유나 비방까지도 일어난다는 사실이다. 처음에는 몇 명의 네티즌이 그 '주절거림'에 반응하지만, 파급은 무제한적이다. 정보가 디지털 네트워크의 여러 결절점을 이동하면서 사람들의 정동이나 감정을 촉발하고, 독자적인 리얼리티를 가지는 공간을 만들어 내고 있는 것이다. 그것은 컴퓨터를 매개로 한 커뮤니케이션을 사람과 사람이 직접 대면하는 커뮤니케이션과 비슷한 현장감과 접근감telepresence으로 이끄는 소셜미디어 환경이 아니라면 생각할 수 없는 현상이다.

같은 지향의 사람들을 모이게 하는 '동류성'homophily을 끊임없이 갱신하는 정보의 흐름. 또는 다른heterogeneous 사람과의 접촉가능성이 확대되는 중에 대립이나 갈등을 일으키는 정보의 흐름. 이 두 정보의 흐름이 끊임없이 교차하고 넘나드는 소셜미디어의 특이한 기술적 환경이 지금 우리 앞에 펼쳐지고 있다.

인터넷 사회가 도래하면서 생긴, 이런 많은 사람의 '연대' 현상에 우리는 주목할 필요가 있다. 또 한편으로 그와는 반대로 '주절거림'을 '절단'하고, 때에 따라서는 증오가 폭발적으로 확장하는 현상의 성립에도 주목해야 한다. 이런 '연대'와 '절단' 같은 상반된 상황이 동시에 전개되는 것은 일본에 한정된 독특한 현상일까. 앞서 말한 튀니지나 이집트의 '아랍의 봄'을 창출한 사회운동은 어떤 것이었을까. 2014년 3월에 일어난 대만의 '해바라기 운동'太陽花運動이나 올해 9월 홍콩에서 '우산혁명' 같은 사회운동의 고조는 어떤 과정과 특징을 가지는 것일까. 그리고 기존에는 자유주의자 혹은 좌파가 강한 영향력을 발휘했던 인터넷 언론 및 여론과 길항하는 모습으로, 반동적 분위기와 보수 언론이 인터넷에서 세력을 확장하고 있다는 한국은 어떨까. 일본에서 일어나고 있는 정보현상이나 사회현상과 공통된 일들이 사실은 각 사회마다 가진 각기 다른 맥락을 배경으로 하여 여러 양상으로 발생하고 있는 것 아닐까.

이 책을 관통하는 주제와 목적은, 이런 전자미디어가 창출하는 네트워크가 인간사회의 기본적 환경의 하나가 되면서 생기는 사회현상 및 인간의 지각이나 감각의 변용을 이론적으로 고찰하는 것이다. 그리고 나는 그것을 위해 기존의 정보개념이나 커뮤니케이션 모델을 비판적으로 재고하며, 새로운 지도를 그려 보고자 했다. 이 목적을 위해 이 책에서는 이제까지 미디어 이론 내에서는 거의 다뤄진 바 없던 라이프니츠G. W. Leibniz, 가브리엘 타르드Gabriel Tarde, 그리고 질 들뢰즈Gilles Deleuze 같은 지적 계보를 검토하면서 논의를 펼쳤다. 그 키워드의 하나가 '정동' 개념이다.

하지만 이 책의 의도는 이론을 위한 이론을 구축하는 것에 있지 않다. 이론적인 검토를 행하는 것의 목적은 어디까지나 지금 생겨나고 있는 현상을 파악하고 이해하는 것과 관련되어야 하기 때문이다. 그것을 위해 '어떤 시점이 요구되고, 어떤 개념장치를 고안해야 하는가'라는 실천적인 질문이 깊이 연결되어야 한다고 생각한다.

이 책에 수록된 글들은 2007년에서 2012년 사이에 쓴 것이고, 앞서 말한 2011년 3월 이후의 일들을 분석하고 있지는 않다. 하지만 3장과 4장에서 다룬 구체적 사례와 그 분석은, 지금 일어나고 있는 이 세계의 현상을 이해하는 데에 어떤 시점을 독자 여러분께 제공하리라 믿는다.

이 책이 지금 한국사회에서 일어나는 사회변화를 분석하는 하나의 실마리를 줄 수 있다면, 또 디지털미디어 시대의 미디어 연구를 진척시키는 대화의 계기가 될 수 있다면, 필자로서도 더없이 기쁠 것이다.

마지막으로 한국어판 출판을 맡아 준 갈무리 출판사, 그리고 번역에 힘써 준 김미정 씨에게는 특별히 감사의 말씀을 전하고 싶다.

고맙습니다.

2015년 10월 도쿄에서

이토 마모루

프롤로그

최근 십여 년 사이에 미디어 환경은 급격히 변화했다. 개인용 컴퓨터나 모바일 단말기로 대표되는 전자미디어가 발달하면서 정보의 고속성, 확산성, 산일성散逸性이 가속화했고 이제까지와는 전혀 다른 미디어 환경이 구조화되고 있다. 특히 트위터나 페이스북 같은 소셜미디어의 등장은 그간의 변화를 단번에 가시화했다고도 할 수 있다. 기존의 텔레비전이나 신문과 같은 하향식top down 정보발신과는 달리 누구나 사적 공간과 공적 공간을 넘나들며 정보를 발신할 수 있게 되었고, 그 정보가 국경을 비롯하여 모든 경계를 넘어 확산되는 상황을 맞은 것이다.

정보의 고속성·확산성·산일성이란, 어떤 장소에서 발신된 정보가 인간과 전자 테크놀로지가 연결된 여러 결절점을 순식간에 거치며 이동할 때 각 결절점에서 정보가 보충·편집되어 유통되는 흐름, 즉 정보 자체가 계속 변용하면서 이동하는 움직임을 특징짓는 말들이다. 전자적 정보회로가 다원화하고, 그에 따라 생산·이동·소비·보완 각 단계에서 정보의 차이화와 다양화가 나타나고 있으며, 또 그 정보가 어디로 이동할지 예측불가능한 산일성이 확대되어 가는 것이 오늘날 정보흐름의 특징이다. 이렇듯 전자미디어가 만들어 낸 새로운 지평은 기존 미디어와 접합하면서 어떤 사회현상을 발생시키거나 인간의 감각 및 지각의 변용을 초래한다. 이때, 미디어에 의해 촉발된 '정동=affection'의 생성 문제가 중요한 주제로 부상한다. 이것이 이 책을 관통하는 문제의식이다.

이 문제의식은, 이제까지와는 다른 정보현상을 어떤 시점에서 어떻게 고찰할지, 현재 진행되고 있는 정보현상의 특징을 어떤 개념들을 통해 파악할 수 있을지 등의 질문으로 이어진다.

이 질문을 해결하기 위해 참고할 이론적 틀과 관점은 이제껏 미디어 연구에서 거의 언급된 바 없던 라이프니츠, 가브리엘 타르드, 질 들뢰즈의 계보이고, 구체적으로는 '운동'·'시간'·'신체'에 대해 다루게 될 것이다. 이 책은, 이 세 개의 문제계를 교차시키면서 기존의 미디어 연구, 커뮤니케이션 연구를 재고하고 그 연구 영역을 확장하고자 한다. 이때 모든 논의의 초점은, 앞서 언급한 '정동=affection' 개념 및 '잠재적인 것=the virtual'이라는 개념에 놓일 것이다.

이런 검토를 통해 이 책은 두 가지 의미에서 '근대주의'적 커뮤니케이션 상을 재고할 수 있을 것이다. 첫째는, 이제까지 주지주의적인 틀 안에서 다뤄진 정보개념이나 커뮤니케이션 모델을 상대화할 수 있을 것이다. 즉, 종래의 제도화된 관점을 대신하는 의미에서, 중세 보편논쟁의 오컴으로 대표되는 유명론의 지적 계보와는 다른 계보에 커뮤니케이션 및 미디어 이론을 위치시킬 것이다. 이 과정에서, 새로운 미디어 이론 모델을 구상할 필요성이 적극 제기될 것이다.(1~4장)

두 번째, 근대 '국민국가'를 전제로 한 이제까지의 매스 커뮤니케이션 이론이나 국내적 관점의 미디어 연구를 상대화할 수 있을 것이다. 오늘날 정보는 국경을 넘어 글로벌하게 이동·운동한다. 그리고 미디어 공간이 중층화함에 따라, 이동하는 정보나 문화는 집합적 주체의 창조력이나 자기인식의 자원으로 수용되고, 거기에서 새로운 사회운동이 생겨나고 있다.(5~6장) 이 검토 과정에서, 공간편제와 미디어의 관계, 이동하는 주체와 미디어의 관계가 구체적으로 분석될 것이다.

*

'운동'·'시간'·'신체' 그리고 '정동'이라는 문제계에 초점을 맞추어 커뮤니케이션과 미디어의 매개성을 고찰하는 이 책은, '문화연구[1] 이후 미디어 이론'의 방법을 전망하고자 한다. 문화의 정치성이나 권력성을 시야에 두는 것은 물론이고, 그 정치성이 작동하는 방식이 오늘날 어떻게 변화했는지를 분석하는 장치

1. [옮긴이] 주지하듯 문화연구(cultural studies)는 1950년대 이후 영국 신좌파 운동과 밀접하게 관련되어 있다. 1970~80년대 영국의 문화연구가 대처리즘으로 대변되는 보수주의 정치 및 신자유주의 이데올로기 비판에 주력한 맥락에서도 알 수 있듯, 정치성에 방점이 찍혀 있었다고 할 수 있다. 1990년대 이후 한국에서의 '문화연구'도 이런 맥락을 고려할 수 있을 것 같은데, 한국보다 일찍 문화연구의 관점을 주목한 일본에서는 이것이 문화 일반에 대한 연구가 아니라는 점에서, 그리고 애초 영국에서 문화연구가 태동할 당시의 정치성을 담보해야 한다는 의미에서 '문화연구'로 번역하지 않고 '컬추럴 스터디즈'라는 말을 가타카나로 표기하여 그대로 사용해 왔다. 한편, 지금 일본 내에서는 이 문화연구(컬추럴 스터디즈)의 정치성과 실천력이 아카데미즘 내에서 제도화되어 버렸다는 자성의 목소리도 높다.

가 재구축되어야 한다고 생각하기 때문이다. 이때 실마리가 된 동시에 직접적 참고가 된 것이 브라이언 마수미Brian Massumi의 논의이다.

그는, 과거 20년간 '운동'과 '정동'이 공히 인간 과학에서 매우 중점적으로 관심을 받아 왔음에도 불구하고 문화이론은 운동과 정동의 직접적인 관련성을 고려하지 않았다고 강조한다. 문화이론은 '운동'movement이 아닌 '포지셔닝'positioning 모델을 분석의 관점으로 삼았을 뿐이라고 마수미는 말한다. 여기에서 그가 비판적으로 언급하는 '포지셔닝' 모델이란, 말할 것도 없이 문화연구의 관점, 특히 스튜어트 홀Stuart Hall의 '인코딩/디코딩'encoding/decoding 모델[2]이다. 그럼 이 모델의 무엇이 문제일까. 마수미는 '포지셔닝' 모델을 다음과 같이 설명한다.

우선 문화연구에서의 대상은 어디까지나 '읽기'의 실천 대상, 독해가능한 텍스트로 전제되었다. 또 텍스트와 늘 접촉하

---

2. [옮긴이] 스튜어트 홀이 1973년 논문 "Encoding/Decoding"에서 제기한 개념으로서 'encoding/decoding'은 '코드화/탈코드화'로 통용되기도 한다. 이때의 디코딩(decoding)은 '해독'(解讀)을 의미하지만, '해독'이라고 하면 '코드화'와 세트 개념으로 이해되지 않아서 '탈코드화'로 번역된 것이다. 이 개념이 특징적인 것은, 인코딩(코드화)과 디코딩(탈코드화)이 서로에 대해 상대적인 자율성을 갖고 있다는 점이다. 즉, 인코딩-디코딩 모델에서의 커뮤니케이션 과정은 투명하거나 일방향적인 과정이 아니라, 상호결합되어 있으나 상대적 자율성을 가지고 이루어지는 다양한 일상적 실천 속에서 생산, 유지되는 담론의 질서로 파악할 수 있다. 上野俊哉·毛利嘉孝, 『カルチュラル·スタディーズ入門』(ちくま新書, 2000) 참조. 한국어판으로는 『문화연구』, 박광현 옮김, 동국대학교 출판부, 2008.

는 오디언스[3] 역시 지배적인 이데올로기와 연결된 사회적 쟁점을 둘러싸고, 그 텍스트의 의미를 '읽고' '해독하는' 주체로 여겨졌다. 즉, 젠더나 인종이나 계급 간 차이를 내포하면서, 지배적인 의미 코드를 읽고 해석하는 '언설주체'로 가정되었던 것이다. 젠더나 계급 같은 개념의 '해독격자格子'에서의 위치에 따라 문화와 그 소비를 분석하는 것, 이것이 '포지셔닝' 모델이다.

말하자면, 이 모델에서 오디언스는 단지 '언설주체'에 불과하고 '해독격자'라는 공간 위에 핀으로 '고정된' 존재일 뿐이었다. 하지만 이 입론하에서는 텍스트의 '의미'만 전경화될 뿐, 영상, 음성, 사운드라든지 신체 사이에서 '촉발하고' '촉발되는' 직접적이고 동적인 운동 작용의 문제는 지워지게 된다. 즉, 기존

3. [옮긴이] 일반적으로 미디어를 통해 정보를 받아들이는 '수용자', '수신자'(관중, 시청자, 독자, 청취자 등)로 번역할 수도 있겠다. 이 책에서도 각각의 내용적 맥락에 따라서 역자가 자의적으로 '독자, 청취자, 시청자, 관중, 독자, 수용자, 수신자' 등으로 번역할 수 있었다. 하지만 그 자의적 번역의 문제뿐 아니라, 독자, 청취자, 시청자, 관중, 독자, 수용자, 수신자 같은 말들은 기본적으로 발신-수신, 생산-소비의 고정된 구도를 상정하고 있기 때문에, 저자의 전체적 문제의식과는 배리된다고 판단하여 가능한 한 '오디언스' 그대로 사용하려고 했다. 또한 이후 논의에서 자세히 밝혀지겠지만(특히 5장) 문화연구에서의 포지셔닝 모델(스튜어트 홀의 '인코딩-디코딩' 모델 역시)은 기존 발신-수신, 생산-소비모델의 '일방향성'을 극복한 것임에도 불구하고, 주로 '기호적인 장'에 한한 논의이므로 저자의 입장을 이들과 분리해서 읽어야 한다. 저자의 문제의식은 기존 문화연구의 문제의식과 방법론만으로 해석되지 않는 오늘날의 상황, 특히 '운동성'에 대한 관심에서 출발한다. 물론 '오디언스'라는 말이 이 상황 자체를 담보한다고 보기는 어렵지만, 적어도 저자의 문제의식을 곡해할 위험은 피할 수 있으리라 여겼다.

문화연구는 '의미'라는 회로를 경유한 매개 작용에만 주목했다. 이때 소리든 영상이든 혹은 리얼한 무엇이든, 늘 운동 상태에 있는 (운동과 불가분인) 대상과 신체의 관계, 그리고 그 둘의 동적인 관계에서 생기는 '정동'은 잉여로 파악되거나, 문화 서술에서 파괴적 요소를 발생시킨다고 배제되어 왔다. 마수미는 이 점을 반복해서 강조한다. "포지셔닝의 이념은 '실상'picture에서 '운동'movement을 지우면서 시작한다. 그 설명의 출발점은 정체의 영점a zero-point of stasis이다.…… 포지셔닝이 결정적으로 가장 중요할 뿐, 운동은 부차적인 것으로 여겨졌다."(Massumi, 2002, 4)[4]

그럼 이런 관점의 한계를 어떻게 넘어설 것인가. 마수미에 의하면 그것은 '운동'이라는 개념을 문화이론에 도입함으로써 가능하다. 즉, '운동' 속에서 신체와 문화, 미디어와 신체의 관계를 풀어갈 회로의 발견을 문화이론의 중심 주제로 구성하는 것이다.

그런데 여기에서 유의할 것은 이런 이론적 방향성이 단순히 문화연구를 비판하기 위한 것이 아니라는 점이다. 분명 마수미는 문화연구의 '포지셔닝' 모델의 약점을 혹독하게 비판한다. 하지만 그는 "운동, 정동, 경험의 질이, 나이브한 현실주의나 주관주의에 함몰되지 않고 포스트구조주의적 문화이론의

---

4. [옮긴이] 브라이언 마수미, 『가상계』, 조성훈 옮김, 갈무리, 2011, 13쪽.

통찰과도 대립하지 않으면서 문화적·이론적으로 사고될 수 있다."[5]고 하면서, 이 프로젝트가 "문화연구와 대결하려고 시작된 것이 아니라, 운동, 정동, 경험의 질 등을 이제까지 무시되어 온 지적 원천으로부터 개념적으로 통찰하며 재조명하고 싶은 기대에서 시작되었다."[6]라고 한다. 이 말을 통해서도 그의 기획이 단순히 비판을 위한 기획이 아니었음을 알 수 있다. 그는, 현대의 미디어 문화, 미디어 표상의 권력 작용을 가시화하기 위해 '포지셔닝' 모델로부터 이론적 도약이 필요하다고 주장한 것이다. 이 책의 입각점이나 의도도 이런 문제의식과 상통한다.[7]

마수미가 들뢰즈의 말을 빌려 말했듯, "문화·문학 이론의 지배적 모델의 문제는, 그것이 현실의 구체성을 파악하는 데에 너무 추상적이어서가 아니라, 구체적인 것의 실재적 비물형성 the real incorporeality을 파악하는 데에 충분히 추상적이지 못한 것에 있다."(Massumi, 2002, 5)[8]

즉, 오늘날 미디어 문화연구는, '포지셔닝' 모델의 중요성을 인정하면서도 이 모델과는 다른 이론적 구상을 해야 하는 과제를 안고 있다.

---

5. [옮긴이] 마수미, 『가상계』, 14쪽.
6. [옮긴이] 마수미, 『가상계』, 15쪽.
7. 이 점에 대해서는 이미 필자가 미디어 연구의 각 시점과 관련하여 지적한 바 있다.(伊藤, 2007)
8. [옮긴이] 마수미, 『가상계』, 17쪽.

이 과제를 해결하기 위해 이 책에서는 기존의 정보개념이나 커뮤니케이션 개념을 재고한다. 그리고 '운동'·'시간'·'신체' 그리고 '정동'이라는 문제계에 초점을 맞추어 미디어의 매개성이 가지는 현대적 특징을 고찰하게 될 것이다.[9]

*

이 책은 다음과 같이 구성되어 있다.

1장에서는 정보개념에 관해 재고한다. 이제까지 정보학, 사회학 등의 분야에서 정보개념에 관한 검토는 대단히 많이 이루어졌다. 따라서 정보개념에 대한 새로운 고찰이 이제 더는 필요 없다고 하는 주장도 이상하지 않다. 그러나 정보개념은 계속 새롭게 고찰되어야 하고, 그 일은 현대의 정보현상을 이

---

9. 마수미의 논의가 하나의 계기였지만, '정동'에 관한 중요한 문헌이 차츰 간행되기 시작한 사정도 기억해야 할 것이다. 예를 들면 Clough, Patricia Ticineto and Halley, Jean eds. (2007) *The Affective Turn: Theorizing the Social*, Duke University Press, 이어서 Melissa Gregg and Gregory J. Seigworth eds. (2010) *The Affect Theory Reader*, Duke University Press[멜리사 그레그·그레고리 J. 시그워스 엮음, 『정동 이론』, 최성희 외 옮김, 갈무리, 2015] 등이 간행되었다. 후자의 책(2010[한국어판 2015])에는 Brian Masumi(2006) "The Future Birth of the Affective Fact: The Political Ontology of Threat"[브라이언 마수미, 「정동적 사실의 미래적 탄생: 위협의 정치적 존재론」]도 수록되어 있다. 또한 Sharon R. Krause (2008) *Civil Passions: Moral Sentiment and Democratic Deliberation*, Princeton University Press와 같이 정치학 분야의 숙의민주주의(토의민주주의) 논의에서는, 정동이나 감정의 활동을 정당하게 위치시켜야 한다는 문제제기도 나오고 있다.

해하기 위해서도 매우 필요하다. '운동'과 '지속', 그리고 '정동'이라는 계기와 '정보' 개념을 연결함으로써, 보다 동적인 정보개념을 도출할 수 있을 것이다. '정동'은 한편으로는 환희나 아름다움과 관련되지만, 또 다른 한편으로 증오나 혐오의 감정을 불러일으키면서 사회적 배제나 폭력으로 귀결되기도 한다. '정동'의 이러한 미디어 매개적인 '현대적 방식'을, 새로운 정보개념을 실마리 삼아 해명하고 싶다. 이를 위해 1장에서는 라이프니츠와 들뢰즈의 논의를 참조하면서 정보개념을 재고했고 책 전체의 기본적 문제의식을 제시했다.

2장에서는 19세기 말에 활약한 타르드의 커뮤니케이션론을 재평가했다. 최면, 모방, 소유 같은 그의 개념을 '시간'과 '운동'이라는 문제계와 관련시켜 현대적인 현실성을 내포하는 이론으로 독해했다. 타르드는 라이프니츠의 모나드론에 이론적 근거를 두고 있다. 그는 이 모나드론을 신 없는 시대의 질서를 구성하는 원리로 재편성하여 모방론을 펼친 바 있다. 그리고 이 모방론 속에서 전개한 '율동적 대립'의 논의는 오늘날의 사회적 커뮤니케이션을 생각할 때 매우 중요하다는 점을 2장에서 논했다.

1장과 2장이 다소 이론적인 고찰이라면, 3장과 4장은 그 이론을 토대로 한 구체적 분석이다. 가령, 텔레비전과 인터넷의 정보가 복잡하게 결합하는 양상, 나아가 문자나 영상이 단편화하면서 스크린에 비춰지는 현대 미디어 환경 속에서 어떤 정보현상과 어떤 '사회운동=무브먼트'가 발생하는지, 어떤 식으로 정치적 정당성이 만들어지는지 등이 서술된다.

구체적으로 3장에서는 미국 레이건 정권 때의 권력과 텔레비전의 관계에 대한 마수미의 논의를 소개했다. 하지만 이것은 결코 미국에 국한된 이야기가 아니다. 가령 일본 고이즈미 정권기의 미디어와 정치, 그리고 현재의 미디어로 매개되는 정치과정에 대해서도 비슷한 이야기를 할 수 있다.

이어지는 4장에서는 2007년의 '가메다 부자' 보도 사태를 다루었다. 텔레비전과 인터넷의 정보가 상호공진·접합하는 미디어 환경 속에서, 어떻게 정동이 생겨나고 집합적 사회현상이 일어나는지 구체적으로 분석했다. 1, 2장과 3, 4장이 다소 이질적이라고 느껴질지도 모르겠다. 하지만 현대의 정보현상·사회현상을 분석하는 3장과 4장의 토대는 일관되게 '운동'과 '시간' 그리고 디지털 시대 미디어와 '정동'에 관한 구체적인 관심이다.

5장과 6장은 '글로벌리제이션과 미디어'에 대한 논의이다. 앞의 장들과는 서술 스타일이나 내용이 좀 다르다. 하지만 여기에서도 글로벌한 정보의 이동=운동으로 구성된 여러 개의 중층화한 정보공간, 그리고 그것이 매개하는 '사회운동=무브먼트'를 주제로 삼았다. 다문화사회에서 미디어 공공권의 구축을 위해 어떤 '운동=무브먼트'가 생겨나고 있는지, 그리고 각 지역에서 각각의 스타일로 확장되는 '운동'의 방식을 영국에서의 연구 성과를 참조하면서 정리한 것이 5장이다.

6장은, 5장의 논의를 토대로 다문화사회에서의 미디어 공공권 구축이라는 과제를 다룬다. 구체적으로는 고베神戸라는 특정 공간에 축적된 역사적 층들과, 그 표층에서 일상적으로 일어나는 일들을 관련지어 논했고, 'FM와이와이'FMわぃわぃ 10라는 커뮤니케이션 라디오의 미디어 실천에 대해 다루었다. 다문화 공생이라는 슬로건 하에서 베트남어, 타갈로그어, 영어, 한국·조선어, 포르투갈어, 스페인어, 타이어, 중국어, 아이누어, 일본어 등 10여 개 언어로 방송하는 이 작은 방송국의 운영에 주목했다.

이 간단한 프롤로그를 입구로 삼아 각 장을 읽어 주셨으면 한다.

10. [옮긴이] 'わぃわぃ'는 '왁자지껄'·'와글와글'이라는 뜻이 있다.

1장

정보와 정동

주지주의적인 틀에서 정보개념을 해방하다

마음을 황홀로 유혹하는, 끝날 것 같지 않은 힘의 대립이 마음속에서도 몸의 주변에서도 느껴집니다. 대립하는 그것들의 어떤 질료 속으로도 나는 흘러들어 갈 수 있고 하나로 존재하게 될 것입니다.

— 후고 폰 호프만스탈, 1902=1991, 183[1] —

1. 정보개념의 재고를 위해

역사적 변화 중에 있는 정보과정

오늘날, 주목할 만한 새로운 정보현상이 다양하게 나타나고 있고, 기존 미디어들의 정보전달과정이 구조적으로 재편성되고 있지만 아직 그 변화의 전체상은 알 수 없다. 이 변화가 어디로 귀결될지도 예측하기 어렵다.

현재 과도기에 있는 정보과정의 변용은 여러 방식으로 분석, 기술할 수 있고 또한 그 작업은 매우 필요하다. 다양한 시점에서 묘사할 수 있는 많은 특징은 모두 오늘날의 이 역사적 변화를 내포하는 것이기 때문이다. 그런 여러 특징 중에서도 중요한 한 가지는, 사회적인 공간에 정보를 발신하는 행위, 즉 많은 이들에게 열린 공공公共의 공간으로 정보를 발신하는 행위가 그동안 일부 사람에게만 한정되었으나, 이제는 평범한 모든 사람에게도 가능해졌다는 사실이다. 누구든지 자신의 사적인 메시지와 정보를 사회적이고 공적인 공간을 향해 발신할 수 있게 된 것이다.

매스미디어 관련 종사자들에게만 허용되었던 공공공간에서의 정보발신은 누구에게나 가능해졌다. 이것은 너무도 급격

---

1. [옮긴이] 「찬도스 경의 편지」(Brief des Lord Chandos)의 한 구절이다. 한국어로는 『호프만스탈』(곽복록 옮김, 지식공작소, 2001)에 번역되어 수록되었다. 인용구절은 한국어판 126~127쪽 참조.

히 일상적이고 일반적인 일이 되어서 별로 특별할 것 없이 느껴진다. 그러나 그 변화가 역사적인 변화라는 것, 그 점은 분명 기억해 두어야 한다.

이전에는 정보의 생산에 기술적인 한계가 있었고, 또한 거대 자본을 필요로 한다는 의미에서 경제적인 제약도 있었다. 이때 정보발신은 매스미디어라는 기업체와 '전문가' 집단이 담당했고, 그 플랫폼으로부터 전달된 정보를 수용하는 사람들은 결과적으로 같은 정보를 나누어 갖는 식이었다. 이것이 20세기 '매스미디어형 사회'의 기본적인 구조이다. 그런데 보다 넓은 역사적 관점에서 대량 인쇄물이 출판자본주의라는 생산형태를 통해 생산·소비되던 시기까지 거슬러 가면, 이 구조는 20세기의 라디오와 텔레비전의 시대에만 한정되지 않는다. 말하자면 이것은 근대사회 혹은 근대라는 시대의 기본구조라고도 할 수 있다. 그리고 오늘날의 변화는, 그 기본구조가 근본적으로 뒤바뀌고 있는, 가히 역사적인 변화라 할 만하다.

20세기형 정보구조와 대비해 말하자면 기본적으로 네트형 정보는, 각 주체들에 의해 상향식bottom up 흐름을 구성하고, 사회적 경계들을 횡단하며, 국경도 가볍게 넘는 특징을 지닌다. 또한 발신된 정보가 각 회로를 통해서 어디로 어떻게 전달되는지의 정보전달 과정은 매우 불확실하고, 독자적인 확산성과 산일성散逸性을 갖고 있다. 어떤 정보는 이동하는 과정의 각 결절점에서 보충되고 차이가 만들어지며, 예측할 수 없는 효과를 내면서 유통된다. 네트형 정보과정은, 과거 수직적 정보유통을 통해 결과적으로 같은 정보를 나누어 갖던 매스미디어형 사회의 정보흐름과는 그 양상이 완전히 다르다.

이 역사적 변화 도정에 있는 새로운 정보현상은, 인간 및 사회의 앎의 양태, 인간의 사회의식, 사회의 정치과정 등, 모든 사회과정에 결정적인 영향을 미치고 있다. 또한 이 정보현상 자체에 근거하여 사회의 정보현상의 특성들을 고찰하고 해명할 사회정보학이나 미디어 연구가 기대되는 현실적이고 역사적인 근거도 바로 여기에 있다.

이 장에서는 이런 역사적 변화를 염두에 두면서 정보개념을 상세하게 검토하고자 한다.

정보개념 확장의 필요성

그런데 '사회의 통상적인 정보현상의 특성들을 고찰하고 해명하는 사회정보학이나 미디어 연구'의 입장에서는, 정보개념 자체를 고찰하는 것이 정공법이 아니라 매우 우회적인 접근, 혹은 현실성을 결여한 작업으로 여겨질지도 모르겠다. 또한, 이런 의문과는 별도로 일본에서도 요시다 다미토吉田民人, 다나카 하지메田中一, 니시가키 도오루西垣通, 마사무라 도시유키正村俊之 등의 상세한 선행 연구가 있기에, 혹자는 이런 연구 성과도 많은데 정보에 관한 고찰이 왜 더 필요하냐는 의구심을 품을지도 모르겠다.

그러나 선행 연구자들도 반복해서 주장했듯, 정보개념의 고찰이 중요한 것은 단지 학문의 기본으로서 개념적 엄밀성을 추구해야 하기 때문만은 아니다. 정보학이나 미디어 연구에서 가장 중요한 주제는 현대사회의 정보현상의 특이성을 어떤 관점에서 볼지, 미래사회의 모습을 어떻게 이야기할 수 있을지이다. 이 문제와 직접 관련된 것이 바로 정보개념인 것이다.

달리 말하면, 어떤 정보개념을 구상하느냐에 따라 정보현상의 특성, 과제 혹은 문제는 다르게 파악되고 고찰된다. 그런 의미에서 정보란 무엇인가에 대한 고찰은 기초작업인 동시에 결정적으로 중요한 주제이기도 하다.

또한, 정보에 대한 고찰은 이제까지의 연구 성과를 토대로 발전시킬 수 있다. 그리고 그러한 논의가 지금 학문적으로도 요청되고 있다고 생각한다.

따라서 이후 논의는 이런 문제의식 하에서, 정보에 관한 기존 정의 자체를 검토하며 진행할 것이다. 미리 말해 두자면, 이 책은 인지주의적이고 주지주의적인 관점의 정보개념들을 재고하고, 생명, 신체, 운동의 위상에서 정보를 파악하는 것의 중요성을 부각시킬 것이다. 이때 참고하려는 것은 이제까지 정보학 혹은 사회정보학 분야에서는 거의 언급되지 않았던 라이프니츠, 타르드, 베르그손, 들뢰즈 등의 계보이고, 그들의 논의는 정보와 커뮤니케이션에 있어서 새로운 관점을 도출하는 데 도움이 될 것이다.

그리고 이어지는 2절에서는 정보개념과 관련해 중요한 네 사람의 논의를 간략하게 언급한다. 각 주장들은 선행하는 정보개념을 발전적으로 계승한 것이면서 각각 당대의 새로운 연구성과이기도 하다. 그들의 주장은 모두 정보과정의 다면성을 파악하는 데에 중요한 논점을 제공했다. 하지만, 공통적으로 인지주의적인 틀에서 정보를 파악하고 있는 점은 문제적으로 살펴야 한다.

3절에서는 이 검토를 토대로 하면서 라이프니츠나 타르드가 시사하는 바로부터 얻을 수 있는 정보개념을 다룰 것이다. 그리고 4절에서는 새로운 정보개념을 통해 구상할 수 있는 사회 이미지에 대해 기술하게 될 것이다.

2. 정보개념 검토와 계보

'패턴실체론' 으로서의 요시다吉田 이론

요시다 다미토·가토 히데토시加藤秀俊·다케우치 이쿠오竹内郁郎 편『오늘날의 사회심리학4―사회적 커뮤니케이션』에 실린 요시다 다미토의 글「정보과학의 구상―진화론자의 승자적 자연관」[2]은 1967년이라는 이른 시기에 쓰였다는 점도 주목해야

2. [옮긴이]「情報科学の構相―エヴォルーショニストのウィーナー的自然観」,『今

하지만, 특히 풍부한 구상력과 논리적 엄밀성 때문에라도 여전히 현재형으로 읽혀야 할 사회정보학의 고전이다.

요시다의 정보개념은, 유명한 제임스 왓슨James Watson과 프랜시스 크릭Francis Crick의 DNA 이중 나선 분자모형을 참고하고 있다.[3] "DNA를 구성하는 네 종류의 뉴클레오티드의 〈선형배열 패턴〉 각 부분에 기반하여 또 다른 한 종류의 핵산인 RNA(리보핵산) 분자를 구성하는 수십에서 수천 개의, 역시 네 종류의 뉴클레오타이드의 '선형배열 패턴'이 결정되고, 또 그 RNA의 뉴클레오티드 배열패턴에 따라 산소단백질을 구성하는 백에서 수백 개의 20종류의 아미노산의 '선형배열 패턴'이 결정된다."(吉田, 1967=1990, 33)라고 하듯, '유전정보' 과정을 '토대'로 구상된 것이 요시다의 정보개념이고 정보처리개념이다.

네 종류의 뉴클레오티드의 '선형배열 패턴'='물질패턴X'. 그리고 RNA를 구성하는 네 종류의 뉴클레오티드의 '선형배열 패턴'='물질패턴Y'. 이 둘은 인과연합이자 상호변환이며 상호표시이고 상호반영이기도 하다. 이들 "패턴연합, 패턴변환, 패턴표시, 패턴반영이 생물체의 자기보존(개체와 종족보존)을 위

日の社会心理学4—社会的コミュニケーション』, 培風館, 1967.

3. [옮긴이] 제임스 왓슨과 프랜시스 크릭은, 1953년에 유전 정보를 다음 세대로 전달하는 물질인 DNA 의 구조가 이중나선형이라는 내용의 논문을 『네이처』에 발표하고 1962년 노벨 생리의학상을 받는다. 이들의 논의를 참고한 1967년 요시다의 정보개념은, 분자생물학의 비약적 발전이 전 분야에 파장을 불러일으키던 당시 맥락 속에서 이해할 수 있다.

한 정보처리에 이용될 때, 비로소 기호현상이 나타난다."(吉田, 1967=1990, 40) 이것이 요시다의 기본인식이다. 말하자면, '인과관계'란 '원인이 되는 물질 패턴과 결과가 되는 물질의 연합'을 의미한다.

이 인과관계는 요시다에 따르면 인공적인 기호에도 적용할 수 있다. "구름과 비, 연기와 불, 발자국과 보행, 감각과 자극, 근육운동과 원심신경신호, 관측장치의 계측치와 관찰대상의 패턴 등은 각각 인과적으로 연합되어 있다."(吉田, 1967=1990, 39) 이것은 퍼스가 말하는 기호분류의 '지표=인덱스'이고, 요시다의 표현으로는 '시그널 신호'이다.

한편, 이런 '연합'의 관계는 인과적인 연합뿐 아니라 "초상화와 모델, 벨소리와 식사, 언어와 표상, 표상과 사물……, 각각 규약적으로 연합하고 있다."라는 말에서처럼 '규약적인 연합' 관계도 포함한다. 기호와 지시대상 사이에는 어떤 자연적인 인과관계가 존재하지 않음에도 불구하고 둘 사이의 규약적인 관계에 의해 기호의 의미 작용이 성립하는 것이다. 퍼스의 기호분류에 따르면 '상징=심볼'의 의미작용인 것이다.

이렇게 요시다는 '유전정보' 과정을 '토대'로 지표(인덱스), 도상(이콘), 상징(심볼)까지도 포괄하는 '기호-의미' 연합의 공통요인으로서 물질 패턴의 연합을 파악했고, 매우 포괄적으로 정보개념을 규정했다. 그가 말하는 정보는 '물질-에너지의 시간적·공간적이고 정성定性적·정량定量적 패턴'인 것이다.

1974년의 「사회과학의 정보론적 시점」에서는 이 규정이 보다 세분화되었고 다음 네 가지 정보개념이 정식화되었다. 1) '물질-에너지의 시간적·공간적, 정성적·정량적 패턴'(가장 광의의 정보개념) 2) '패턴표시를 고유의 기능으로 삼는 물질-에너지의 패턴'인 '의미를 가진 기호의 집적'(광의의 정보개념) 3) '전달, 저장 혹은 변환 시스템에서 인지, 평가 혹은 지령 기능을 수행하는 유의미한 상징 집합'(협의의 정보개념) 4) '결정의 전제를 규정하는 유의미한 상징 집합'(가장 협의의 정보개념).(吉田, 1974=1990, 113~122)

요시다 이론은 앞서 이야기했듯 'DNA를 구성하는 네 종류의 뉴클레오티드의 〈선형배열 패턴〉', 즉 물질 패턴의 존재를 미리 주어진 전제로 여기고 있고, 그의 정보개념 역시 그것을 근거로 한다. 패턴 혹은 차이가 실재한다는 것을 전제로 삼고, 인과적인 연합이든 규약적인 연합이든 간에, 하나의 패턴이 변환하고 무언가를 표시하고 반영하며 다른 패턴과 '연합'하는 관계에서 정보과정의 본질을 보는 것이다.

이것은 '패턴실체론'이라 명명할 수 있다. 물질 패턴의 실재를 미리 주어진 것으로 전제하고 있기 때문이다.

이런 정보개념에서 더 논의되어야 할 것이 있는데, 그 첫 번째 논점을 요시다가 말한 '가장 광의의 정보개념'에 따라 생각해 보겠다. 사이버네틱스[4]의 창시자 노버트 위너의 규정을 토대로 요시다는 반복해서 "물질-에너지가 객관적 실재인 것처럼, 물질-에너지의 시공적·양질적 패턴도 또한 객관적 실재다."(吉田, 1967=1990, 38)라고 강조했다. 그러나 여기에서 좀더 신중하게 생각하고 싶은 것은 다음과 같은 상황이다. '물질-에너지의 시간적·공간적, 정성적·정량적 패턴'이라는 상황을 요시다는 '쿵, 쿵, 쿵' 책상을 치는 '소리'가 더 세지는 사례를 통해 설명했다. 처음 '쿵'하고 치는 소리와 그 다음 '쿵' 소리는 강도가 다른 '소리', 즉 정량적인 패턴의 차이로 존재한다. 또한 책상을 '쿵' 치는 '소리'와 테이블을 '쿵' 치는 '소리'는 정성적인 패턴의 차이로 존재한다. 이것은 이해하기 쉽다. 그러나 다음과 같은 경우는 어떨까. '쿵'하는 어떤 '소리'가 점점 사라지는 경우이다. 물론 '소리(음)'와 '무음'의 차이, 즉 물질-에너지의 차이는 있다. 하지만 '소리(음)'가 점점 약해져서 '무음'으로 변화하는 과정은 어떨까. 거기에는 어떤 패턴이 존재하는 것일까.

여기에서 말하고 싶은 것은 다음과 같은 점이다. '물질-에너지의 시간적·공간적, 정성적·정량적인 패턴'이라는 문장을 달리 말하면, 동식물과 인간 자신도 포함하는 물질-에너지 세

---

4. [옮긴이] 인간과 기계가 공통적으로 피드백에 의해 제어되면서 행동한다는 점에서 착안된, 시스템의 통제와 조절, 제어에 대한 이론. 사이버네틱스 개념하에서 통제와 자유라는 대립적 가치가 통합되었고, 인간과 기계의 경계가 무너지며 이후 컴퓨터와 인공지능, 정보이론 등과 결합한다. 노버트 위너의 책으로는 『인간의 인간적 활용—사이버네틱스와 사회』(*The Human Use Of Human Beings*, 이희은 외 옮김, 텍스트, 2011)가 번역되어 있다.

계에서 발생하는 것은 '물질-에너지의 시간적·공간적, 정성적·정량적인 변화의 지속'이라는 것이다. '물질-에너지의 시공간적·양질적 패턴의 객관적 실재'라고 하는 위상보다 더욱 심층에 있다고 할 수 있는, 물질-에너지의 '지속적 변화'의 위상인 것이다.

이 문제는 또 다른 질문으로 이어진다. 예를 들어 '음'과 '무음'의 차이, 즉 물질-에너지의 차이는 확실하게 존재한다고 할 수 있다. 하지만 '음'과 '무음'을 나누는 경계선은 생명체마다 다르다. 즉, '물질-에너지의 지속적 변화'가 요시다의 말대로 '물질-에너지의 시·공간적, 정성·정량적인 패턴', 즉 차이로서 나타나려면 그 지속적 변화 속의 차이가 '인지되는' 과정, '다른' 존재로부터 '지각되는' 과정[5]이 필요하다. 즉, 끊임없이 변화하는 움직임 속에서 생성되는 모든 것을 패턴으로, 차이로 지각하는 (혹은 구축한다는 개념이 더 적절할지 모르겠다) 과정이 필요한 것이다.

다시 생각해 보자. 계속 변화하는 트럼펫의 음정과 음량을 디지털 신호로 변환하여 패턴으로 기록하려면 10분의 1초, 100분의 1초 같이 시간을 세분화하고 그 분할에 따라 신호화

5. [옮긴이] 원어 그대로 번역하면 "그 지속적 변화 속의 차이를 '인지하는' 과정, '다른' 존재가 '지각하는' 과정"이다. 하지만 이 대목에서는 '무언가가 차이라고 인지하고 지각하는 외부의 시선, 외부 존재의 개입'이 중요하게 서술되고 있기 때문에 피동형태로 의역했다.

하는(패턴화하는) 과정이 필수적이다. 패턴화, 즉 다른 것과의 차이를 만들어 내려면 지속되는 변화를 재단·분할하는 과정이 관련되어 있어야 한다.

끊임없이 계속 변화하는 움직임 속에서 생성되는 무언가를 차이로서 파악할 때에는 '인지한다'·'분할한다' 혹은 '구축한다'라는 생명체의 과정이 깊이 관여하고 있는 것이다. 이 '다른' 존재의 역동성 혹은 움직임을 중시하는 관점은, 차이 혹은 패턴이 이미 확고하게 존재한다고 여기는 '패턴실체론'의 인식과는 다른 것이다.

물질-에너지의 차이 내지 패턴은 그 자체로 존재하는 것이 아니다. 지속적 변화 속에 패턴이나 차이를 관찰하는 (혹은 구축하는) '다른' 존재가 관여한 후에야 차이 내지 패턴이 생성된다. 이것은 다음 서술에서처럼 기호나 언어를 어떻게 사고할지의 문제와도 깊이 관련된다.

두 번째 논점은, 요시다가 '협의의 정보개념'이라고 말한 '유의미한 심볼 집합', 특히 언어의 자의성과 관련된다. 요시다는 "음성언어로서의 '책상'(=쓰쿠에)[6]은 음향 에너지의 일정한 패턴이고, 그것이 내포하는 책상의 언어적·감각적 표상은 신경파동의 일정한 패턴이며, 그것이 지시하는 현실에서의 책상도 목재나 스틸의 일정한 패턴이다."라고 한다. 이어 "하지만 이 패턴

---

6. [옮긴이] 일본어로 '책상'(机)은 '쓰쿠에'(つくえ)라는 음가를 갖는다.

자체로는 협의의 정보가 될 수 없고, 두 개의 패턴이 기호 및 그 내포적·지시적 의미로서 연합해야만 협의의 정보가 될 수 있다."라고 서술하고 있다. 그러나 이 입장에도 '패턴의 실체화'라는 문제가 있다.

주지하듯, 소쉬르의 구조주의 언어학에서는, 테이블이나 작업대 같은 '다른 것'과 '책상'을 구별시키는 목재나 스틸의 일정한 패턴조차도 애초에 주어진 패턴이 아니라, 언어 시스템이라는 매개를 통해 편제되고 구성된 패턴이라고 보았다. 어떤 물질의 패턴은 다른 물질 패턴과의 차이를 통해서만 패턴이지만, 그 패턴이란 미리 주어진 실재가 아니라 사후적으로 언어 시스템을 매개로 구성된 패턴에 불과하다는 것이다.

요시다는 물론 언어와 지시대상의 관계가 '규약적인 관계'(요시다의 표현에 따르면 '연합')에 불과하다고 지적한다('책상'이라고 부르는 대상을 '에바'라고 불러도 상관없다. 거기에는 자연적 인과관계가 전혀 존재하지 않기 때문이다). 그러나 그 인식은, 두 패턴의 실재적 존재를 가정하고 전제함으로써, 하나의 언어 패턴에 하나의 지시대상의 물질 패턴이 대응한다는, 즉 소쉬르가 비판한 '언어명칭목록설'言語名稱目錄說의 수준에 있다. 패턴의 존재를 실체시하는 '패턴실체론'적인 인식이 여기에서도 나타나고 있는 것이다. 단적으로 말하자면, 요시다의 정보개념은 구조주의 이전의 인식에 머물러 있다고 할 수 있다.[7]

이 '패턴실체론'의 난점을 피해 정보개념을 검토한 것이, 이어서 이야기할 마사무라 도시유키와 니시가키 도오루의 정보론이다.

사상写像으로서의 정보과정의 정밀화精緻化

마사무라의 대작 『정보공간론』[8]은, 정보개념을 정의하는 데 선구적 역할을 했던 요시다의 정보개념을 잇는 중요한 업적이다.

마사무라는 통상적으로 정보개념을 규정해 온 방식은 두 가지가 있다고 하면서 자신의 관점을 이와 구별된 '사상写像[9] 접근방식'이라고 설명한다. 그가 말한 기존 접근방식의 첫 번째는 '동일성 접근방식'이다. 잠시 땅과 지도의 관계를 생각해 보자. 땅의 실제 높낮이와 그 고저도高低圖의 관계는, 공히 높낮이를 기준으로 한 패턴 변환이다. 이것은 '차이가 존재하긴 하지만 동일성이 존재한다'는 의미에서의 '동일성 접근방식'이라고

---

7. 요시다는 1967년 논문에서도 소쉬르에 대해 언급한다. 단, 일본 문맥에서 보자면 마루야마 게자부로(丸山圭三郎)로 대표되는 언어의 자의성에 관한 논의가 아직 충분히 전개되지 않은 시점에서의 소쉬르 수용이었음을 감안할 필요가 있다. 요시다는, '규약적'이라는 개념은 사용하면서도 '자의적'이라는 개념은 부적절하다고 반복해서 말하는데, 이런 대목에서도 당시 소쉬르 이해의 일단을 엿볼 수 있다.

8. [옮긴이] 正村俊之, 『情報空間論』, 勁草書房, 2000.

9. [옮긴이] 일종의 대응관계를 상정하는 것이다. 가령, 어떤 물체와 상(像)과의 대응관계. 혹은 공간의 한 점에 대해, 다른 공간 또는 동일한 공간의 한 점을 일정한 법칙에 의거해 대응시키는 것 등을 떠올리면 된다.

할 수 있다. 한편, 두 번째 방식은 '차이성 접근방식'이다. 마찬가지로 이를 땅과 지도의 관계에서 보자면, 지도에는 고저도뿐 아니라 인구분포도도 있고 도로의 배치도도 있다. 이 지도들의 차이는, 실제 땅의 '차이를 만들어 내는 차이'에 근거한다. 이때 '패턴의 동일성은 다른 패턴과의 차이에 근거'한다. 잘 알려져 있듯, 그레고리 베이트슨은 정보를 '차이를 만들어 내는 차이'라고 정의했는데 이것은 바로 '차이성 접근방식'의 관점이다.

간단한 예이지만 매우 중요한 문제제기이므로 좀더 생각해 보자. 마사무라는 다음과 같이 썼다. "'땅에 있는 무엇이 지도에 실리는가'라는 질문은, '무엇이 땅과 지도의 동일성을 이끌어 내는가'라는 질문으로 바꿀 수 있다. 이 질문을 놓고 볼 때, '동일성 접근방식'과 '차이성 접근방식'은 상보적이다. 그렇지만 이 방식들은 두 개의 대조적인 국면을 주목하는 이상, 인식론적으로 다른 결과를 초래한다. 왜냐하면 패턴 사이의 차이를 중시하는 '차이성 접근방식'은, 특정한 패턴이 선택될 때 선택대상이 되는 패턴과 그것을 둘러싼 다른 패턴과의 시차적示差的 관계를 주제화하고 있기 때문이다."(正村, 2000, 25)

즉, '동일성 접근방식'과 '차이성 접근방식'은 상보적이다. 그러나 '차이성 접근방식'이, '선택대상이 되는 패턴과 그것을 둘러싼 다른 패턴과의 지시적 관계를 주제화하고 있다'는 점에서 '동일성 접근방식'과는 차이가 있음을 알 수 있다.

그리고 이 두 방식으로는 '충분히 설명되지 않는 관계'(내

견해로는 '차이성 접근방식'이 충분히 설명되지 않는 관계)를 해명하는 것이 바로 '사상写像 접근방식'이다. 그럼 '충분히 설명되지 않는 관계'란 무엇일까. 그것은 '같은 열列에서 특정 패턴을 선택하는 선택작용'과, '패턴을 다른 패턴으로 변환하는 변환작용'이라는, 이중의 변환 과정이다.

마사무라는 여기에서 나아가 다음과 같은 중요한 지적을 한다. "사상되는 측이 어떤 패턴의 차이구조로서 분절화되는지는, 사상하는 측 패턴의 차이구조에 의해 규정된다."(正村, 2000, 32) 이것을 그는 '사상写像의 역사상성逆写像性'이라 부른다. 그리고 이 '사상의 역사상성'이 무의식적으로 이루어질 때, 유의미하게 분절된 대상세계를 객관적 실재로 파악하는 '인식론적 전도'(正村, 2000, 65)가 시작된다는 것이다. 매우 설득력 있는 중요한 지적이다.

그리하여 마사무라는 정보를 다음과 같이 규정한다. "정보는 사상写像 원元 패턴의 지평구조('지평구조II')와, 사상 전先 패턴의 지평구조('지평구조III') 중에서 특정 패턴을 선택하면서 패턴변환을 한다."(正村, 2000, 33)(그림 1 참조)

마사무라가 말한 정보개념의 기본적인 논리를 이렇게 이해할 수 있다면, 이 주장은 분명 DNA 유전정보를 토대로 한 요시다의 정보개념을 상대화한 것임을 알 수 있다. 실재하는 하나의 패턴과 또 다른 하나의 패턴이 '연합'한 일의적 대응관계로부터 정보를 생각하는 '패턴실체론'의 난점을 피할 수 있는

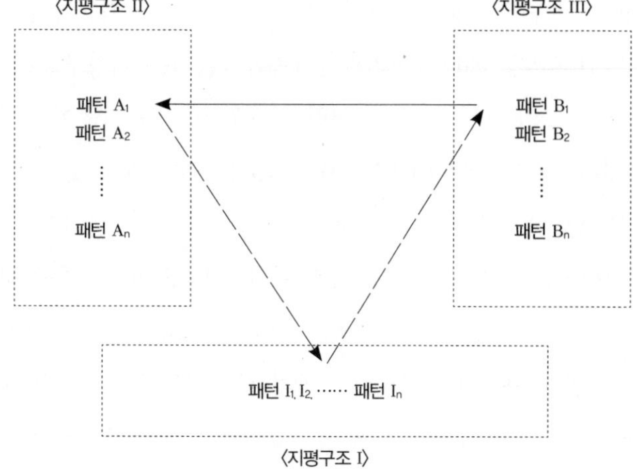

그림 1

것이다. 마사무라에게 패턴은, 대상세계에 이미 주어진 것으로 존재하는 것이 아니라, 사상하는 측의 차이에 의해 구성된 사후적인 것이다.

이렇게 볼 때, 이 인식론적인 관점은 구조주의와 상동적임을 알 수 있다. 마사무라가 소쉬르에 의거해서 언어정보에 관한 '사상 접근방식'을 전개하는 것에서도 이것은 알 수 있다. 또한 마사무라는 소쉬르의 "기호표현은 지평구조I에 속하는 패턴, 기호내용은 지평구조III에 속하는 패턴으로 존재한다."(正村, 2000, 50)라고도 했다. 언어 시스템의 자의적 차이의 시스템이 대상세계의 비연속성(분절화)을 행한다는 구조주의의 주장은 '사상 접근방식'의 '역사상성'에 상응하는 것이기 때문이다. "연속적인 현실이 불연속화한다. 이때 연속적인 현실로 있었던 지평구조II가 어떻게 불연속화하는지는, 지평구조II에서 III으로의 사상과정에서 어떤 '다대일'多對一 사상写像이 이루어지는지에 의존한다."(正村, 2000, 51)라고 서술하는 것에서도 이것이 이해된다.

이렇게 마사무라의 정보개념은 '패턴실체론'의 난점을 피하기 위한 방법이었다고 할 수 있다. 그러나 새로운 과제도 부상한다. 한 가지는 마사무라가 이야기하는 '지평구조I', 즉 '사상하는 측의 패턴'의 생성 문제이다. 그리고 또 하나는, 마사무라가 '역사상성'이라고 일컬은 '지평구조I'에 의한 '선택작용'이 너무 강조된 나머지 '지평구조II'의 대상세계의 지속적 변화가 이 틀에서 어떤 위치에 있는지 충분히 설명되지 않는다는 점이다. 즉, '지평구조II'에서 '지평구조I'을 향하는 벡터가 무엇을 의미하는지가 새롭게 문제가 된다.

관계개념으로서의 정보, 생성으로서의 정보

이제까지 검토한 요시다와 마사무라의 정보개념과 관련해서, 니시가키는 "정보란 어디까지나 비물질적인 것이고, 실체개념이 아니라 관계개념이다."(西垣, 2004, 11)라며 실체개념으로서의 정보를 부정한다. 이렇게 보면 니시가키는 마사무라와 거의 같은 시점과 관심에서 정보개념을 규정한다고 할 수 있다. 니시가키에 따르면 "정보는 대상을 관찰하는 행위와 관련되어

과학적 개념으로 위치 지어진 것"이고 "정보를, 생명체의 인지 활동·관찰 행위와 단절하여 마치 사물과 같이 '실체'로 취급하는 것은 과학적이지 않다."(西垣, 2004, 11)

이렇듯 그의 관점은, 앞서 서술했듯 "대상세계의 지속적 변화가 패턴, 즉 차이로 나타나려면 그 변화 속의 차이를 '인지하는' 과정(혹은 차이를 '구축하는' 과정)이 필요하다."라는 문제 제기와 동일한 지점에 있다. 그렇기 때문에 "정보를 외부에 실재하는 무언가(사물)로 파악하는 것은 잘못된 것이다. 오히려 자극에 반응하여 생명시스템 안에서 '발생하는 무언가'로 파악해야 한다."라는 지적은 충분히 설득력 있다. 그리고 '발생하는 무언가'와 관련된 이 정보관은, 마사무라의 정보개념과 미묘하게 차이가 있음도 알 수 있다.

이런 인식론적 입장에서 니시가키는 다음과 같이 정보를 정의한다. "정보란 '그것에 의해서 생물이 패턴을 만들어 내는 패턴'이다."(西垣, 2004, 27) 이것은 앞서 말한 베이트슨의 규정과 매우 유사하다. 또한 내가 생각하는 정보개념 역시 니시가키의 정보개념과 매우 비슷하다. 니시가키는 '대상을 관찰하는 행위와 관련지어' 정보를 파악함으로써 정보가 관계론적인 것이고, 생성 현상과 불가분의 것이라는 점을 밝혔는데, 나 역시 '차이를 〈인지하는〉 과정'과 관련지어 정보를 파악함으로써 정보가 차이와 관계론의 소산임을 이야기한 바 있다.[10]

그 점을 오토포이에시스autopoiesis 이론을 토대로 간단히 확인하면서 나아가 '생성'이라는 현상을 생각해 보고 싶다.

정보를 생명체의 인지활동·관찰 행위와의 관계로 파악하려는 시도는 '오토포이에시스' 개념이 도입되면서 비로소 이론적으로 가능해졌다. '오토포이에시스' 개념은 움베르또 마뚜라나Humberto Maturana와 프란시스코 바렐라Francisco Javier Varela Garcia가 1970년대에 제창한 것이다. 잠시 '색 그림자' 현상을 통해 이것을 생각해 보자.[11]

두 개의 광원을 준비한다. 한 쪽 광원에는 빨간 셀로판지를 필터로 장착한다. 그리고 그 빛을 손으로 가리고 벽면에 비춘 그림자를 보면, 손의 그림자 하나는 청록색으로 보인다. 이 결과에 대해 사람들은, 청록색으로 보이는 것은 청록색 파장의 빛이 눈에 도달했기 때문이라고 할 것이다. 색채란 물체와 그것이 반사하는 빛의 성질에 인한 것이라는 생각에 익숙하기 때문이다. 그러나 장치를 사용하여 빛의 구성을 측정해 보면 청록색을 띠는 그림자의 부분에서 녹색이나 청색 파장은 우세하지 않다. 실제로 측정되는 것은 백색광 본래의 파장이다. 그럼

---

10. 필자는 『岩波小辞典　社会学』(2001)의 '정보' 항목을 집필한 적이 있는데, 그때는 베이트슨이 말한 '차이를 낳는 차이'라는 의미를 가장 적절한 정보개념이라 생각했다. 그러나 본문에서도 이야기했지만, 그 규정에는 '차이를 낳는' 지점의 '차이'가 전제되어 있다는 점에서 더 검토되어야 할 것이 있다. 한편, 정보를 "그것에 의해서 생물이 패턴을 만들어 내는 패턴이다."라고 하는 니시가키의 규정에 대해서도 마찬가지 지적을 할 수 있다.

11. [옮긴이] 움베르또 마뚜라나·프란시스코 바렐라, 『앎의 나무』, 최호영 옮김, 갈무리, 2007, 26~35쪽 참조.

에도 불구하고 우리에게는 그것이 청록색으로 보인다. 이것을 어떻게 이해해야 할까.

마뚜라나와 바렐라는 이 상황에 대해, "대상물의 색채가, 대상물로부터 받아들인 빛의 성질에 따라 결정된다고 생각하지 말라."고 한다. 즉, 색채를 가지는 사물 세계에 대한 인간의 체험은, 객관적으로 측정되는 빛의 파장이라는 물리적 성질과는 관련이 없으므로 "색채 체험이 어떻게 신경 시스템의 활동 상태나 시스템의 구조 자체에 의해 규정된 특정 패턴에 대응하는지" 이해해야 한다는 것이다.

마뚜라나와 바렐라의 이 설명은 기본적으로 오토포이에시스의 사고방식과 관련된다. 지금 예를 든 것에서 보자면, 신경 시스템의 활동은 대상세계가 아니라 신경 시스템 자체에 의해 규정된다고 보는 사고인 것이다. 오토포이에시스 시스템이 일관되게 닫힌 시스템이라고 여겨지는 것은 이런 의미에서이다.

우리는 보통 '시각적 지각이란 망막상의 이미지에 대한 일종의 조작이고, 그 표상이 신경 시스템 내부에서 변환된다'고 생각한다. 마뚜라나와 바렐라가 '표상주의적 접근방식'이라 부르는 사고방식이다. 그런데 그들은 위에서 언급했듯, 신경 시스템 활동을 자세히 탐구함으로써 이런 사고의 맹점을 지적했다.

예를 하나 들어 보겠다. 시각신경 시스템의 시냅스 연결에서 중앙에 있는 외측슬상핵外側膝状体, lateral geniculate nucleus이란,

망막과 신경중핵 시스템 사이에 있는 연결 부위이다. 이 외측 슬상핵(이하 LGN으로 표기)을 통해 후두엽 시각야視覺野로 투영되는 망막상의 뉴런은 하나인데 비해, 시상하부 등 바깥의 신경 시스템에서 LGN으로 투영되는 뉴런 수는 수백 개에 이른다고 한다. 게다가 LGN 세포가 투영하는 대상인 시각피질 자체가, 역으로 LGN에서 일어나는 일에도 영향을 미친다는 것에 유의할 필요가 있다. 즉, 이들 두 개의 구조는 일방향적인 시퀀스(계기적 연속)에 의해서가 아니라, 상호영향을 끼치며 관련되어 있다. LGN은 망막상의 투영을 대뇌피질로 연결하는 단순한 중계기지가 아니고, 망막상의 뉴런으로부터 전달하는 임펄스는 LGN에서 뉴런의 상태를 변화시킬 수는 있지만 그 상태를 특정하는 것은 불가능하다는 것이다.(Maturana & Varela, 1983).

즉, 여기에서 알 수 있는 것은, 신경 시스템이 '작동적 폐역閉域'을 가진다는 것, 즉 '신경 시스템은 스스로의 구성요소를 계속 산출하는 폐쇄된 네트워크'라는 것이다.

환경으로부터의 자극을 임펄스로 변환하는 세포뿐 아니라, 뉴런 네트워크를 포함한 시스템 자체에 의해 자극받는 세포도 포함하는 시스템에서는, 안과 밖이 미리 구분되어 있지 않다. 시스템은 오로지 스스로의 구성요소(뉴런)로부터 전달되는 임펄스를 산출하고, 또한 그 구성요소가 시스템을 구성하는 식으로 순환을 반복할 뿐이다. 오토포이에시스란 '오토=자율', '포이에시스=제작·산출'이라는 두 개념으로부터 성립하는데, 확실히 생명조직이란 이런 자율적인 자기산출 시스템인 것이다.

일본에서 오토포이에시스 연구의 일인자인 가와모토 히데오河本英夫는 '구성요소를 계속 산출하는 폐쇄된 네트워크'를 비유적으로 다음과 같이 말한다. "인간의 몸을 구성하는 세포는 끊임없이 신진대사를 하고 있다. 세포는 스스로의 구성요소를 만들어 내는 활동을 한다. 세포는, 대기 중 산소와의 관계를 생각하거나 산소와의 관련을 조정하면서 구성요소를 산출하지 않는다. 그 영향을 판정하는 것은 관찰자이지 세포가 아니다. 세포 내적인 시점에서 시스템을 파악하는 한, 시스템 자체에는 '입력도 출력도 없는' 것이다."(河本, 1991, 166)

정보를 생명체 자신의 내적 시점, 즉 생명체의 '지각한다'라는 활동 혹은 행위와 관련시켜 본다면, 그것은 변환, 표시, 반영, 사상写像 같은 개념으로는 파악할 수 없다. 그보다는, 바깥으로부터의 자극에 의해 생명체 '안'에서부터 정보가 '생성'된다고 할 수 있는 것이다.

표현된 구별

여기에서 다시 각 논자들의 정보개념을 생각해 보자. 요시다에 의하면 정보란 '물질-에너지의 시·공간적, 정성·정량적인 패턴'이었다. 그에 비해 마사무라에게 정보란 '이중의 변환 과정

(앞서 이야기했듯 '선택작용'과 '변환작용'이다) 전체'이고, '사상写像의 기본구조는 정보의 기본구조'이기도 하다. 그리고 니시가키는 '생명체의 활동에 따라 즉각적으로 생성되는 정보'에 주목했는데, 그 견해를 정리하면 이렇다. 첫째, 정보의 의미는 해석자마다 다르다. 둘째, 생물은 오토포이에시스 시스템으로서 자극 혹은 환경변화에 반응하며, 자신의 구성에 근거하여 스스로를 내부변용하는 '자기언급=자기회귀'적인 성격을 가진다. 셋째, 의미작용을 환기시키는 '자극'과 그에 따른 '변용'은 곧 '형태'이자 '패턴'이라는 요건을 충족시키는 정보개념으로서, '정보란 그것에 의해서 생물이 패턴을 만들어 내는 패턴'인 것이다.

이 같은 언급에서 알 수 있듯, 각 논자들의 정보에 관한 기본 구상은 모두 다르지만 모두 공통적으로 '대상세계의 사물이나 사태를 지각하고 인지하는 과정'과 관련해서 정보, 정보과정을 생각하고 있음을 기억해 두자. 이 점을 염두에 두면서 마지막으로 다나카 하지메의 정보개념을 검토하겠다. 요시다의 정보개념이 소위 생물학 내지 유전정보학에 입각한 것이라면, 다나카의 정보개념은 물리학 혹은 보다 넓은 자연철학에 근거하고 있고 정보과정의 역사적 층위를 고려하고 있기에 중요하다. '생성'이라는 정보개념의 핵심을 가장 간단히 기술하고 있는 것이 또한 다나카의 정보개념이기도 하다.

다나카는 정보개념을 규정하면서 두 명의 선구자를 언급한다. 한 명은 "상태에 관한 지식을 전달할 때 이것을 정보라고 한다."고 규정한 기타가와 도시오北川敏夫, 또 한 명은 앞서 언급한 요시다 다미토이다.

다나카는 이 두 사람의 규정에 따라 처음에는 정보를 '매체의 종류에 관계없이 전달되는 것'으로 규정했다. 그러나 이 정의로는 '전달되는 것이 무엇인가'의 문제가 해결되지 않았다. 이 문제를 해결하기 위해 그는 정보를 '표현된 구별'로 정의했다. 그러나 다나카 자신도 말했듯 '정보 이외에도 이 정의에 들어맞는 예가 많다'는 것을 생각하면 이 규정으로는 충분치 않다. 그리하여 최종적으로 그는 정보란 '정보과정에서 표현된 구별'이라는 규정으로 나아간다.[12]

이 간단한 정의의 의미는 무엇일까. "정보란, 그것에 의해서 생물이 패턴을 만들어 내는 패턴이다."라고 했던 니시가키의 규정을 떠올려 보자. 그리고 이 규정을 쪼개어 생각해 보자. '생물이 패턴을 만들어 낸다'는 구절에서의 '패턴'을 패턴X로, '패턴을 만들어 내는 패턴'이라는 구절에서 후자의 '패턴'을 패턴Y라고 하면, 이 문장에서는 '패턴Y'에 관련되는 규정이 빠진 채 '패턴X'만 정보의 본질적 규정으로 간주되고 있음을 알 수 있

12. 다나카의 이 정의는 정확하게는 "A 정보란 정보과정에서 이중으로 표현된 구별이다. B 정보과정은 정보와 변환웹으로부터 성립한다. C 변환웹이란, 단수 혹은 복수의 변환계로부터 이루어지는 명확하고 안정된 계(系)다."(田中, 2006, 3)와 같이 복문(複文) 형식을 띠고 있다. 그것은 정보개념에 관련되는 중요한 규정이라는 점 말고도, 보다 넓은 문맥에서 검토되어야 할 과제를 제기한다.

다. 이 '패턴X'는 '정보과정'에서 '변환'된 패턴이다. 즉, '패턴Y'를 굳이 규정하지 않음으로써 차이, 패턴의 실체화를 최대한 피하고, 변환된 최종적인 정성·정량 상 '구별된 표현' 형태로서 정보를 규정하는 것이다. 매우 중요한 지적, 탁견이라고 생각한다. 이 점에 대해서는 뒤에서 다시 언급하겠다.

3. 주지주의적인 정보개념을 넘어서

'생성하는 정보' 개념의 확장

이상으로 정보에 관한 규정을 대표적인 네 사람의 논의를 통해 살폈는데, 그 논의의 옳고 그름이 중요한 것은 아님을 강조하고 싶다. 그들의 각 정보개념들은 정보사회를 일원적으로 파악하는 도구가 아니라 각기 다른 정보과정의 특성이나 조직화를 다각적으로 파악하고 있기 때문이다.

이어서, 기존의 정보 관련 고찰에서 충분히 주목받지 못한 문제를 제기하고 싶다. 앞서 언급했듯, 다나카의 정보개념을 포함한 모든 논의는 정보나 정보표현을 사물과 사상事象의 인지적인 측면에서 파악한 것이라고 할 수 있다. 그러나 그 측면에서만 정보를 생각한다면 정보현상을 온전히 파악할 수 없다. '전달되는 무엇' 혹은 정보과정에서 '생성되는 무언가'는 지각되거나 인지되는 것만을 의미하지 않는다. 즉, 정보의 내용은 '인지'나 '인식'과 관련된 것만이 아니다. '지식'이든 '데이터'든 그것은 인간의 인식활동에만 기여하지 않는다. 정보과정을 통해서 '전달되고 생겨나는 것'에는 '믿음'이나 '정열'·'의욕'·'감정'·'정동'도 포함된다. 이 점을 꼭 기억할 필요가 있다.

둘째로, 이 '믿음'·'정열' 그리고 '정동'이 전파되는 상황을 정보과정 혹은 정보현상의 중요한 측면으로 인식하면서 새롭게 분석의 시야에 넣어 보자. 그러면 의식적 작용, 의식화된 활동과는 다른, 무의식적인 무언가가 신체에 작용하는 정보현상을 정보과정의 본질적 측면으로 생각해야 할 필요가 생긴다. 그리고 셋째, 이렇게 정보개념의 엄밀성을 추구할 때 의도치 않게도 역으로 정보 자체에 의해 배반당하는 상황[13]이 생길 수도 있음을 지적해 두겠다. 이제 이것을 순서대로 생각해 보자.

의욕이나 정동의 전파로서의 정보과정

앎, 지식은 시간이나 공간의 차이를 넘어서 전파된다. 하지만 믿음, 의욕, 정동도 시공간의 차이를 넘어서 전파된다. 이것은 일견 너무도 당연하게 여겨진다. 그러나 야마우치 시로山内志朗가 지적하듯, 정보개념은 "일상 속에서 '알린다, 통지한다'는 의

13. [옮긴이] 가령, 애초에 발신될 당시의 정보내용이 여러 결절점을 지나면서 예측할 수 없는 방향으로 변형되는 경우를 생각할 수 있다.

미로 사용되었고" "그것이 정보이론의 성립으로 인해 '정보'로서 확립된" 사정 때문에, 정보개념의 "인지적인 측면에만 주목"(山內, 2012, 69)되어 온 것은 부정할 수 없다. 그 때문에 정동(야마우치의 표현에 따르면 '정념')을 정보나 존재론과 관련지어 생각하는 일도 적지 않았다. 바꿔 말하면 '정보개념을 둘러싼 어떤 편차'가 있었다고 할 수 있다.

이런 정보개념을 둘러싼 '편차'가 존재함에도, 미디어와 정보과정이 단지 인지적인 내용의 매체, 매개과정인 것을 넘어, 믿음, 의욕, 정동, 정념 같은 인간개체의 활동이나 인간관계의 기저에까지 미치는 상황을 정면에서 논한 이가 가브리엘 타르드이다.

타르드는 정보, 정보과정이라는 개념을 사용하지 않았다. 하지만 그가 설명하는 '모방'은 분명 정보과정에 상응하는 개념이다. 모방이란 "한 정신의 다른 정신에 대한 원거리 작용", "어떤 뇌 내의 음화陰畫를 다른 뇌의 감광판에 사진같이 복제하는 작용"(Tarde, 1890=2007, 12)이다. 즉, 시공간적인 거리를 뛰어 넘어 여러 개의 정신 사이에서 작용하는 현상이 모방이라는 것이다. 의미상 이것은 정보과정의 함의와 다르지 않다.

그런데 '한 정신의 다른 정신에 대한 원거리 작용'이든 '어떤 뇌 내의 음화를 다른 뇌의 감광판에 사진같이 복제하는 작용'이든, 그 작용을 통해 무엇이 전달되고 무엇이 복제된다는 것일까? 타르드에 따르면 그것은 바로 '정신적 경향의 에너지' 혹은 '심리적 갈망의 에너지'인 '욕망'désir이고, 또한 '지적 파악의 에너지' 혹은 '심리적 수축의 에너지'인 '믿음'croyance이다. 이 두 에너지는 착란하고 집중하면서 연속된 흐름의 '강도'를 수반하여 전파된다. 이 욕망과 믿음이 여러 정신 사이에서 전파되고 모방될 때 생기는 것이 '대립' 또는 '대립' 이후의 '적응(순응)'이다. 이에 대한 상세한 내용은 2장에서 검토할 것이다. 정보과정에 상응하는 이러한 모방 개념은 라이프니츠의 모나드론으로부터 큰 영향을 받은 것이다.

잘 알려져 있듯 라이프니츠가 말하는 모나드란 "복합적인 것에 포함되어 있는 단순실체에 다름 아니다. 단순이란 말은 부분을 갖지 않는다는 말이다."(제1절) 또한 "부분이 없는 곳에서는 넓이도 형태도 분할의 가능성도 없다."(제3절)[14] 타르드는 이 라이프니츠의 규정을 근거로 모나드를 '식별불가능한 무한소의 부분'이라고 정의한다.

모나드는 변화한다. 그것을 라이프니츠는 다음과 같이 말한다. "모나드의 자연적 변화는 내적 원리로부터 온다고 할 수 있다. 외적인 원인은 모나드 내부에 영향을 미칠 수 없기 때문이다."(제11절) 그럼 자연적 변화는 어떻게 해서 생기는 것일까. "변화의 원리 이외에 변화하는 것의 세부가 존재하고, 이것이

---

14. [옮긴이] 라이프니츠의 「모나드론」은 여러 개의 한국어 판본이 있으나, 본문에서는 배선복 번역의 개정판 『모나드 론 외』(책세상, 2013)를 참고했다. 부분적으로 필요할 경우 옮긴이 주에서 이 번역본의 한국어 문장을 병기한다.

소위 단순실체에, 특수화와 다양성을 부여하는 것이 아니라고 해서는 안 된다."(제12절)라고 하며, 라이프니츠는 이 "내적 원리의 활동을 욕구 appétition라고 이름붙일 수 있다."라고 한다.

즉, 라이프니츠는 모나드의 변화가 그 내부의 내적 원리, 즉 '욕구'라는 '능동적인 능력'에서 생긴다고 보았고, 또한 변화하는 세부의 특수성과 다양성이 유일무이한 존재로서의 모나드를 구성한다고 보았다.

타르드가 '식별불가능한 무한소의 부분'이라고 표현하며 모나드의 내부에서 '욕망'과 '믿음'을 보는 관점은 분명 이러한 라이프니츠의 논의를 계승한 것이다.

앞서 언급했듯 라이프니츠는 "모나드의 자연적 변화는 내적 원리로부터 오고" "변화하는 것의 세부가 존재하며" 그 세부에는 "여러 변화하는 상태나 관계가 반드시 존재한다."(제13절)라고 했는데, 이어서 이 '자연적 변화', 즉 "단순실체에서 다多를 포함하고 동시에 다多를 표현하며 이동하는 상태가 소위 표상이다."(제14절)라고 서술한다.

전 우주를 비추는 살아있는 거울인 모나드의 표상을 생각할 때 중요한 것은 "표상은 의식된 표상, 즉 의식과는 구별해야 한다."(제14절)라는 라이프니츠의 주장이다. 그것은 명석한 의식작용뿐 아니라 '혼돈으로 표상되는 우주, 미소표상[15]으로 주어진 우주'를 비추어 내는 무의식의 작용, 전前의식의 작용을 포괄하고 있다. 이는 곧 '의식하지 않는 표상은 아무 것도 아니다'라고 여긴 데카르트 파에 대한 분명한 비판이다.

이렇게 라이프니츠의 논의를 따라 이야기한 것들은 과연 정보과정 자체라고 해도 좋을 것이다.

우주를 비추어 내는 거울로서의 모나드. 그 모나드를 변화시키는 내적 원리의 움직임인 욕구. 이 능동적 능력인 욕구 하에서, 다多를 포함하고 다多를 표현하며 이동하는 상태에 있는 표상의, 생성으로서의 정보과정이 있다. 게다가 이 표상은 명료하게 의식된 상태에 있는 표상에서부터 혼돈 상태에 있는 '미소표상'의 레벨까지 계속 변화하는 이동상태에 있다.

여기에서 라이프니츠가 "단순실체에 있어서 다를 포함하고 동시에 다를 표현하며 이동하는 상태는 소위 표상이다."(제14절)라고 서술하는 것을 떠올려 보자. 시시각각 지속적으로 변화하는 움직임이, 단순실체에 있어서 다를 포함하고 동시에 다를 표현하고 있다고 하는 규정은, 다나카가 '표현된 구별'이라고 한 간단한 정보개념과 맞아떨어지는 것이다.

그리고 들뢰즈가 '잠재적인 것'·'가능적인 것'·'현실화'·'실재화' 같은 개념으로 파악하고자 한 것도 바로 이 이동의 상태였다.

'미소표상' 혹은 '작은 지각'은 '각각의 질서에, 미분적微分的인 관계로 들어가는 지각이 선택되고 각 의식의 구역에 출현

---

15. [옮긴이] 微小表象, petites perceptions.

하는 질質을 만들어 내는' 회로를 갖고 있다. '잠재성' 레벨의 혼돈 상태에 있는 '미소표상'은 특정 신체에서 '실재화'되는 과정에서 어떤 특정의 명료한 지각으로서 '현실화'한다.

이것을 들뢰즈는 다음과 같이 말한다. "세계는 각자 자신의 고유의 관점, 자기 고유의 표면에서 그 세계를 표현하는 모나드 안에서만 현실성을 지닌다. 그러나 잠재적-현실적이라는 쌍은 이 문제 전부를 해명하는 것이 아니며, 가능적-실재적이라는 전혀 다른 두 번째 쌍이 존재한다.…… 세계는 모나드들 혹은 영혼들 속에서 현실화하는 하나의 잠재성이고, 또한 물질이나 신체 안에 실재화 되어야 하는 하나의 가능성이다."[16](Deleuze, 1988=1998, 181)

타르드는 모나드의 '표상'에 관한 라이프니츠의 논의를 기본적으로는 계승하고 있지만 한편으로 자기만의 독창적인 논의를 펼치는 것도 주목해야 한다. 즉, 라이프니츠는 모나드 간의 상호교섭을 고려하지 않고 신의 '예정조화'에 따른 세계의 질서를 구상했다. 하지만 타르드는 이 '닫힌 모나드' 사상을 전환하여 '열린 모나드'를 구상한다.[17]

앞서 말한 타르드의 '모방'·'소유' 개념은, 신의 개입을 경유

---

16. [옮긴이] 질 들뢰즈, 『주름, 라이프니츠와 바로크』, 이찬웅 옮김, 문학과지성사, 2004, 189~190쪽.

17. 이 책 2장에서 논하겠지만 라이프니츠가 상정한 신의 '예정조화' 원리가 붕괴된 후의 질서의 구성원리로서 타르드는 '모방' 개념을 제시했고 이는 모나드 사이의 상호작용에 의한 '소유'와 '지배'의 과정이라고 볼 수 있다.

하지 않는, 모나드 상호간섭으로 생기는 '대립'·'조화' 혹은 '질서화'의 과정을 주목하고 그 메커니즘을 해명하기 위해 도입된 키워드이다. 이 개념들을 통해서 타르드는 모나드 사이의 커뮤니케이션 혹은 정보과정을 설명하려 했다. 상세한 내용은 다음 장에서 서술하겠고, 지금은 라이프니츠와 타르드의 계보에서 생각해 볼 수 있는 정보 및 정보과정에 관한 관점을 다시 정리해 두겠다.

'분명한 형태를 갖지 않는 것' 의 위상

"세계는 모나드들 혹은 혼들 속에서 현실화하는 하나의 잠재성이고, 또한 물질이나 신체 안에 실재화되어야 할 가능성이다." 이런 들뢰즈의 관점은 정보를 생명체의 활동과 관련시켜 파악하는 관점과 겹친다. 그 점을 염두에 두면서 들뢰즈의 말을 보다 구체적인 측면에서 검토해 보겠다.

예를 들어, 물체로부터 반사된 빛이 망막을 자극할 때 신체는 실제로 충격을 받을 것이다. 그 빛의 광도가 식별불가능할 정도로 미세한 변화라면, 의식에서 그 미세한 변화는 변화로 인식되지 않는다. 하지만 그렇지만 신체는 그 변화를 받아들이고 무언가를 생성해 낸다. '잠재적인 것'은 의식되지 않는다고 해서 '비실재'인 것이 아니고, '잠재적'인 상황에서 '실재적'real이다. 역으로 그 광도의 '강도'가 고조되어 순식간에 변화할 경우, 의식은 그것을 당연히 변화로 인식할 것이고 신체도 강렬한 고통을 느낄 것이다.

혹은 이런 경우를 생각할 수도 있다. 강한 충격음이 신체를 엄습했을 때, 그 소리가 무엇인지 식별하고 인식할 겨를이 없거나 실제로 식별이나 인식 자체가 불가능한 경우가 있다. 그런데도 순식간에 몸이 반응하고 신체적인 운동을 시작할 때가 있다. 즉, 생명활동을 통한 정보현상을 대상으로 할 때, 다음 두 가지 계기와 요소를 간과해서는 안 된다.

첫째, 정보과정은 명료한 인식이나 지각 수준에서만 파악되어서는 안 된다. 잠재성의 수준에서 현실화하는 과정을 통해서 얻어지는 명료한 지각이나 인식은, 빙산의 일각이다. 바닷물 속에는 눈으로는 확인할 수 없는 작은 섬의 기저부분이 존재한다. 이 기저부분에서 일어나는 비가시적인 정보현상을 간과해서는 안 되는 것이다.

둘째, 정보는 단지 인지적 층위에서만 작용하지 않는다. 쾌나 불쾌, 고통이나 환희, 좋고 싫음 같은 각종 정보나 감정이 촉발되고 생성된다. 모든 물질, 생명체, 타자, 그 모든 것들과 접촉하면서 쾌나 불쾌, 고통이나 환희 같은 정동이 생겨나고, 그것이 의지, 의욕, 믿음으로 결정화하는 정동작용이 생겨나는 것이다.

정보개념은, 이런 '잠재적인 것'의 층위까지 조망할 수 있어야 하고, 명료한 앎에서 불명료한 앎까지, 나아가 미세한 정동의 주름까지, 광대한 영역을 조망할 수 있어야 한다.

이 비인지적인 층위에서의 정보현상에 대한 적확한 비유는 호프만스탈의 다음 문장에서 찾아볼 수 있다.

"그 호두나무를 다시 보게 되더라도 두려워서 그저 곁눈질할 뿐, 그냥 고요히 지나칠 것입니다. 왜냐하면 나무 주위를 부유하는 이상한 것의 감각을 쫓아내거나, 가까운 숲 언저리에 아직도 흔들거리는 이 세상 것이 아닌 것의 전율을 쫓아내고 싶지는 않기 때문입니다. 이런 순간에는 보잘것없는 피조물, 개, 쥐, 투구풍뎅이, 움츠러든 사과나무가 있는 언덕 위의 구불구불한 길, 이끼 낀 바위 같은 것이 일생 최고의 밤에 온몸과 마음으로 대하는 더없이 사랑스러운 애인 이상으로 여겨집니다. 말도 하지 못하고 때로는 생명도 가지지 않은 피조물이 충만한 사랑의 모습으로 나타나기 때문에, 행운에 가득 찬 나의 눈도 주위 모든 곳에서 생명을 발견합니다. 모든 것, 존재하고 생각나는 모든 것, 혼란스런 생각에 접촉되는 것까지 모두 마땅히 그러해야 할 무언가로 여겨집니다."(Hofmannsthal, 1902=1991, 183)[18]

20세기 초에 쓰여진 「찬도스 경의 편지」는 시를 쓸 수 없던 시인의 고뇌를 토로하는 수기 형식의 글이다. 그 핵심은, 일관된 언어로 세계를 표현하는 것이 가능하다고 믿었던 시인에게 '명료한 윤곽을 갖지 않은 생각들'이 들이닥쳤을 때 그가 토로

18. [옮긴이] 후고 폰 호프만스탈, 『호프만스탈』, 곽복록 옮김, 지식공작소, 2001, 126쪽.

하는 형용할 수 없는 경탄이다. 바꿔 말하면 '존재와 관련된 신비'로운 상황에 대한 시인의 행복감이 그려져 있는 것이다. 호프만스탈은 그것을 다음과 같이 서술한다. "마음을 황홀로 유혹하는, 끝날 것 같지 않은 힘의 대립이 마음속에도 몸의 주변에서도 느껴지고, 대립하는 그것들의 질료 속으로도 나는 흘러들어갈 수 있고 하나로 존재하게 될 것입니다.……우리는 새로운 관계를 존재전체와 연결시킬 수 있지 않을까 여겨집니다."[19]

마사무라는 라틴어 인포르마티오informatio에서 유래하는 인포메이션information이라는 정보개념이, 인포르마티오 가운데의 말인 포르마forma, 즉 '모습'·'형상'形相과 관련된다는 것을 강조한다. 그리고 "가능한 것에 한정시켜 생각함으로써 현실적인 것, 즉 형태가 있는 것이 탄생"한다고 말한다. 하지만 여기에 덧붙여 강조하고 싶은 것은, 세계와의 감응 속에서 '명확한 모습을 갖지 않는 무언가'가 마음에 새겨지는 것, 말과 관념 같이 명료한 '형태'를 가지지 않는 것에서 오는 황홀이나, 신체를 뒤흔드는 '분명한 형태를 갖지 않는 것', 이런 것이 정보의 '기원'이라는 점이다. 즉, 정보란 우리의 마음에 '분명한 형태를 갖지 않지만'·'질료'가 새겨지고 각인되어 생겨나는 '형상'이다. 이 형상이야말로 '혼'이 형성하고 '혼'이 형성되는, 양의적인 과정 속에

19. [옮긴이] 호프만스탈, 『호프만스탈』, 126~127쪽.

서 생성된다.

사카베 메구미坂部恵에 따르면 라캉J. Lacan이 1966년 논문 「현실원칙을 넘어서」에서 '정보'에 관해 서술한 것도 지금까지 논해 온 사정을 뒷받침한다. 라캉은 다음과 같이 기술한다. "information이란 단어의 의미는 일상 속의 흔한 의미에서부터 고어古語적 용법까지 다양한 방식을 통해 이해할 수 있다. 이 단어는 어떤 사건에 대한 상념, 인상의 각인, 관념에 의한 유기화 등을 가리키는데, 그 논의들은 실제로 대상의 직관적 형태, 엔그램engram(지각, 기억 등의 흔적)의 형성적 형태, 발달을 생성하는 형식과 같이, 이미지의 여러 역할들을 나름대로 잘 표현하고 있다."(Lacan, 1966=1972, 102) 사카베에 따르면 여기에서 '고어古語적 용법'이란 '관념에 의한 유기화' 그리고 '발달을 생성하는 형식'을 가리킨다. 그것은 바로 이제까지 서술했듯 '분명한 형태를 갖지 않는 것'이 각인된다는 상황 자체에 함의된 양의적이고('혼'이 형성하고 '혼'이 형성되는) 상호교착Chiasme적인 관계를 의미한다.[20]

---

20. 사카베는, 라캉의 이 논의에 따라 다음과 같이 말한다. "라캉은 informatio라는 라틴어가, 전성기 중세에는 '능동지성'[의 '가지적(可知的) 형상'을 도입하여] '수동지성' 혹은 '혼'에 형상을 부여하는 것을 의미했다는 바로 그 고전적인 의미에서 이 부분을 썼고" "따라서 '관념에 의한 유기화'는 '이데아에 의한 혼의 형성' 정도를 의미하고 '발달을 생성하는 형상(形相)'은 라이프니츠 식으로 말해 '혼을 만들어 내고 모방하는 원시적 힘 내지는 실체형상(形相)' 같은 것이라고 할 수 있다."(坂部, 1997, 187)

4. 도래할 정보사회란?

정보란 무엇인가

지금까지 정보란 무엇인가라는, 다소 추상적인 문제를 검토해 보았다. 이제 마지막으로 정보를 둘러싼 이런 규정이나 정의들을 통해 현대사회를 어떻게 파악할 수 있을지, 정보현상을 통해 고찰해야 할 구체적 과제는 무엇인지 생각해 보고자 한다.

처음에 다룬 요시다의 정보개념은, 패턴의 존재를 전제하며 그 패턴이 정확하게 변환·표시·반영된다고 본 것이었다. 테이블과 구별되는 책상의 물질적 패턴은, 디지털 신호든 '쓰쿠에'라는 음성기호든 다른 패턴으로 변환되어, 테이블과 구별되는 책상의 존재를 우리가 인식·인지할 수 있게 한다. 이 패턴의 '연합'이 정보과정으로 상정되는 것이다. 반복하자면 책상이라는 존재(=물질적 패턴)를 인지시키는 정보는, 소리라는 음성기호, 전기적으로 변환된 라디오의 시그널 신호, 화상처리를 위한 디지털 기호 등, 각각의 미디어를 매개로 한다. 또한 다양한 패턴 변환·표시를 행하면서도, 다른 것과 구별되는 패턴 표시를 통해서 정확하게 전달되리라는 것을 암묵적으로 전제하고 있다.

요시다의 정보과정은 이런 이해를 기반으로 한다. 그리고 '기호행동의 기본 유형, 즉 의미작용의 기능적 타입과 마찬가지로 정보처리에 대한 기능'을 근거로 하여, '인지정보'·'평가정보'·'지령정보'라는 세 유형으로 정보를 분류하여, 자기조직계의 제어 모델을 구상한다. '자원공간' 인식에 관련되는 '인지정보'와 그것에 관한 '평가정보', 또한 그 '평가정보'를 토대로 한 '지령정보'에 의해서 '자원공간'을 정보기능에 따라 제어한다는, '자원공간과 정보공간의 순환제어모델'이 그것이다.

사회 시스템의 제어와 설계라는 과제에 비추어볼 때, 이렇게 패턴과 패턴의 '연합'을 기초로 하는 정보개념, 그리고 거기에서 도출되는 제어 모델이 매우 유효하고 유용한 것은 분명하다. 오늘날 전지구적 규모로 복잡한 인과들이 연동해서 생기는 환경문제나 자원문제는, 고도의 연산능력을 가진 컴퓨터 시스템이나 모니터링 시스템 그리고 정확하게 정보를 전달하는 통신 시스템 등, 정보의 생산·이동에 관한 발달된 능력 없이는 대처할 수 없기 때문이다. 현재 고도로 발달한 정보능력은, 이렇게 인류가 직면한 과제의 해결에 대한 의식을 갖고 개발되어야하는 것이다. 따라서 과제해결을 위한 사회정보 환경이나 정보 시스템을 구축하는 데에 이 순환제어모델이 제안하는 도면은 분명 유효하다.

실제로 고속의 정보처리와 연산이 컴퓨터를 통해 가능해진 현대에는, 모니터링에 의한 계측, 각종 인지정보의 순간적 표시, 인지정보에 기반하는 시뮬레이션과 평가정보의 산출, 나아가 그것에 따른 지령정보가, 기계적으로 생산될 수 있고 그

적응범위 또한 크게 확대되고 있다. 요시다의 정보개념은, 기계계통 정보처리의 과정을 따라가 볼 때 매우 적확한 규정이고, 동시에 각종 컴퓨터와 접속한 커뮤니케이션 시스템의 설계와 구축에 필수적인 모델인 것이다.

그러나 한편 이 모델의 한계도 분명하다. 요시다의 정보개념은, 복수의 미디어를 매개로 다양하게 패턴을 변환·표시한다. 그리고 다른 것과 구별되는 패턴 표시를 통해서, 패턴X와 패턴Y의 '연합'으로 정보가 정확히 전달될 것을 암묵적으로 전제한다. 그런데 이런 경우, 기계적인 정보처리를 넘어, 생명체 수준에서의 정보과정과 현상을 충분히 파악하는 것은 불가능하다.

이 문제를 극복하려고 한 것이 마사무라 그리고 니시가키의 정보개념인 것은 이미 살펴본 대로이다. 마사무라는 사상写像·역사상逆写像 개념을 통해, 패턴A와 패턴B의 일의적인 연합관계로 정보과정을 파악했던 기존 관점을 상대화했다. 그리고 패턴A가 다른 패턴과 어떻게 '연합'되는지는 지평구조의 패턴 차이에 의한다고 주장했다.

요시다의 말에 따르면 '인지정보A'가, 높은 평가인 '평가정보B'를 산출할지 낮은 평가인 '평가정보C'를 산출할지의 문제는, 지평구조(즉, 각 평가자의 가치관의 패턴-차이이든, 해당 사회의 문화가 체현하는 가치관의 패턴-차이이든)에 매개되어 그때그때 산출된다. 그것을 명시하는 이론적 틀이 사상모델이다.

이런 마사무라의 모델과 달리 니시가키는 생명체의 활동에 준거하여 논의를 편다. 그는, '무엇이 정보로 수용되는가'라는 질문을 '무엇이 정보로 생성되는가'라는 질문으로 바꾸면서 정보를 재정의하고자 했다. 요시다가 서술한 '소여성'所與性이나 '요건성'에 의한 '자기선택'은 기계 계통의 정보처리에서는 일정한 타당성을 지니지만, 인간-기계 계통의 정보처리에 있어서는 결코 자명하지 않다. 인간-기계 계통에서는 인지정보를 바탕으로 한 평가정보의 성립과정에서 늘 오판이나 오해의 가능성이 내포되어 있고, 평가정보를 산출할 때에는 해당 사회의 가치패턴이나 개인의 가치관이 깊이 관여되므로 여러 다른 평가정보가 산출되곤 하기 때문이다. 또한 평가정보에 근거하는 지령정보에도 '제어불능'이나 '오작동'의 위험이 있고, 그에 따르는 자원공간의 폭주 같은 상황이 잠재적으로 내포되어 있다.

결국 니시가키와 마사무라의 정보개념은, 인간-기계 계통에서의 정보과정의 위상을 생각할 때 간과할 수 없는 필수적인 규정이다. 인문사회 분야에서의 미디어나 커뮤니케이션에 관한 정보학의 연구는, 이 정보개념의 층위에 상응하는 폭넓은 연구 분야를 개척하고 있다고 할 수 있다.

이 장은 이런 상황들을 충분히 고려하면서, 정보란 기능적 '효용'이나 '수단'을 전제하는 인지주의적·주지주의적인 개념만으로는 설명할 수 없음을 확인했다. 즉, 정보는, 그 자체가 환희이고 지복이며 '분명한 형태를 갖지 않는 것'으로서의 — 한편으로는 고통이나 분노나 증오로 현실화하는 등 '분명한 형태를 갖지 않는 것'으로도 나타나는 – '정념'이나 '정동' 등의 개념까지 포괄할 수 있어야 하는 것이다. 그것은 일상생활에서 늘 경험되고 있지만 '분명한 형태를 갖지 않는 것'이어서 이름 붙여진 바도 없이 간과되어 왔다. 이와 관련해서 다나카가 정보를 '표현된 구별'이라고 규정한 것은, 그 불투명하고 여전히 혼돈인 영역을 향한 하나의 명료한 규정인지도 모른다.

여전히 불투명하다. 하지만 방금 전에 말한 정보개념이야말로 실은 고도정보사회의 구상을 가장 총체적이고 역사적으로 묘사할 수 있는 개념이 아닐까.

도래할 '탈산업사회'에 대한 시선

주지하듯 정보사회론의 계보에는 크게 두 맥락이 있다.

하나는 '탈산업사회론'으로서의 정보사회론이고, 또 하나는 '고도산업화사회론'으로서의 정보사회론인데, 둘다 인류의 역사적 발전단계를 전제로 구상된 점에서는 공통적이다. 즉, 정보사회론은, 도구의 기술혁신으로 인한 농업혁명, 물질·에너지의 고도의 변환기술로 추진된 산업혁명, 그리고 (자연의 구성요소인 '물질·에너지'와 나란히 중요한 요소인) '물질·에너지 패턴'으로서의 정보가 기술적으로 혁신되는 정보혁명을 근간으로 삼고 있다.

하지만 미타 무네스케見田宗介가 지적하듯, '탈산업사회론'은 산업혁명 이후의 '산업주의적 경제 전체를 멀리서 조망하는 관점'인데 비해, '고도산업사회론'은 '산업사회의 원리 내부에서 고도화하는 정보기술들의 영향관계를 논하고자' 한다.

정보에 관한 학적 고찰이 바로 '산업주의적 경제 전체를 멀리서 조망하는 관점'과 관련이 있다면, 이제 우리는 좀더 깊고 넓게 정보에 대해 구상하고 생각해야 한다. 말하자면 오늘날 우리 눈앞에 나타나고 있는 정보과정, 그리고 그로 인한 정보현상의 새로운 특징들을 정밀하게 해석하기 위해서라도 '분명한 형태를 갖지 않는' 잠재성의 영역을 고려하여 정보개념을 치밀하게 고찰해야 하는 것이다. 이 책은 그것을 위한 작은 행보에 불과하다.

2장

타르드의 커뮤니케이션론 재고

모바일 미디어와 접속하는 모나드의 시대

모든 진정한 과학은 무수히 많고 무한히 작은 요소들의 반복 영역에 도달한다.

– 가브리엘 타르드, 1898=2008, 25[1] –

'무한소'라 불리는 작은 존재야말로 진짜 인자(因子, agents)일지도 모르고, 우리가 '무한소'라 부르는 이 작은 변이야말로 진짜 행위(actions)인지도 모른다.

– 가브리엘 타르드, 1898=2008, 135 –

들어가며

1901년에 간행된 가브리엘 타르드의 『여론과 군중』[2]은 커뮤니케이션 및 미디어 연구에서의 고전이다. 20세기가 시작하는 첫해에 출판되었을 뿐만 아니라, 커뮤니케이션과 미디어를 대상으로 하는 연구 분야 중에서 가장 이른 시기의 업적이라는 점에서도 고전 중의 고전인 셈이다.

---

1. [옮긴이] 『사회법칙 — 모방과 발명의 사회학』(이상률 옮김, 아카넷, 2013)으로 한국에 소개되었다.
2. [옮긴이] *L'opinion et la foule*라는 제목의 이 책은 한국에서는 이상률 번역으로 2012년에 『여론과 군중』(지도리, 2012/이책, 2015)으로 번역, 소개되었고, 일본에서는 사회학자 이나바 미치오(稲葉三千男)에 의해 1964년 『세론과 군집』(世論と群集, 未来社)으로 번역, 소개되었다.
   일본어 '세론'(世論)과 '여론'(輿論)은 모두 '여론'으로 번역해도 무방하지만, 약간의 뉘앙스 차이는 고려할 필요가 있다. '세론'은 정서적·사적 심정과 관련되는, 일반대중의 기분 혹은 인기(popular sentiments)에 근거하는 의견·감상 등을 의미하기에, 신중한 견해가 아니라 시간과 함께 변화하기 쉽다는 뉘앙스를 띤다. 반면 '여론'은 공적 관심사에 대해 이성적 토의, 토론이 이루어진 후에 이끌어 낸 사회적 합의(public opinion)와 관련된다. 즉, 합의에 이르기까지 긴 시간이 필요하고 한 번 확립되면 번복하기 어려운 집단적 견해를 지시하는 말이라고 할 수 있다.(세론과 여론에 대해서는 본문 4장에서 다시 언급된다.)
   또한 '군집'과 '군중'의 경우, 한국어에서도 마찬가지이지만, '군집'은 어떤 장소에 있는 모든 생물의 개체군의 집합체를 의미한다면 '군중'은 일정한 장소에 무리 지어 모여 있는 사람들을 지칭하므로, 군집의 하위 범주로 이해하면 된다.
   그렇다면 (이후 저자인 이토 마모루의 논의에서 확인할 수 있겠지만) 타르드의 논의의 당대적 새로움과 변별성을 잘 반영하고 뉘앙스를 잘 살린 표현은 확실히 '세론과 군집'쪽이라고 할 수 있다. 하지만 본문에서는 한국어로 익숙할 뿐 아니라, 이미 번역 소개된 용어에 대한 혼동을 피하기 위해 『여론과 군중』으로 통일했다.

그러나 한편 많은 연구자가 지적하듯, 타르드는 '잊혀진 사회학자'이다. 당시에는 타르드와 뒤르켐 사이에서 사회학 방법론을 둘러싼 논쟁도 있었고, '뒤르켐 vs 타르드'라는 문맥에서 초창기 사회학이라는 학문 영역의 대상, 방법을 둘러싼 둘 사이의 차이나 공통점에 관한 연구도 많이 있다. 하지만 현대 사회학에서 뒤르켐이라는 이름과 비교할 때 타르드는 너무도 작은 위치를 차지한다. 물론 프랑스에서는 1970년대 들뢰즈가 타르드를 재평가하면서 과감하게 재독해된 바 있다.[3] 이 장의 논의도 들뢰즈로부터 크게 영향을 받은 것이다. 하지만 이러한 재평가도 사회학이나 커뮤니케이션론에는 그리 큰 영향을 미치지 않았고 타르드는 여전히 '잊혀진 사회학자'의 위치에 있다. 이나바 미치오稲葉三千男가 "뒤르켐은 '현재완료'적 사람이지만 타르드는 '과거'의 사람이다."(稲葉, 1964, 229)라고 이야기한 것은

---

3. [옮긴이] 들뢰즈의 '반복' 개념["반복은 차이의 분화소(le différenciant)"(『차이와 반복』, 182쪽)]이 타르드의 '반복' 개념을 참고한 것은 잘 알려져 있지 않았다. 들뢰즈는 『차이와 반복』(1968)과 『천 개의 고원』(1980)에서 타르드를 미시사회학의 창시자로 적극 해석하고 의미부여한 바 있다. 들뢰즈에 따르면, 타르드가 말하는 반복은 작은 변이들을 모으고 통합하는 것이고, 그 결과 언제나 '차이짓는 차이소'를 이끌어 낸다. 헤겔의 변증법과 대결 구도 속에 스스로를 위치시켜 온 들뢰즈에게 이 '반복'은 헤겔의 변증법과는 전혀 다른 변증법("차이와 반복의 변증법")의 기초였다. 또한 들뢰즈는, 뒤르켐 등 당시 주류 사회학자들의 흐름 속에서 타르드가 심리학적으로 환원되고 폄하된 측면을 '미시사회학'으로 의미부여하고 복권시킨다. 미시사회학은 두 개인들 사이에 성립하는 것이 아니라, 이미 "단일하고 똑같은 개인 안"에 토대를 둔 것이다.(『차이와 반복』, 78, 182~183쪽, 『천 개의 고원』 8장 「1874년 — 세 개의 단편소설 또는 "무슨 일이 일어났는가?"」 참조.)

1964년인데, 지금도 여전히 비슷한 상황이라고 할 수 있다.

일본에서 많은 독자를 얻은 『여론과 군중』도 고전의 반열에 오르기는 했지만, 이 책을 번역한 이나바가 이 저작의 의의를 평가한 것을 제외하고는 타르드에 대한 본격적인 논의는 거의 이루어지지 않았다.[4] 게다가 이나바의 타르드론도, 그 시대의 자료적 제약 때문이었겠지만 타르드 이론의 일부만을 설명하고 있을 뿐이다. 그렇다면 타르드란 도대체 어떤 사회학자인가. 그리고 『여론과 군중』은 어떤 책이며, 그것은 어떻게 '읽히기'를 요구하고 있는가.

이 장에서는 타르드에게 가장 큰 영향을 준 라이프니츠의 모나드론, 그리고 그 모나드론을 기초로 전개한 타르드의 모방론을 검토하면서 『여론과 군중』의 의의를 재고하려고 한다. 미리 말해 두자면 이 과정에서 타르드의 '공중'公衆 개념과 커뮤니케이션관을 '근대주의'적인 사고의 틀로 평가해서는 안 된다는 것을 강조하고자 한다. 타르드의 이론에는 커뮤니케이션 개념 그 자체를 재고하게 하는 맥락이 있다. 또한 보다 넓은 문맥에서 생각할 때 그의 이론은, 중세 보편논쟁의 오컴으로 대표되

---

4. 『모방론』 「모나드론」이 번역된 사정도 포함하여, 生間元基(2008) 「社会と個人の処方1900―ガブリエル·タルドの『模倣の法則』を読む」, 『相関社会科学』 18호 / 大黒弘慈(2009) 「模倣と経済学」, 『社会システム研究』 12호 / 池田祥英(2000) 「タルド模倣論再考」, 『日仏社会学会』 10호 / 西脇雅彦(2009) 「新たなモナドロジーのほうへ」, 『早稲田大学大学院文学研究科紀要第2分冊』 55호 등, 근래 타르드 연구가 활발하다.

는 유명론과는 별개의 다른 계보에 위치시켜야 한다. 그런 의미에서 타르드는 탈근대 시대의 사회학을 새롭게 전개할 때 기점에 두어야 할 연구자로 재평가되어야 한다.

이 장에서는 다음과 같이 논의를 진행한다. 우선, 『여론과 군중』의 '공중'le public 개념 및 이 개념에 대한 기존 평가를 비판적으로 검토한다. 둘째, 타르드의 공중 개념 및 커뮤니케이션 개념을 재평가하기 위해, 타르드의 사유의 근간을 이루는 라이프니츠의 '모나드'론과 그에 대한 타르드의 논의를 검토한다. 들뢰즈는 "가브리엘 타르드의 철학은 마지막 위대한 '자연철학'의 하나이며 라이프니츠를 계승하고 있다."(Deleuze, 1968=1992, 495)라고 했다. 이 말처럼, 타르드 이론을 고찰할 때, 그가 라이프니츠의 '모나드'를 어떻게 파악하여 계승했는지에 관한 검토를 빼놓아서는 안 된다. 셋째, 타르드의 '모방론'을 라이프니츠의 '모나드'론을 계승하면서도 그것을 다시 독자적으로 전개한 독창적 연구로서 평가할 것이다. 그의 사회학에 의하면 물리학, 천문학, 생물학, 사회학 등 모든 학문이 대상으로 삼는 현상은 세 가지 기본 범주, 즉 반복, 대립, 적응이라는 범주에서 파악할 수 있다. 넷째, 이와 같은 타르드의 '공중' 개념과 커뮤니케이션 개념을 미디어론의 관점과 중첩시켜 다시 파악하면서 현재적 의의를 살펴보고자 한다.

1. 『여론과 군중』이라는 책

'공중' 이란

1904년에 사망한 타르드에게 『여론과 군중』은 생존 당시의 마지막 저작이다. 모나드론과 모방론이 타르드 사회학의 거대이론grand theory이라 한다면 그는 그 이론을 기초로 하여 한편으로는 범죄사회학, 다른 한편으로는 '여론과 군중'의 사회학을 전개했는데, 이는 당시 프랑스 사회에서의 새로운 사회현상들을 해명하는 핵심적인 논의였다고 할 수 있다. 이제 '군중'foules, crowd과 대비되는 '공중' 개념을 검토해야 하는데, 우선 이 개념이 지금까지 어떻게 이해되어 왔는지부터 살펴보기로 하자.

타르드는 '공중'을 다음과 같이 규정한다. "민주주의적 문명이 진전하면서 가장 발달한 사회집단, 즉 공중이라는 사회집단은 두드러진 개성을 내세워 스스로 인정받을 수 있게 하고, 또 독창적인 개인의 의견이 널리 퍼질 수 있게끔 하는 집단이다."(Tarde, 1901=1964, 31) 이 규정에서 알 수 있는 것은 '공중'이 사회집단인데, 특히 '민주주의적 문명이 진전하면서' 성립된 새로운 사회집단이라는 것이다. 그것은, 가족, 지역사회, 정당, 교회조직 같은 기존의 사회집단과는 다른 새로운 집단이다. 그 성립 배경에는 인쇄물의 유통과 확대, 그리고 독자층의 확대가 있다. 타르드에 따르면 "공중은, 인쇄술의 발명(1450년)에서 유래하는 거대한 발전의 첫 걸음이 16세기에 본격적으로 진행되면서 탄생했다."(Tarde, 1901=1964, 17) 그러나 17, 18세기의 공중은, 잡지라든지 소수의 독자를 대상으로 쓰인 서적을 읽는, 극히 일부의 선택된 귀족에 한정되었다. 이런 사정이 극적으로 변화하여 공중이 비로소 공중으로 사회의 전면에 등장하게 된 것은 1789년 대혁명 전후였다고 한다. 신문의 발행부수가 급속히 확대되고 많은 독자가 생겨났기 때문이다. 타르드는 이렇게 말한다. "대혁명 이전에는 공중이 카페나 살롱 모임의 결과였지 그 원인은 아니었다. 그러나 혁명기가 되면 카페 모임이나 클럽이 중요한 역할을 했고, 이전과는 반대로 이 장소가 공중으로부터 탄생하게 되었다."(Tarde, 1901=1964, 20) 이 대목은 별로 중요하지 않게 여겨질 수도 있다. 그러나 여기에서 읽어야 할 것은, 카페나 살롱에 모이는 사람들(집단)의 대면적인 커뮤니케이션이 먼저 존재했고 거기에서 기사 내용이 단편적으로 오가던 상황이었으나, 이후에 오히려 신문을 읽는 행위에 의해서 먼저 '독자공동체'가 성립하고 그 '독자공동체'의 구성원이 카페나 살롱에 모이거나 카페나 살롱을 조직하는 상황으로 변화했다는 것이다. 타르드는 이 미세한 변화야말로 중요한 역사적 전환점이었다고 말한다. 후에 베네딕트 앤더슨Benedict Anderson이 '상상의 정치적 공동체'를 통해 이야기한 상황을, 타르드는 '공중'이라는 개념을 통해 먼저 설명했던 셈이다. 즉, 인쇄물 특히 신문을 읽는 행위로부터 성립한 새로운 사회집단이 '공중'인데, 그것은 "순수하게 정신적인 공동체이고, 육체적으로는 분리되어 있으며 심리적으로만 결합된 개인들이 분산된"(Tarde, 1901=1964, 12) 것이다.

이 사회집단은 "본질적으로 육체의 접촉을 통한 심리적 전염의 무리"인 '군중'과는 다르다. '군중'과는 달리 "광대한 영역에 흩어져서 각자의 집에서 같은 신문을 읽으면서 앉아" 있을 뿐 "서로 직접 접촉하지도 않고 서로 보지도 듣지도 못하는", 그러면서도 "서로 휩쓸리고 서로 암시를 주는(아니 오히려 위에서부터의 암시를 서로 주고받는[5]) 사람들"이 태어난다. 그리고 그들 사이에서의 믿음이나 감정이 비슷한 수많은 다른 사람들과 순식간에 이 생각과 정열이 공유된다는 자각이 생길 때, '공중'이 태어난다. 타르드에 의하면 이후 전신기술이 발명되고 "아무리 먼 곳이라도 사상을 순식간에 완벽히 전달 이송할 수 있게 되면서 공중에게, 그것도 모든 공중에게 무한히 확장될 수 있었다."(Tarde, 1901=1964, 20) 이때 이 무한한 확장이야말로 공중을 공중으로 만들어 주었고, 군중과 공중을 가르는 결정적인 계기가 된 것이다.

그럼 이 새롭게 성립한 사회집단인 '공중'은 이제까지의 사회집단이나 '군중'과 어떻게 다를까. 육체적인 접촉을 통해 상

---

5. [옮긴이] 타르드는 신문 기자가 쓴 기사가 독자들 사이에서 유통되는 것을 '위에서부터의 암시를 주고받는다'고 표현했다.

호작용하는 '군중'과 비교할 때 '공중'은 어떤 특질을 갖고 있을까.

잘 알려져 있듯 타르드에 선행하여 19세기 후반 사회상황을 '군중' 개념을 통해 고찰한 르 봉 Gustave Le Bon은 기존 사회집단의 규범적 구속에서 이탈한 사람이 도시공간에서 우발적으로 육체적인 접촉을 하게 되면서 감정적인 동조나 충동적 행동을 하는 '군중심리' 현상에 주목했다. 자율적 개인의 이성적이고 합리적인 판단에 가치를 두는 '근대주의'적 관점에서 이런 현상은 사회를 혼란에 빠뜨리는 일탈행동이라고 부정적으로 평가되었다. 르 봉 역시, 프랑스 혁명 이후에 생긴 19세기의 여러 '군중 행동'을 근대인의 의식적 개성이 소멸되면서 생긴 사회혼란이라고 부정적으로 파악했다. 타르드는 이 '군중' 개념에 '공중' 개념을 대비시킨 것이다. 그럼 이 둘의 차이는 무엇일까.[6]

타르드는 이렇게 말한 바 있다. "군중 속에 휩쓸려 자기를 잃은 개인보다, 신문 독자 쪽이 더 많은 정신의 자유를 갖고 있다고 여기는 사람이 있다."(Tarde, 1901=1964, 26) 이 대목은

6. '군중'과 '공중'의 차이뿐 아니라 그 공통점에 대해서도 타르드가 언급하고 있음을 간과해서는 안 된다. "군중은 믿음이나 욕망이 일치함에 따라 주로 형성되지만, 그 능동성, 수동성의 정도에 따라서 네 개의 존재형태를 취할 수 있다."라고 하며 타르드는 "공중에도 이 네 가지 종류가 있다."라고 지적한다.(Tarde, 1901=1964, 49) 수동성의 축으로는 '기대군중/기대공중'·'주의군중/주의공중', 능동성의 축으로는 '시위(示威)군중/시위공중'·'활동군중/활동공중'으로 유형화할 수 있다.

당시 군중과 공중에 대한 인식의 차이를 단적으로 보여 준다. 즉, '군중'은 감정적이고 충동적으로 행동하기 쉽지만, '공중'은 무엇보다도 '독서'하는 주체이고 보다 자유롭고 보다 이성적이며 합리적이라고 말이다. 하지만 타르드에 따르면 이런 인식은 잘못된 것이다. 오히려 '공중'은 '군중'과 비교해서 더욱 등질적일 수 있다고 한다.

물론 독자는 기사를 읽고 내용을 숙고한다. 평소의 수동적 태도를 전환하기도 한다. 그러나 또한 그렇기 때문에 자기의 의견이나 감정에 합치되는 다른 신문 쪽으로 쉽게 이동하기도 한다. 한편, 기자들 역시 이런 변덕스러운 독자의 동향을 감지하고 독자를 끌어오고자 한다. 타르드는 이 관계를 '상호적합에 근거하는 상호선택' 혹은 '이중의 상호적응'과 '이중의 상호선택'이라고 규정한다.(Tarde, 1901=1964, 27) 이 상호적응과 선택의 결과, 독자들은 '자기의 편견이나 감정에 비위를 잘 맞추는 신문'을 택하게 되고, 한편 신문 쪽은 '다루기 쉽고 가변적인 독자를 자기 마음대로 골라' 낸다. 즉, "신문기자가 그 공중에게 의견을 좋든 싫든 강요할 뿐 아니라, 공중은 '이중의 상호적응' 작용과 '이중의 상호선택'에 의해 기자에게 조종되기 쉬운 등질적 집단이 된다. 그리하여 신문기자는 더욱 강력하고 방만하게 행동"할 수 있게 된다는 것이다. 말하자면 "공중의 선동자들은 자기들의 사악한 의도 쪽으로 아주 손쉽게 공중을 끌고간다. 공중용으로 제공할 새롭고 커다란 증오의 대상을 하나 찾아내거나 만들어 내는 것은 저널리즘계의 왕좌에 오르는 가장 확실한 방법의 하나이다."(Tarde, 1901=1964, 67)

"군중이든 공중이든 모든 집단은…… 선망이나 증오와 관련해서 선동되기 쉬운 한심한 경향"을 띠고 있다. 그러나 신문기자에 조종되기 쉬운 독자 공중에 비하면 "일반적으로 군중은 공중만큼 등질적이지 않다."(Tarde, 1901=1964, 27) 분명 '공중'은 육체적 접촉을 통해 감화되기 쉬운 '군중'과는 다르다. 그러나 '공중'이 독서하는 주체라고 해서, '공중'이 곧 개성적이고 이성적이라는 말은 아니다. 오히려 '공중' 쪽이 '군중'과 비교해서 보다 '등질적'인 집단이 될 수 있다고 타르드는 지적한다. 타르드는, 이런 신문 저널리즘의 경제적 확대와 신문독자층의 확장이 순식간에 이루어지면서 생긴 19세기 후반의 사회적 커뮤니케이션의 변용을 보면서 '새로운 시대의 위기'를 간파한 것이다.

상반된 두 개의 평가

이런 타르드의 논의에 대해 상반된 두 개의 평가가 있다. 하나는 시미즈 기타로^清水幾太郎^로 대표되는데, 문명화 과정에서 태어난 새로운 사회집단인 '공중'의 '밝음'의 측면을 적극적으로 평가하려는 견해이다. 타르드가 등질적인 성격을 가지는 '공중'에 대해 부정적 견해를 편 뒤에 희망적인 이야기로 그것을 상쇄시키려 했던 것을 볼 때, 시미즈의 입장은 충분히 이해가 된다.

예를 들어 타르드는 다음과 같이 말한다. “그러나 이런 비관적인 생각으로 이 장을 끝내고 싶지는 않다. 어쨌든, 신문을 통한 심각한 사회변화도 결국은 단결과 항구적 평화의 방향으로 진행한다고 믿고 싶다. 이제까지 보았듯 우리가 공중이라 부르는 새로운 집단은, 오래된 집단을 대신하거나 그와 겹쳐지고 더욱 넓어지면서 성립했다. 그런데 이 공중은, 관습의 지배에서 유행의 지배로, 전통의 시대에서 혁신의 시대로 변화시키는 역할만 하는 것이 아니다. 그 새로운 집단은, 끊임없이 투쟁해 온 무수한 인간 집단의 분명하고 오래된 분열을 변혁시키고, 경계가 불분명하고 가변적인 분절화를 초래한다. 그리고 부단한 혁신과 상호침투를 시작한다.”(Tarde, 1901=1964, 67)

그에 비해 『여론과 군중』을 번역한 이나바稲葉의 견해는 꽤 복잡하고 난해하지만 ‘공중’의 ‘어두움’ 쪽에 주목했다고 할 수 있다.

이나바는 다음과 같이 말한다. “타르드는 르 봉의 ‘군중’을 대신해서 ‘공중’을 고안했지만, 군중이라 부르든 공중이라고 부르든, 조작 대상으로서의 인간 무리를 주목했다고 할 수 있다. 그 의미에서 라이트 밀즈가 고전적 민주주의의 담당자로 묘사한 ‘공중’과는 결정적으로 다르다.” 그리고 그는 타르드의 ‘공중’에서 결여된 것이 ‘발송자의 기능, 토론의 과정, 자율성’이라고 지적하면서, 조작되기 쉬운 비자율적 성격이나 수동성을 강조

하는 타르드의 '공중' 개념에 혹독한 비판을 제기했다.[7]

타르드는 분명, 영향 받기 쉬운 독자의 태도나 등질성을 언급하면서 그것에 의구심을 품었다. 그 의미에서는 이나바의 이 관점도 무시할 수는 없다.

또한 '공중' 개념을 '당위개념'으로 여기거나 '규범적 의미'를 함의한다고 여겨 온 연구의 문맥에서 보면 타르드의 '공중' 개념에 대한 이나바의 반론이나 위화감도 이해할 수 있다. 즉, 통상적으로 '공중'이란, 독자로서 자율적으로 판단하고 상호 토의를 통해 이성적인 결론을 도출할 수 있는 집합적 주체(혹은 '주체일 것이다')라는 규범적 함의를 지닌다. 앞서 언급했듯 공중은 이성이나 이성적 판단을 중시하는 '근대주의'적 개인관을 반영한다. 이런 '개인'·'공중'에는 '근대주의'적인 이해가 개재해 있는 것이다. 하지만 타르드의 '공중' 개념은, "서로에게 암시한다." "위로부터의 암시를 서로 주고받는다." 같은 대목이라든지, "모든 신문이 독자적인 인기물을 부각시켜 빛나게 하고, 모든 독자는 이 빛에 눈이 멀고, 최면에 걸려 그 인기물에 완전히 정

---

7. 여기에서 언급된 밀즈의 견해는 『파워 엘리트』에서 표명되었는데, 여기에서는 1) 근대의 공중을 둘러싼 환경에는 다양한 의견이나 의사를 표명하는 복수의 발신자가 존재할 것, 2) 발신자의 다양한 의견 표명에 대해서 공중이 효과적으로 반응할 기회를 보장하는 공적 커뮤니케이션의 회로가 존재할 것, 3) 이 공적 커뮤니케이션을 통한 토의로 권위나 권력에 대항하는 행동이 실현될 수 있을 것, 4) 제도화된 권위가 공중에 침투하지 않고, 공중의 자립성이 지켜질 것, 이 네 가지가 이야기되면서 공중의 능동적 성격이 강조되었다.

신을 빼앗긴다."는 문장에서처럼 '암시'나 '최면' 같은, 오늘날 관점에서 볼 때 비과학적으로 여겨지는 용어로 가득 차 있다.

즉, 타르드의 '공중'은, 그때까지의 '공중' 개념이 상정해 온 자율적이고 이성적인 주체의 이미지로는 도저히 포괄할 수 없는 특성을 내포하고 있었기에 혹독하게 비판받았던 것이다. 이런 '공중'에 대한 개념 차이 때문에, '공중'의 수동적 성격을 강조하는 타르드의 주장은 "사회의 혁명적 변화에 대한 반작용과 관련된 귀족주의적 비판"(稲葉, 1964, 242)으로 간주되기도 한다.[8]

그런데 이런 상반된 두 입장은 타르드를 이해하는 데에 적절하고 타당한 것일까.

지금 '타당한 것일까'라고 한 것은 어느 쪽이 옳다 그르다를 따지려고 한 말이 아니다. 사회현상은 대부분 '밝음'과 '어두움' 두 측면을 함께 갖고 있다. 신문의 독자가 '밝음'과 '어두움' 두 측면을 가지는 것도 전혀 이상한 일이 아니다. 즉, 타르드가 살던 시대의 독자는 조작되기 쉬운 존재가 아니라 이성적인 판단력이나 자율성을 갖고 있었다(갖고 있었을 것이다)고 이나바처럼 말하는 것도 가능할 것이고, 그 반대도 가능할 것이다. 하지만 그 사실관계를 여기에서 따지려는 것은 아니다.

---

8. 이나바는 타르드의 입장이 대중사회에 대한 귀족주의적인 비판적 입장이었다고 지적한다. 타르드는 보불전쟁과 파리코뮌에서의 노동자들의 행동을 적극적 공중의 분출로 보면서 겁먹고 눈을 감았으며 반동화했다는 것이다.

오히려 지금 제기한 의문은, 그동안 '공중' 개념에 상정된 자율적이고 이성적인 주체의 이미지만으로는 도저히 포괄할 수 없는 특성을 지닌 타르드의 '공중' 개념이, 독자적 개념으로서 충분히 검토되지 못했다는 것에 대한 문제제기이다.

따라서 이번 장에서 말하고 싶은 것은, 타르드의 '공중' 개념이, '밝음'과 '어두움' 같은 이항대립 구도에서 벗어날 때, 독자나 시청자의 실재를 독해할 새로운 개념장치로 이해될 수 있다는 점이다. 그리고 무엇보다도 인터넷이라는 새로운 미디어가 확산된 오늘날, 타르드의 '공중'이라는 개념장치는 기묘한 리얼리티를 갖고 우리에게 다가온다. 이런 맥락에서 타르드의 이론을 살펴보도록 하겠다. 우선 검토해야 할 것은 타르드의 '모나드'론이다.

2. 모나드론

타르드가 『모나드론과 사회학』을 출간한 것은 1895년이다. 언제부터 그가 라이프니츠의 사상을 접했는지는 확실치 않다. 그러나 이 책은 "타르드의 저작 중에서 가장 원리적인 내용"(무라사와 마호로村澤真保呂)을 보여 주었고, 『모방의 규칙』이나 『사회법칙』 같은 그의 주저의 근간이 되는 사상을 전개하고 있다.

식별불가능한 무한소의 부분

타르드에게 '모나드'란, 앞 장에서 서술했듯 "식별불가능한 무한소의 부분"(Tarde, 1895=2008, 131)이다. 이 정의는, "모나드란 복합적인 것에 포함되어 있는 단순 실체에 다름 아니다. 단순이란 부분을 갖지 않는다는 것이다."(제1절), "부분이 없는 것에는 규모도 형태도 분할 가능성도 있을 수 없다."(제3절)와 같은 라이프니츠의 규정을 따른 진술임에 틀림없다.

또한 타르드는 "모든 것은 무한소로부터 출발하고 모든 것은 그곳으로 돌아가며" "유한의 영역, 또는 복합체의 영역에서는 어떤 것도 갑자기 출현하지 않고 또한 갑자기 사라지지 않는다."고 했다. 따라서 "무한소가 만물의 원인이면서 동시에 목적이고, 실체이면서 동시에 이유이다."(Tarde, 1895=2008, 134) 반복해서 말하자면 '만물의 원인인 동시에 목적이고, 실체인 동시에 이유'인 '식별불가능한 무한소'의 요소가 바로 타르드가 말한 '모나드'인 것이다.

타르드는, '모나드'에 대한 이런 규정의 '본질적인 가설'을 통해 '모든 보조적인 가설이 과학으로서 수립되고 있음'을 당시 물리학, 생물학, 화학 등의 과학의 여러 입장에서 설명하고자 했다. 그는 "화학, 물리학, 자연과학, 역사, 그리고 수학까지도 우리를 모나드로 향하게"(Tarde, 1895=2008, 126) 한다고 했다.

예를 들면 타르드는 랑케Leopold von Ranke를 인용하면서

"뉴턴의 가설이 중요한 이유는, 한 천체의 중력은 그것을 구성하는 물질 전체의 중력의 총합이라는 점을 밝혔기 때문이다. 거기에서 직접적으로 행성들은 상호 중력 작용을 하고 있음이 밝혀졌고 나아가 그 행성들을 구성하는 가장 미세한 분자에 대해서도 마찬가지임이 밝혀졌다."(Tarde, 1895=2008, 126)라고 했다. 즉, "그 이전 시대에는 천체가 하나의 초월적인 통일체로 간주되었고, 그 천체 내부의 관계들은 그 천체가 다른 천체와 맺는 관계와 전혀 비슷하게 여겨지지 않았는데"(Tarde, 1895=2008, 126), 뉴턴의 가설이 이 기존 사고를 깨트렸기 때문에 중요하다는 것이다. 이때 주목할 것은, 어느 한 천체는 결코 단독적으로 존재하는 '초월적인 통일체'가 아니라는 사실이다. 자립한 통일체로 간주되는 하나의 천체는, 실제로는 다른 천체와 맺는 상호간섭 내지 상호작용의 관계(따라서 하나의 천체는 다른 천체들과의 관계를 굳게 매개하면서 생성된 상위의 집합체의 한 요소에 불과하다) 속에 존재한다. 그리고 한편으로 그 천체 자체도 내부의 미세한 분자들로부터의 상호간섭과 상호작용(따라서 하나의 천체도 그 내부 요소들의 관계로부터 생성되는 하나의 집합체에 불과하다) 속에 존재할 뿐이다.

혹은 '생물종의 변용(생물의 진화 : 필자)'을 "확실히 보이는 차이의 총계로 생각하면 이해하기 어렵지만, 그것을 무한소의 차이의 총계로 생각하면 쉽게 이해할 수 있는"(Tarde,

1895=2008, 132) 것도, '모나드'에 관한 가설을 방증한다.[9] 진화하기 전의 생물과 진화한 후의 생물의 형태를 비교하면, 그것이 진화의 결과라고 믿기는 어렵다. 그러나 미분微分의 시점에서 보면 그것은 오랜 시간동안 미세한 분자의 상호간섭이 반복된 결과다. 즉, '다르게 되기' 그리고 '스스로를 목적으로 삼아 자기 자신에게 부여하는' 반복의 결과로서 진화를 생각한다면 우리는 진화과정을 쉽게 이해할 수 있는 것이다.

잠시 정리해 보자. 초월적인 통일체로 간주되는 천체든, 생물종이든, 어떤 통일체의 질서나 성질은 다른 통일체와의 상호간섭과 상호작용에 근거한다. 통일체는 이 상호간섭 관계에서 만들어지는 상위의 집합체의 한 요소에 불과하다. 통일체는 그 내부의 미세한 요소=통일체의 상호관계에 근거하고 있고, 나아가 그 미세한 요소는 더 미세한 요소=통일체의 상호간섭의 관계에 근거하고 있다. 게다가 이 상호간섭의 반복은, 차이가 증가하거나 감소하는 것이 아니고, 오히려 차이 자체가 '달라지는' 과정으로서 끊임없이 생성된다. 이것이 사실이라면 바

9. 타르드는 진화론을 다음과 같이 파악한다. "진화론에서 하나의 종은 개체 변이라고 불리는 무수한 차이의 집적(적분)을 의미하고, 그 개체 변이 역시 세포 수준에서의 변이의 집적이며, 그 근저에는 무수한 요소적 차이가 있다."(Tarde, 1890, 131) 따라서 "생물종의 변용을 분명히 눈으로 볼 수 있는 차이의 총계로 간주한다면 해결불가능한데, 그것을 무한소의 차이의 총계로 생각하면 간단히 해결가능하다."라고 서술한다. "무한소에 의해서 유한한 것이 설명되는" 것이다.(Tarde, 1890, 133)

로 '식별불가능한 무한소'의 요소인 '모나드'야말로 '만물의 원인인 동시에 목적이고, 실체인 동시에 이유'가 되는 것이다.

반복해서 말하자면 어떤 통일체는 그 내부에 존재하는 미세한 요소=통일체의 상호간섭 관계로부터 성립하고, 그 미세한 요소 역시 그 내부에 존재하는 더욱 미세한 요소의 상호간섭 관계로부터 성립한다. 따라서 타르드는 "모든 과학의 최종적 요소, 즉 생물에서의 세포, 화학에서의 원자 모두 개별 과학에서만 최종적인 것에 불과하다. 그것들도 역시 복합체이다."(Tarde, 1895=2008, 129~130)라고 한다.[10]

이 인식에 따르자면 사회라는 집합체 역시 방금 이야기한 '생물에서의 세포' 혹은 '화학에서의 원자'처럼 파악해야 할 것이다. 타르드는 "오랫동안 국민만이 유일한 진짜 실체로 간주되어" 왔고, 국가라는 통일체의 성립 근거를 "민족의 천재나, 인민의 중심에 있는 익명적이고 초인적인 요소가 자발적으로 분출되는 것에서 찾는"(Tarde, 1895=2008, 129) 역사철학자들의 주장이 반복되었다고 지적한다. 그러나 그가 볼 때 이런 논의는 완전히 '말도 안 되는' 논의에 불과하다. 국가, 민족, 혹은 집합적 심성 같은 '통일체'는 단독적으로 존재하는 '진짜 실체'가 아니라 '가짜 실체'에 불과하다. 과학에서의 최종적 요소란, '사

10. 이런 타르드의 규정에는 "복합적인 것이 있으므로 단순실체가 없어서는 안 된다. 복합적인 것은 단순한 것의 모임이고 즉 집합체에 다름 아니다."라고 하는 라이프니츠 「모나드론」 제2절의 기술이 대응한다.

회'에서는 '개인=모나드'에 상응한다. 따라서 이 무수한 무명의 개인들=모나드의 상호간섭이야말로 주목할 필요가 있다는 것이다. 그러나 이 '개인'도 사회학이라는 '개별 과학 영역에서만 최종적인' 실체에 불과하다. 따라서 '개인'의 내부에 있는 세부적 세계, 즉 미세한 요소의 상호간섭의 관계를 사회과학자는 주목해야 한다는 것이다.

이런 타르드의 기본적인 인식에 대해 뒤르켐은 '사회적 현상을 개인 혹은 개인의 심리현상으로 환원시키는 것'이라고 가차 없이 비판했다. 그러나 뒤르켐이나 뒤르켐 학파가 비판했듯 타르드의 입장을 심리학주의 혹은 상호심리학주의로 보아서는 안 된다. 타르드는 뒤르켐이 '무수한 인간들의 유사 · 似'의 결과로서 성립한 '사회적 사실'을 미리 못 박아 두고는, 그 이전에 설명했어야 할 미세한 '무수한 인간들의 상호간섭' 현상 그리고 상호간섭에 의한 유사의 현상을 간과했다고 비판했다. 타르드에 따르면 뒤르켐은, 국가라는 집합체, 비인칭적 소여로서의 제도, 혹은 혁명이나 역사적 변혁을 초래하는 영웅이나 천재의 이념과 사고를 '단독적 실체'로 간주하면서, 그것이 '사회적 사실'로서 이미 주어져있다고 전제한 것이다. 타르드는 이런 전제를 비판하면서, 그러한 것들의 기반에 있는 무수한 인간 관념의 상호간섭, 무수한 인간의 소소한 발명들의 상호간섭과 축적, 무수한 인간의 욕망과 믿음의 흐름, 이런 것을 문제시하고 주제화·가시화할 필요가 있다고 주장했다. 게다가 이 개인간의 상호간섭의 관계도, 한 사람 내부의 더 작은 실체인 뇌 세포=모나드의 상호간섭에 기초하고 있다고 했다. 이것이 타르드의 미시적 사회학의 근간이다.

확인해둘 것은, 우선, '실체'는 '식별불가능한 무한소의 부분'이라는, "라이프니츠가 얻은 영감의 기저에 있었던 확신"(Tarde, 1895=2008, 131)을 타르드가 계승하고 있는 것이다. 그리고 둘째로 이 '무한소의 부분'이 상호간섭을 반복하는 것은 앞서 언급했듯, 차이가 증가하거나 감소하는 것이 아니라 오히려 차이 자체가 부단히 '다르게' 생성되는 과정이라는 것이다. 차이 혹은 차이화 과정에 대한 타르드의 예리한 감수성이다. 그렇다면 지금 다시 물어야 할 것은 '모나드'의 성질이고 '모나드'와 '모나드'의 관계인 것이다.

외부세계의 모든 것은 나와는 다른 혼들로 구성되어 있다

'모든 것은 무한소에서 출발하고 모든 것은 거기로 돌아간다'는 '모나드'론의 입장에서 보면 공기, 천체, 암석 등의 무기물이나 균류에서 거대한 삼나무에 이르기까지, 나아가 아메바에서 인간에 이르기까지, 동식물을 포함하는 유기체는 모두 원자, 분자 같은 '식별불가능한 무한소의 부분'을 소유하고 있고, 동시에 공통의 기반을 갖고 있다고 볼 수 있다. 따라서 그것은 물질과 정신, 뇌세포의 진동과 정신상태 같은 이원론을 결합하는 '일원론'과 관련된다.(Tarde, 1895=2008, 141)

그것을 타르드는 "외부세계의 모든 것은 나와는 다른 혼들로 구성되어 있지만, 그럼에도 그 다른 혼들은 근저에서 나의 혼과 비슷하다."(Tarde, 1895=2008, 142)라고 표현한다. 이 문장을 보자마자 우리는 '만물공감'이나 '만물조응'의 사상을 떠올릴 수 있다. 하지만 그것은 뒤에서 말하겠지만 왜 지금 '혼'인지, '혼'이란 무엇인지, 왜 천체나 암석이나 식물에서까지 '혼'의 존재를 상정하는지, 이 점에 대해 생각할 필요가 있다.[11]

타르드에 따르면 '혼'이란 두 개의 상태, 즉 긍정과 의지를 만들어 내는 원천인 '두 힘'의 작용인 '믿음'과 '욕망', '믿는 것'과 '바라는 것'의 힘들의 작용 하에 있다.[12] 이 규정에 따를 때, "이 두 힘은 모든 인간과 동물의 심리적 현상 속에서 보편적으로

---

11. 혼에 대해서 라이프니츠는 이렇게 서술한다. "지금 설명한 넓은 의미에서의 표상과 욕구를 가지는 것 모두를 혼이라 부르기로 한다면 단순실체, 즉 상상된 모나드는 모두 혼이라 부를 수 있다. 그러나 지각은 단순한 표상 이상의 것이기 때문에 표상만을 갖고 있는 단순실체에는 혼보다는 모나드라거나 엔텔레케이아(완전현실태)라는 명칭을 쓰는 것이 적당하다. 즉, 보다 판명한 표상을 가지는 동시에 기억을 수반한 모나드만을, 혼이라 부르도록 해야 한다."(제19절) 이어서 20절에서는 "혼은 단순한 모나드보다 상위의 것이다."(제20절)라고도 서술한다. 즉, 라이프니츠는 '모나드'와 '혼' 사이의 차이를 인정하고 있다. 하지만 타르드에게는 그런 엄밀한 구별이나 규정은 없는 듯하다.
12. 본문에서 서술했듯 라이프니츠의 "모나드란, 복합적인 것에 포함되어 있는 단순실체에 다름아니"지만, 「모나돌로지」의 역자인 니시타니 유사쿠(西谷裕作)는 "모나드는 그리스어 μονάς에서 유래"하는데, "『형이상학서설』(形而上学叙説)에서는 '개체적 실체'·'실체적 형상'이라 일컬어졌고, 그 후 '엔테레케이아'·'능동적 힘'·'원시적 힘'·'진짜(통)일'·'형이상학적 점' 등으로 불리다가, 1696년경부터 '모나드'라 불리게 되었다."라고 한다. 이때 '모나드'가 처음부터 '능동적 힘'·'엔텔레케이아(완전현실태)'로 파악된 점을 주목하고 싶다.

볼 수 있다."라고 하는 타르드의 말은 충분히 이해할 수 있다. 이것은 통상 우리가 이해할 수 있는 범주에 있다. 확실히 우리 인간은 이 두 '힘'을 인식할 수 있고, 동물에게도 이 힘이 있으리라 상상할 수 있기 때문이다. 그러나 타르드는 이 '상식'을 넘어서 서술한다. "물체의 운동이란 모나드들에 의해 형태가 주어진 일종의 판단이나 의도에 불과하다."(Tarde, 1895=2008, 144)라는 것이다. '판단'(믿는 것)과 '의도'(바라는 것)라는 힘들이 물체의 운동이나 변화를 이끌어 낸다는 것이다. 이 지적은, 물체의 운동이나 식물의 성장을 인간의 활동에 비유하는 '의인론'과는 전혀 다른 것임에 유의해야 한다. 인간의 활동에 비유하는 것이 아니라 문자 그대로 물체의 원자나 분자의 활동에서 '믿는 것'이나 '바라는 것'의 '역능'(힘)을 보는 것이고, 인간의 활동 자체를 이 '역능'의 층위에서 파악하고자 하는 것이다. 이런 자신의 입장을 그는 '의심론'擬心論이라고 일컫는다.

타르드에 의하면 "믿음과 욕망은 무의식 상태를 포함하는 독자적인 특권을 갖고 있다."(Tarde, 1895=2008, 145) 무의식의 욕망, 무의식의 믿음이라는 것은 확실히 존재한다. 그것들은 우리의 쾌락과 고통 속에 포함된 욕망이며, 우리의 감각 어딘가에 숨겨져 있던 판단이다. "욕망이나 믿음에 근거하는 행동은 단지 감지될 수 없을 뿐 아니라, 그러한 것으로 감지될 수도 없음에도 주의해야 한다. 그것은 어떤 감각이 활동 상태인지 아닌지를 감각 스스로는 알 수 없는 것과 마찬가지다."(Tarde,

1895=2008, 146) 그렇다면 이런 '역능'을 무기물과 식물 내부의 분자나 원자의 운동에서 기인하는 변화나 성장으로 보는 것도 가능해진다.[13]

부연하자면, 라이프니츠는 "모나드의 자연적 변화는 내적 원리에서 유래하게 된다. 외적인 원인이 모나드 내부에 영향을 주는 것은 불가능하기 때문이다."(제11절)라고 했고, 이 "변화의 원리 이외에 변화하는 것의 세부가 존재하고 있고, 이것이 소위 단순실체에 특수화와 다양성을 주어야만 한다."(제12절)라고 지적했으며, 이 "내적 원리의 운동을 욕구appétition라고 할 수 있다."(제15절)라고 했다.[14] 앞 장에서 논한 그대로다. 따라서 모나드의 변화를 '능동적인 힘'으로서의 '욕구'로 여기는 라이프니츠의 이런 규정을 보면, 타르드는 그것을 충실히 따르고 있다고 할 수 있다. 아무튼 타르드는, 무기물이나 모든 동식물의

---

13. 타르드는 다음과 같이 말한다. "공간과 시간은……우리의 감각의 여러 양식에 불과한 것이 아니라, 우연히 생긴 원초적인 관념, 혹은 본래적이고 처음부터 존속하는 원감각 아닐까. 또한 그런 관념이나 원감각에 의해, 그리고 믿음과 욕망이라는 두 능력 덕분에 믿음과 욕망 각각의 정도와 양태, 즉 우리 이외의 정신적 인자가 우리에게 나타나는 것은 아닐까. 이런 가설에 따르자면 물체의 운동이란, 모나드들에 의해 모습을 부여받은 일종의 판단이나 의도에 불과한 것이다."(Tarde, 1895, 144)

14. 라이프니츠는 다음과 같이 말한다. "하나의 표상에서 다른 표상으로의 변화나 추이를 이끌어 내는 내적 원리의 활동을 욕구(appétition)라 부를 수 있다. 물론 욕구의 활동(appétit)이 목표로 하는 표상 전체에 완전히 도달할 수는 없다. 그러나 욕구는 언제나 그 표상에서 무언가를 얻고 새로운 표상에 도달한다."(제15절)

'무한소의 요소'인 '모나드'의 '능동적인 힘'에서 '믿음'과 '욕망'이라는 두 흐름을 포착했고 이것을 '혼'이라 이름 붙인 것이다.

"물질은 정신에 속하는 것이지 그 이상의 것은 아니다." (Tarde, 1895=2008, 14)라는 '의심론'의 명제는 이런 인식으로부터 도출된다. 그에게는 모든 "물질이 정신에 속하는" 한, "외부세계의 모든 것은 나와는 다른 혼들로 구성되어 있고, 또한 그것들의 다른 혼들은 근저에서 나의 혼과 비슷하다."

'닫힌 모나드'에서 '열린 모나드'로

라이프니츠의 '모나드'는 '창 없는 모나드'라고 불린다. 『모나드론』 제7절에는 "모나드에는 만물이 드나들 수 있는 창은 없다."라고 적혀 있기 때문이다. 혹은 제51절에는 "단순실체에 있어서, 하나의 모나드로부터 다른 모나드로는 관념적인 작용만이 존재하는데, 그 작용은 신의 중개에 의해서만 이루어진다."라고도 쓰여 있다. 모나드는 그 자체로 완결되어 있고, 바깥으로부터의 자연적인 영향은 받지 않는다. '영향'이란 물리적인 작용이지만, 모나드는 전혀 이런 영향 없이 관념적인 작용만 받고, 신의 중재를 통해서만 관계를 갖는다. 이것이 '창 없는 모나드'·'닫힌 모나드'의 의미다. 그러나 이것은 다음과 같이 말할 수도 있다. "모나드가 다른 모든 모나드, 혹은 우주를 비추는 살아 있는 거울인 이상, 사실상 무언가가 드나들고 있고, 모나드에게 영향을 줄 필요도 없지만 그럴 수도 없는 것이다. 그러므로 창은 없다거나 필요없다기보다, 모나드가 어떤 시점에서의 우주의 조망이라고 할 때, 모나드 자신이 열린 창 그 자체라고도 할 수 있다."[15] 신은 특정 시점에 갇히지 않고 모든 면을 조망할 수 있지만, 모나드는 시점에 의해 제약을 받는다. 하지만 "각 모나드의 각기 다른 시점에서 본, 오직 하나뿐인 우주의 다양한 조망"(제57절)이 펼쳐진다. '모나드'는 '모나드 자신이 창 그 자체'인 것이다.

그런데 앞서 말했지만 라이프니츠는 "모나드의 자연적 변화는 내적 원리에서 유래한다."라면서 "변화하는 것의 세부가 존재하며" 그 세부에는 "여러 변화하는 상태나 관계가 반드시 존재한다."(제13절)고 했고, 이 '변화', 즉 "단순실체에서 다多를 포함하거나 혹은 다를 표현하는 이동의 상태가 소위 표상이다."(제14절)라고 말했다.

전 우주를 비추는 우주의 살아 있는 거울인 모나드의 '표상'을 생각할 때 중요한 것은 1장에서도 강조했지만 "표상은 의식된 표상, 즉 의식과는 구별해야 한다."(제14절)는 점이다. 그것은 명철한 의식 작용뿐 아니라 "혼돈으로 표상되는 우주, 미소 표상에서 부여받은 우주"를 비추어 내려는, 무의식의 작용, 전 의식의 작용도 포괄하는 것이다. 그것은 이미 언급했듯 "의식되지 않는 표상은 아무 것도 아니라고 생각한" 데카르트 파에

---

15. 역자인 니시타니 유사쿠(西谷裕作)의 역주 10번의 말이다.

대한 비판이었다.[16]

이렇게 볼 때 타르드는, 모나드의 '표상'에 관한 라이프니츠의 논의를 기본적으로 계승했고, 나아가 그것을 넘어서는 독자적 논의를 전개했다. 적어도 다음과 같은 점에서는 라이프니츠의 '모나드'론을 수정하고자 했다.

그것은 이런 대목들을 통해 확인할 수 있다. "라이프니츠는 '닫힌 모나드'라는 자기 생각을 보충하기 위해, 각각의 모나드를 어두운 방으로 간주했고, 그 방 안에는 다른 모나드들의 우주가 축소되어 있으며, 특수한 각도에서 묘사되고 있다고 생각했다. 그래서 라이프니츠는 '예정조화'라는 것을 생각해 내야만 했다."(Tarde, 1895=2008, 160) 그러나 "세계의 각 요소들이 각자 독립하여 자율적인 상태로 각각 태어난다고 가정했을" 때, '예정조화' 사상으로는 "각 현상들 사이의 보편적 일치라는 문제가 충분히 설명될 수 없었다."(Tarde, 1895=2008, 159)

독립된 요소로서의 모나드 사이의 관계에 왜 무질서가 아니라 질서가 생기는 것일까. '예정조화'라는 매개를 지웠을 때

---

16. 가장 유명한 제14절에는 "일, 즉 단순실체 안에서 다(多)를 포함하고 동시에 다를 표현하는 경과의 상태가 소위 표상에 다름 아니다. 그리고 분명히 말하자면 표상은 의식된 표상과는 구별되어야 한다. 데카르트 파 사람들은 사람이 의식하지 못하는 지각은 아무것도 아니라고 여기는 큰 실수를 했다."라는 서술이 있다. 또한 제21절에는 "단순실체는 소멸할 수 없다. 그리고 존속하고 있는 한 무언가 변화하는 상태를 수반하는데, 이것이야말로 표상에 다름 아니기 때문이다. 하지만 미소표상이 아무리 많더라도 구별된 표상이 없을 때에는 사람은 의식 없는 상태에 놓인다."라는 서술도 있다.

왜 무질서가 아니라 질서가 생기는 것일까. 그것을 어떻게 설명할 수 있을까.

이 근본적인 물음에 대해 타르드는 "모나드들이 서로 멀어지고 있다고 여기는 대신에 모나드들이 서로 열려 있고 상호침투한다고 생각할 수 없을까. 나는 그렇게 생각해도 된다고 믿는다. 그리고 내 생각에, 과학의 진보는 이러한 새로운 모나드론의 탄생을 축복할 것이다."(Tarde, 1895=2008, 161)라고 답할 것이다. 이 모나드가 '닫힌 모나드'인지 '열린 모나드'인지, '모나드'를 표현하는 어휘는 문제가 되지 않는다. "모나드 자신이 창 그 자체"라는 것을 타르드도 충분히 인식하고 있었을 것이기 때문이다. 나아가, 타르드가 '열린 모나드' 개념을 제기하는 것은 모나드들이 '상호침투' 작용을 하고 있음을 강조하기 위해서였다.

'상호침투' 작용이란 무엇일까. 단적으로 말하면 모나드가 단지 표상작용만 하는 것이 아니라, 모나드 자신의 표상작용을 통해서 다른 모나드를 '지배하거나' 혹은 다른 모나드에게 '지배당하는' 것을 의미한다. 그것을 타르드는 "원자는 라이프니츠가 생각한 것처럼 하나의 소우주일 뿐 아니라 유일한 존재에 의해 정복되고 흡수되는 우주 전체이다."(Tarde, 1895=2008, 161)라고 표현한다.

이는 라이프니츠의 모나드론의 대담한 변형이다. 이때 타르드의 '소유'·'모방' 개념이 중요해진다. 신의 개재를 경유하지 않고 모나드들의 상호간섭 관계에서 생기는 '대립'이나 '조화' 혹은 '질서화'의 과정을 주목하고 그 메커니즘을 해명하는 키워드가 바로 '소유'와 '모방'이라는 개념인 것이다.

"존재하는 것은 소유하는 것이다."(Tarde, 1895=2008, 218)라고 타르드는 말한다. 이미 언급했듯 그는 원자나 분자의 활동에 '믿는 것'이나 '바라는 것'의 '역능'이 있음을 인정했다. 그것을 그는 "관념이란, 감각이나 이미지와 연결된 내적인 양의 흔적에 대해, 힘으로서의 믿음force-croyance을 할당한 것"이고, "의도란, 그런 원관념에 대해, 힘으로서의 욕망force-désir을 할당한 것"이라고 규정한다. 이런 '힘으로서의 믿음'과 '힘으로서의 욕망'을 통해 다른 모나드를 '정복'하고 '소유'하는 것(Tarde, 1895=2008, 224), 즉 모나드는 다른 모나드에 대해 '야망'을 드러내는 '능동적인 힘'을 발휘한다는 것이 타르드의 주장이다.

확실히 "맨얼굴의 모나드들을 파악하고 조망하기 위해서는 사회현상의 수준에까지 가서 생각해야 한다. 거기에서 모나드들은 밀접하게 연결되어 있으면서 어떤 모나드는 다른 모나드 '앞'에서, 어떤 모나드는 다른 모나드 '안'에서, 또 어떤 모나드는 다른 모나드에 '의해서' 변화하기 쉬운 특징들을 제각기 발달시킨다.…… 설득, 사랑과 증오, 개인의 위신, 믿음과 의지로부터 이루어지는 공동체, 계약의 상호적 연쇄 같은 것은 끊임없이 확장되는 긴밀한 네트워크인 것이다. 그 네트워크에 의해서 여러 사회적 요소들은 무수한 방식으로 연결되고 서로를

끌어당긴다."(Tarde, 1895=2008, 210)

그러나 사회의 모나드에 해당할 개인들 사이에서 이루어지는 관계는, 생물요소들 사이의 작용이나 원자들 사이의 작용에서도 생기고, 유기체와 생명에 관한 놀라운 현상들은 모두 그 작용에서 생겨난다. 서로 끌어당기거나 서로 반발하고, 지배하고 지배당하는, 다양하고 역동적인 관계, 거기에서 신이 부재하게 된 세계의 존재방식을 볼 수 있는 것이다.

"천체가 서로를 소유하는 강도는 서로간의 거리의 제곱에 반비례하여 커지거나 작아진다.……사고는 깊은 수면에서 완전한 각성 상태에 이르기까지 넓은 단계에서 활동"하듯, 소유의 형태는 다양하게 변화하고 소유의 정도도 한없이 다양하게 변화한다.(Tarde, 1895=2008, 209) 이 다양하게 변화하는 요소들의 상호간섭 관계를 '적응'이나 '일치'라는 말로 파악할 수는 없다.(Tarde, 1895=2008, 208) 왜냐하면 "모든 존재가 바라는 것은 외적 존재에 자기를 적응시키는 것이 아니라, 스스로가 외적 존재를 소유하는se les approprier 것"이기 때문이고 '존재'는 "어떤 사물의 소유물propriétés로서만, 즉 다른 존재의 소유물로서만" 인식되기 때문이다.(Tarde, 1895=2008, 203)

타르드의 '소유' 개념의 독자성과 중요성을 기민하게 지적한 사람이 들뢰즈다. 들뢰즈는 '존재(있음)의 요소'를 '소유(가짐)의 요소'로 바꾼 타르드의 중요성을 "소유의 종들, 정도들, 관계들, 가변요소들을 분석하고 거기에서 '존재'의 관념의 내용과 전개를 이끌어 내어" "'존재한다'라는 동사의 우위성에 의문을 제기한"(Deleuze, 1980=1994, 188)[17] 측면에서 보았다. 즉, '존재의 속성'에 "가진다라는 새로운 영역"을 도입함으로써 "모나드들 사이에서 끊임없이 수정되며 움직이는 관계" 또는 "각각을 각각에 대해 고려하는" 관계 수준에서 '존재'를 파악할 수 있게 했기 때문이다. 다른 무언가가 아니라 어떤 무언가를 어느 정도로 어떻게 '소유할지'의 측면에서 '존재'를 고려한다면 거기에는 불안정성과 시간성 그리고 역전(소유한다/소유된다)이나 전도의 계기가 들어설 것이다. 말하자면, 존재에 대해 사유할 때 시간성, 즉 변화를 도입하는 결정적인 계기로서 '소유'가 다루어졌음을 들뢰즈는 주목한 것이다. 이 점에서 "자아 moi의 참된 대립은 비-자아가 아니라 내가 가진 것le mien이다; 있음 l'étre, 즉 갖기l'ayant의 참된 대립은 있지-않음non-étre이 아니라 (누군가가) 가진 것l'eu이다."(Deleuze, 1980=1994, 188)[18]라고 지적한 타르드는, 속성이라는 안정된 요소가 아니라 소유라는 가변적인 요소를 통해서 존재를 파악하는 것의 중요성을 충분히 알고 있었던 것이다.

또한 들뢰즈는 이 소유와 소속이 결정적으로 지배와 관련된다고 강조한다. "가지는 것의 영역을 충족시키는 것은 종

17. [옮긴이] 질 들뢰즈·펠릭스 가타리, 『천 개의 고원』, 김재인 옮김, 새물결, 2001, 198쪽.

18. [옮긴이] 들뢰즈·가타리, 『천 개의 고원』, 199쪽.

속, 지배, 소유화의 현상이고, 이 영역은 늘 어떤 역능 하에 있다."(Deleuze, 1980=1994, 181) 매우 뛰어난 역능을 가지는 지배적 모나드는 그것에 종속되는 모나드를 '지배'하고 '소유'하는 것이다.[19]

그러나 지배와 피지배의 관계는 고정된 관계가 아니다. 지배적인 모나드가 그 능력을 잃거나 다른 모나드가 압도적인 능력으로 지배적인 지평을 획득하고 이제까지의 지배관계를 전도시키는 경우가 있다. 이 역전을 들뢰즈는 "소속을 뒤흔드는 이단자가 곧, 동물이다. 무엇보다도 우선 나의 신체의 유동적 부분과 불가분인 작은 동물들이다."라고 서술한다.(Deleuze, 1988=1998, 187)[20]

---

19. 들뢰즈는 『주름』 8장에서 모나드의 '두 개의 층'에 대해 상세한 검토를 한다. '잠재적-현실적'이라는 쌍과 '가능적-실재적'이라는 쌍의 관계가 그것이다. 바꿔 말하면 표상이라는 혼의 작용과, 그것이 "물질이나 신체에서 실재화할 가능성"(Deleuze, 1988=1998, 179)의 관계에 관련되는 논의이다. 이것의 요점은 "신체를 가지고 있고 신체가 그에 속하는 모나드와, 이 신체의 특수한 필요조건이고 이 신체의 부분들에 속하는 모나드를 구별"해야 한다는 점에 있다. 하나인 모나드, 그리고 그 신체가 속하는 모나드의 부분들에 속하는 모나드의 '집합적'인 관계. 이 관계 속에서 가능한 것이 '실재화'하는 과정에는 '정상적인 항'으로서의 '지배적인 모나드' 그리고 "일시적이더라도 '대상'으로서 관계를 맺게 될" "가능한 항"으로서의 "지배되는 모나드"의 관계가 상정되고 있다는 것이다.(Deleuze, 1988=1998, 191) 라이프니츠에게서 볼 수 있는 이 '지배/피지배'의 관계를 들뢰즈는 바로 '지각'이라는 현상의 맞은편에 놓고 파악하는데, 타르드는 이를 문자 그대로 인간과 인간의 관계에까지 연장해서 전개했다고 볼 수 있다.

20. [옮긴이] 들뢰즈, 『주름』, 197쪽.

지금 서술한 '소유'와 '지배'의 관계를 상상하기란 그다지 어렵지 않다. 예를 들면 타르드는 이 관계의 원형이라고도 할 수 있는 일상의 모습을 매우 무심하게, 하지만 이런 아름다운 표현으로 서술한다. "생물들의 세계에서는…… 요소가 요소를 느끼고 이해한다. 꽃을 가꾸는 한 소녀가 어떤 화려한 다이아몬드에도 유혹당하지 않고 진심으로 그 꽃을 사랑하고 돌보듯이." 꽃의 모나드의 능동적 힘의 강도에 의해 소녀가 소유되고 지배되는 관계, 반복하지만 이것은 결코 비유도 의인법도 아니다. 꽃은 분명 그 소녀를 소유했고 지배했다. 어떤 모나드의 매력에 매혹되거나, 어떤 모나드의 사상에 붙잡히는 모든 관계들에서 '지배'와 '소유'가 중첩되어 '움직이는' 관계를 발견할 수 있다.

우리는 이제 타르드의 '모방론'을 검토해야 할 지점에 도달했다. 이때, 우선 모나드의 성격에 대해서는 기억해 두어야 한다. 모나드는 유일무이한 존재라는 규정 말이다.

유일무이한 존재로서의 모나드

타르드가 모나드를 유일무이한 존재로 규정한 것은 라이프니츠의 모나드론을 정확히 계승한 것이라고 할 수 있다. 라이프니츠는 '모나드론' 제9절에서 "모든 모나드는 다른 모든 모나드와 달라야 한다. 왜냐하면 자연에는 어떤 두 존재자가 완전히 똑같거나, 내적인 차이(즉, 내적 규정에 근거하는 차이)가 없다는 것은 불가능하기 때문이다."라고 서술한다. 야마우치 시로는 이 "구별불가능=동일한 원리", 즉 "존재하는 모든 것은 차이를 갖고 있다."라는 라이프니츠의 주장을 다음과 같이 설명한다.

내적 규정이란 사물이 갖고 있는 내적인 성격에 대한 것이다. 외적 규정이란, 그것이 어디에 있고 얼마나 존재하는지와 같은 시공간적 규정을 가리킨다. 즉, "오른쪽 나무의 이파리와 왼쪽 나무의 이파리가 아무리 비슷하게 생겼어도, 장소만 다르고 나머지 모든 것이 똑같은 나뭇잎이란 존재하지 않는다."라는 것이다. 또한 중요한 것은, "위치만 다르고 나머지가 똑같을 수는 없다. 위치가 다르면 위치 이외의 것들도 다르다고 할 수 있다."(山內, 2002, 49)라는 지적이다. 즉, 장소가 달라지면 내적 성질도 바뀐다는 것이다. 이것은 무슨 말인가.

야마우치는 그것을 그림 1에서처럼 검은 점과 흰 점의 위치 이동을 통해 설명한다. 즉, 같은 검은 점이더라도 그 위치가 이동하면 검은 점의 내적 규정이 변화한다. 라이프니츠가 지적한 것이 바로 이 점이다. 거기에는 '실재적 변화'가 있는 것이다.

일반적으로 우리는 위치가 달라졌을 뿐, 검은 점에 변화는 생기지 않았다고 여길 것이다.(물론 여기에서 물리적, 화학적 변화가 문제되는 것은 아니다. 모나드는 늘 관념적 작용의 층위에서 생각할 수 있다.) 그러나 라이프니츠는 그렇게 생각하지 않았다. 외적 규정이 내적 규정에도 영향을 미친다고 생각

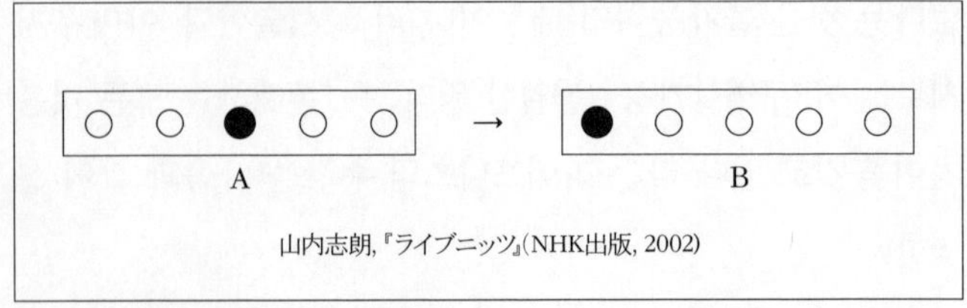

그림 1. 모나드의 외적 규정과 내적 규정

한 것이다.

그것은 왜일까. 명석하게 의식된 것이든 혼돈의 의식이든 간에, 모나드는 전 우주를 비추는 살아 있는 거울이었음을 상기해 보자. 그렇다면 모나드의 위치가 바뀔 때 거기에서 표상되는 것도 확실히 바뀔 것이다. 예를 들면 '내'가 '당신'의 정면에 앉았을 때와 '당신'의 오른쪽에 앉았을 때를 비교해 보자. 그때 '나'라는 모나드의 내적 규정은 다르지 않겠는가. 혹은 어젯밤 '당신'을 만났을 때의 '나'와, 어젯밤 '당신'을 만나지 않았을 때의 '나'를 상상해 봤을 때, 거기에 내적 변화는 없는 것일까. 혹은 어젯밤 '당신'을 만났을 때의 '나'의 모나드와 '당신'을 만났을 때를 기억하고 있는 지금의 '나'의 모나드 사이에서 내적 규정은 변하지 않았을까. 또, '능동적인 힘'을 가지는 요소 A, B, C를 설정하고 A와 B의 위치가 A와 C의 거리보다 짧은 경우와, A가 이동해서 B보다 C에 가까워진 경우를 생각할 때, 각각의 내적 규정은 달라지지 않았을까. 라이프니츠는 어떤 경우든 거기에서는 내적 규정의 변화, '실재적 변화'가 생긴다고 했다. 그것은 모나드가 표상이라는 작용을 통해서 변화하는 실체이기 때문이다. "라이프니츠에게 장소, 시간 같은 규정은 내적 규정에 기초하고 있는"(山内, 2002, 58) 것이다.

확인해 두자. 장소와 시간만 다르고 그 내적 규정이 완전히 동일한 두 개의 모나드란 존재하지 않는다. 아무리 유사하더라도 각기 다른 공간을 차지하는, 동일한 두 개의 모나드는 존재하지 않는다. 표상되는 전 우주의 모습은 두 개의 모나드에서 각기 다르게 나타나기 때문이다. 마찬가지로 동일한 모나드라 하더라도 시간과 장소가 달라지면 그 모나드의 내적 규정은 달라진다. 장소와 시간이 달라지면 동일한 모나드라 해도 차이가 생기는 것이다.

바꿔 말하면 모나드란 늘 변화하고 생성함으로써 유지된다. 생성변화함으로써 자기의 동일성을 유지하는 존재인 것이다.

타르드는 이것을 "존재한다는 것은 곧 차이화하는 것이다. 사실, 차이란 어떤 의미에서는 사물의 실체적 측면이고, 사물에 내재된 고유한 것이면서 공통적인 것이다."(Tarde, 1895=2007, 184)라고 말한다. 시공간을 달리하면서 동일해 보이는 하나의 사물이 있다고 해도 그것은 결코 동일하지 않다. "동일성이란 단지 차이가 가장 작은 것을 가리키는 것이고, 바꿔 말하면 동일성 역시 차이의 일종인데 너무도 희귀한 차이의 일종이기 때문이다."(Tarde, 1895=2007, 184) 여기까지 보면 타르드는 확실히 라이프니츠와 같은 입장에 있는 듯하다.

그러나 앞서 말했듯 그는 라이프니츠와는 다른 논리로 나아간다. 모나드와 모나드 사이의 관계에 '소유'라는 개념을 적용하기 때문이다.

모나드가 다른 모나드에 의해 '소유'될 때, 거기에는 일종의 '집합성'이 생긴다. 앞의 예로 다시 돌아가, 꽃의 '능동적인 힘'이 그 한 명의 소녀뿐 아니라 여러 소녀를 '소유'하는 상황을 상상해 보자. 또, 타르드의 논의는 여기에 그치지 않는다. '집합성' 혹은 '통합성'이 생겨난다 해도, 모나드 자신의 고유함이라든지, 근본적인 실체에서 유래하는 각각 다른 경향들이 있고, 자기가 그 일부를 이루고 있는 집합적 경향에 모나드 스스로가 저항하여 싸우기 때문이다.(Tarde, 1895=2007, 194) 다시 강조하지만 '통일성'·'동일성'·'집합성'은 '잠깐 동안'의 '표층적 실재'(Tarde, 1895=2007, 195)에 불과하다. '통일체'로 보이는 것의 내부에는 '통일체' 자신을 순간순간 변용시키고 차이나게 하는 모나드의 '능동적인 힘'이 늘 흘러넘친다. "차이의 범람이 모든 장벽을 무너뜨리고, 그 파편들로부터 더욱 상위의 다양성을 낳는 도구가 만들어지는"(Tarde, 1895=2007, 194) 것이다.

'소유하고 소유되고' 또는 '지배하고 지배되는' 관계, 즉 라이프니츠가 말한 '예정조화'가 붕괴된 이후 모나드와 모나드 사이의 동적 관계를 묘사하기 위해서, 타르드는 이제 '모방'이라는 개념을 고안한다.

3. 모방의 개념

모든 과학은 각각 자기의 영역에서 보편적인 '유사와 반복'의 법칙을 밝히고자 한다. 화학, 물리학, 천문학에서는 '물리적 반복' 혹은 '진동적 반복'을, 생물학에서는 '유기적 반복' 혹은 '유전적 반복'을, 그리고 사회학에서는 '사회적 반복' 혹은 '모방적 반복'을 대상으로 한다.(Tarde, 1890=2007, 35) 과학이 과학으로서 성립할 때의 인식이란, 각 대상영역에서 공통적으로 나타나는 '반복'의 양태를 탐구하는 것에 있다. 그런 의미에서는 사회적 반복, 즉 모방을 대상으로 하는 사회학 역시 물리학이나 생물학과 다르지 않다. 이것이 타르드의 기본적 인식이다.

그럼 구체적으로 과학적 작업은 어떠한 인식의 과정을 거치는 것일까. 그것은 "광범위한 유사와 반복에서 세부적인 유사와 반복으로 …… 수많은 미세한 닮음과 반복으로 이행"(Tarde, 1898=2008, 15)한다. 예를 들면, 과거 생물학계에서는 꽃이나 이파리의 표면적인 유사성 때문에, 친족관계가 아닌 식물이 동일시되는 경우도 있었다. 그러나 이런 인식은 "숨겨진 특징, 즉 식물의 생식기관에서 확인되는 특징"에 의해 바뀐다. 또한, 세포이론은 "동물에서나 식물에서나 끊임없이 반복되는 요소는 세포이고, 생명현상은 각 세포가 무한하게 운동, 성장, 분열을 거듭하면서 일어나는 것임"을 밝힘으로써 극복된다. 이렇게 "광범위한 유사성이 세부적인 유사성으로 분해"되고 "큰 차이가 무한하게 작은 차이로 변형되는"(Tarde, 1898=2008, 18) 것, 여기에 과학의 발전이 있다. 이것이야말로 앞서 말한 미시사회학의 관점이다.

그러나 과학적 인식에 있어서, '보존적 재생산'을 의미하는 '반복'을 파악하는 것만으로는 충분치 않다. '반복'이라는 과정이나 현상에서 '고유한 대립'을 탐색하고 발견해야만 한다. 더구나 '반복'과 '대립'은 과학의 전부도 아니고 본질적인 것도 아니다. "과학은 무엇보다도 현상들의 적응, 즉 현상들의 진정으로 창조적인 공동생산에 대해 연구해야 한다."(Tarde, 1898=2008, 11) 모든 현상에서 보이는 '반복'·'대립'·'적응' 세 측면을 파악하는 것은 화학, 물리학, 천문학, 생물학, 그리고 사회적 세계를 대상으로 하는 사회학 등, 모든 과학의 공통된 목표이다. 그럼 구체적으로, 사회적 세계에 초점을 맞추어 '반복'·'대립'·'적응'의 특징을 살펴보겠다.

사회적 모방과 강도强度

모방이란 "어떤 정신에서 다른 정신에 대한 원거리 작용" 혹은 "어떤 뇌 내의 음화陰畫를 다른 뇌의 감광판에 사진같이 복제하는 작용"(Tarde, 1890=2007, 12)이다. 공간적, 시간적으로 멀리 떨어진 여러 정신들 사이에서 지속적으로 일어나는 작용, 즉 뇌의 정신활동이 다른 뇌에 복제되는 작용, 이것이 모방인 것이다.

일반적으로 '모방한다'는 말은 의식적인 선택을 의미할 때가 많다. 그러나 타르드는 모방이 의식적이든 무의식적이든, 거의 차이가 없다고 말한다. 모방은 "의도된 것이든 아니든, 혹은 수동적인 것이든 능동적인 것이든, 정신들 사이에서 이루어지는 사진촬영"(Tarde, 1890=2007, 12)이다. 가령, 잘 이해하고 숙고하여 타자로부터 어떤 사고나 행위 방식을 받아들일 경우, 혹은 그와 반대로 "저항 없이 무의식적으로 타자에게서 암시나 영향을 받아들이는" 경우가 있다고 할 때, 그 둘은 아주 사소한 차이밖에 없고, 모방현상이라는 점에서는 둘 다 공통적이다. 모방에 대한 이런 이해는, 모나드와 모나드의 관계를 '소유'라는 시점에서 파악하는 타르드의 모나드론을 분명히 확인시켜 준다.

어떤 뇌가 타자의 뇌를 일방적으로 모방하기, 두 사람의 뇌가 서로를 모방하기, 두 사람의 뇌가 제3자의 뇌를 모방하기 등등, 모방의 형태는 다양하다. 이렇게 뇌의 정신활동이 다른 뇌에 복제될 때, 무엇이 전달되고 복제되는 것일까. 타르드에 의하면 "정신적 경향의 에너지" 혹은 "심리적 갈망의 에너지"인 '욕망'désir, 그리고 "지적 파악의 에너지" "심리적 수축의 에너지"인 '믿음'croyance 등이 전달되고 복제된다. 이것도 이미 모나드론에서 검토한 개념이다. 이 두 에너지는 공히, 분기分岐하고 산란하고 집중하면서 연속된 흐름으로 나타나고 '강도'를 수반한다. 또한 이 욕망과 믿음은 에너지이기 때문에 강약의 변화를

갖는 양量으로 파악할 수 있고, 사회통계학의 존립 근거도 여기에 있다고 타르드는 지적한다.[21]

그럼 욕망과 믿음이 여러 정신들 사이에서 전파되고 모방될 때 어떤 현상이 생기는 것일까. 첫째는 "매우 특수한 종류의 반복"(Tarde, 1890=2007, 52)인 '대립'이고, 둘째는 '대립' 뒤에 이어지는 '적응'이다.

투쟁적 대립과 율동적 대립

타르드에 따르면 "모든 진정한 대립은 두 개의 힘, 두 개의 경향, 두 개의 방향 사이의 관계를 포함한다."(Tarde, 1898=2008, 53) 그리고 두 힘의 대립은 세 종류로 나뉠 수 있다고 한다. 그것은 '정도의 대립(동질적 양태)', '계열의 대립(이질적 양태)', 그리고 '기호의 대립'이다.

우선, 정도의 대립(동질적 양태)을 잠시 생각해 보자. 가령 주식시장에서 주식가격 변동은 기업의 성과나 성장에 대한 사람들의 신용이나 욕망의 변화를 보여 주는 지표이다. 이때의

---

21. 통계학의 존립에 대해서 들뢰즈는 다음 같이 이야기한다. "믿음과 욕망은 모든 사회의 토대이다. 믿음들과 욕망들은 흐름이며, 그래서 '양화 가능'하며, 진정한 사회적인 〈양〉인데 반해, 감각은 질적인 것이고, 표상은 단순한 결과물이다. 따라서 무한소의 모방, 대립, 발명은 흐름의 양자(量子)들이며, 흐름의 양자들이 믿음들과 욕망들의 파급, 이항화, 또는 결합을 표시해 준다. 따라서 표상들의 '정지'(stationnaire) 지대뿐만 아니라 첨점들에도 몰두한다는 조건에서 통계학이 중요해진다. Deleuze, Guattari, 1980=1994, 252 [들뢰즈·가타리, 『천 개의 고원』, 417쪽].

믿음이나 욕망은 강약의 정도 차이(그 의미에서의 대립)가 있다. 증가와 감소, 성장과 쇠퇴, 상승과 하강 같은 말로 설명할 수 있는 대립인 것이다. 다음으로, 계열의 대립(이질적 양태)에 대한 예를 들자면, 누군가에 대한 우정이 애정으로 변할 때 욕망과 믿음의 변화에서 볼 수 있는 질적 변화를 생각해 볼 수 있다. 우정에서 애정으로, 애정에서 우정으로 변할 경우 이 변화는 가역적인 것이 상정되는 대립이다.[22]

이보다 더 중요한 세 번째 대립이 '기호의 대립'이다. 예를 들어 타르드가 제시하는 사례로 말하자면, '정치적인 관념에 대한 긍정적 감정이 커진 후에 감소하는 것'과 '같은 관념을 긍정한 후에 부정하는 것'은 둘 다 '정도의 대립'이지만, 한편으로는 전혀 다른 대립이다. 같은 관념에 대한 긍정과 부정, 이것이 '기호의 대립'인 것이다.

또한 정도의 대립, 계열의 대립, 기호의 대립이라는 세 개의 대립 현상을 생각할 때, 더 고려해야 할 두 가지 측면이 있다. 첫째는 대립하는 요소들이 연속적으로 변하는 경우이고, 둘째

---

22. [옮긴이] 저자는 이런 '계열의 대립'은 질적인 차이가 있지만, 이것은 한쪽의 강도에 의해 변화하여 '적응'에 이를 가능성도 있다고 보고 있다. — "누군가가 어떤 이에게 애정을 갖고 있지만 그 상대는 그에게 우정밖에 느끼지 않을 경우, 서로 욕망의 질적인 차이(그런 의미에서의 대립)가 있다. 하지만 그 대립은 애정의 강도가 상태를 바꾸고 서로 애정을 느끼는 관계로 변화하여 '적응(순응)'에 이를 가능성도 있는 것이다." 伊藤守, 「オーディエンス概念からの離陸」(『アフター·テレビジョン·スタディーズ』, せりか書房, 2014) 참고.

는 대립하는 요소들이 변하지 않고 그 대립을 고정된 양상으로 유지하는 경우이다. 전자는 '교체와 리듬'이 계속되는 '율동적 대립'이고, 후자는 '충돌과 투쟁 그리고 균형' 상태가 유지되는 '투쟁적 대립'이다.

다음 표를 보자. 가령 A와 B라는 인물이 있다고 해 보자. 주식 구매 의욕이 강한 A, 그에 비해 구매 의욕이 약한 B, 이들의 상황이 동시에 발생하는 경우가 A-1(정도의 대립)이다. A가 애정의 감정을 갖고 있고 B가 우정의 감정을 갖고 있는 상황이 동시에 발생하는 경우는 A-2(계열의 대립)이다. 또한, 어떤 정당을 지지하는 의견을 A가 갖고 있고, 거부하는 의견을 B가 갖고 있으며, 이 상황이 동시에 발생하는 경우가 A-3(기호의 대립)이다. 이런 의견, 태도, 감정을 상호전파하고 반복해도 변화가 생기지 않을 경우에는 심각한 투쟁이 일어나거나 아니면 균형이 이루어질 것이다.

그런데 대립하는 요소들이 교체되고 연속적으로 변하는 경우는 어떨까. 표의 B-1, B-2, B-3이 이에 해당한다. 예를 들면 A, B, C 사이에서 상호대립하는 요소들이 연속적으로 변하면 강약강, 강강강, 강강약, 강약약, 약약강, 약강약, 약강강, 약약약이라는 여덟 개의 전형적인 경우가 축을 이루어, 강도차가 있는 무수한 경우들이 생겨난다. 강도가 부단히 변화를 계속하는 상태의 생성인 것이다. 이렇게 보면 A-1, A-2, A-3같이 대립하는 요소가 변하지 않고 계속 출현하는 '투쟁적 대립'이란,

시간성 / 대립의 양태	투쟁적 대립 (계속성)	율동적 대립 (연속적 변화)	적응 (순응)
정도의 대립	A–1 ↔A⟷B↔ 강 약 ↓ ↓ 강 약	B–1 ↔A⟷B↔ 강 약 ↓ ↓ 약 강 ↓ ↓ 강 약	C–1 ↔A⟷B↔ 약 약 ⇒ 강 강
계열의 대립	A–2 ↔A⟷B↔ 사랑 우정 ↓ ↓ 사랑 우정	B–2 ↔A⟷B↔ 사랑 우정 ↓ ↓ 우정 사랑 ↓ ↓ 사랑 우정	C–2 ↔A⟷B↔ 사랑 사랑 ⇒ 우정 우정
기호의 대립	A–3 ↔A⟷B↔ 지지 반발 ↓ ↓ 지지 반발	B–3 ↔A⟷B↔ 지지 반발 ↓ ↓ 반발 지지 ↓ ↓ 지지 반발	C–3 ↔A⟷B↔ 지지 지지 ⇒ 반발 반발

※ 두 존재 사이에는 투쟁적 대립, 율동적 대립 모두 존재한다.
※ 하나의 존재 내부에서는 기호의 대립 양태에서 투쟁적 대립은 존재하지 않는다.

표 1. 대립의 양태 (두 존재 사이의 대립 양상)

대립이 유동화하고 변화를 거듭하는 '율동적 대립'이 멈추고, 대립이 그대로 유지되는 경우라고 생각할 수도 있다. 즉, '투쟁적 대립'으로 보이는 현상의 기저에는, 부단히 변하고 있는 '율동적 대립'이 숨겨져 있다고 할 수 있다.

'힘들이 상호왕복'하는 과정에서의 '율동적 대립'은, '두 힘이 마주치거나 충돌하거나 혹은 균형을 이루는 투쟁적 대립보다 더 이해하기 어려운' 현상이다. 하지만 타르드에 의하면 이 불규칙한 힘들의 움직임은 "정확한 반복이 이루어지기 위한 조건 자체이고 또한 반복에 의해 변주가 생기기 위한 조건"(Tarde, 1898=2008, 80)이기도 하다. 이미 지적했지만 '율동적 대립'이란 이렇게 지속적으로 생성 변화하는 힘들의 상태 그 자체라고 할 수 있다. 그에 비해 '투쟁적 대립'은 대부분 '창의'나 '창조적 간섭'과 불가분의 관계라고 타르드는 말한다. "우리 안에 창의적인 것이 자연스레 떠오른다면 그것은 외부적들의 영향이나 반대 경향이 우리의 정신 속에서 균형을 이루거나 서로 부정하는 것에서 유래하기"(Tarde, 1898=2008, 79) 때문이다.

그럼 지금까지 이야기해 온 '대립' 속에서 '창조적 간섭'이나 '창의'는 어떤 식으로 생기는 것일까. '대립'은 어떻게 수렴하는 것일까. 타르드의 관점에서 미리 말해 두자면 "모든 투쟁 상태는 한쪽의 결정적 승리 혹은 상호 평화협정을 향하고 결국에는 거기에 도달" 한다. 의혹, 불안, 갈등, 대립으로 인한 절망은 어디까지나 일시적이다. 이것이 타르드의 결론이다. 그렇다면 이런 결론의 옳고 그름은 차치하고 지금 생각해야 할 것은, 대립 이후의 과정이다.

적응

적응, 즉 조화 내지 일치의 과정을 타르드는 우선 '논리적 법칙'과 '초논리적 영향' 두 측면에서 정리한다. 이때 '논리적 법칙' 속에는 '논리적 대결'과 '논리적 결합'이라는 두 개의 기본원리가 있다.

'논리적 대결'이란, 어느 쪽이 옳고 뛰어나며 적당한지가 어떤 식으로건 일단락됨으로써 모방 현상이 파급·확대되는 과정을 가리킨다. 예를 들면 어떤 과학자가 새로운 발견을 하거나 가설을 수립할 때, 그것은 기존 견해나 가설을 반박하는 것이기 때문에 양자 사이에는 대립이 생긴다. 그러나 새로운 가설의 타당성이 검증될 때, 이 관념은 모방되고 반복되며 많은 사람에게 공유·확대되어 간다. 어떤 발견이 옳다 그르다라는 믿음의 대립은 합리적인 근거에 의해 해소되는 것이다.

타르드가 든 예를 보자. "사회적 영역에서, 서로 협력하는 욕망과 대립하는 욕망"이 갈등을 겪는 경우가 있다. 가령, A는 정치인이 되기를 바라고 있다. '의회제도 및 보통선거'라는 '사상의 발명'이 A를 '소유'한 것이다. 그리고 이것은 모방에 의한 것이다. 그런데 B는 A의 욕망에 반대한다. A의 욕망은 '정치인이 되겠다'는 의도에 따라 표명되고, 그 의도는 '긍정적 형식'(……을 바란다)이나 '부정적 형식'(……을 바라지 않는다)과 같은 판단으로 드러난다. 거기에는 기대나 불안이 수반되지만 "기대와 불안의 차이는 욕망의 대상을 실현하는 데에 있어서 믿음의 크고 작음"에 불과하다. A는 자신의 욕망이 실현될 수 있으리라 크게 기대하고 있는 것이다. 하지만 B는 A의 재능이나 자질에 의문을 품거나, 혹은 A의 재능을 인정하면서도 다른 인물이 정치인으로서 더 낫다고 믿으면서 A의 희망을 부정한다. 이때 A는 B의 설득으로 입후보를 단념할지도 모른다. 혹은 A는 이에 굴하지 않고 자기 의지대로 입후보하여 많은 지지자를 얻을지도(모방의 확대) 모르고(그 경우 B는 양보할 것이다) 혹은 실패할지도 모른다(이 경우에는 A가 양보할 것이다). 어느 쪽이든 A와 B의 대립은 마무리되는 것이다.

반복하지만, 무엇이 옳고 적합하며 효과적일지의 '논리'가 질문되고 그 대립이 마무리되면서 결과가 모방되고 확대되는 과정이 '논리적 대결'이다.

이에 비해 '논리적 결합'이란, '축적에 의한 진보'를 가리킨다. '논리적 대결'이 문자 그대로 상반되는 의견이나 주장의 대립에서 비롯되는 것이라면, '논리적 결합'은 어떤 주장이나 발견을 보강하고 강화시키는 주장이 축적되면서 반복적으로 모방이 일어나는 것을 말한다. 타르드에 의하면 이 '축적에 의한 진보'는 '논리적 대결'에서 볼 수 있는 '치환에 의한 진보'보다도 앞선다.

그렇다면 이런 '논리적 대결'과 '논리적 결합'이라는 '적응'의 형태들과 대비되는 '초논리적 영향'에 대해 잠시 설명해 보겠다. 그것은 예를 들자면 "몸짓이나 말투가 공동생활 하는 이들 사이에서 확대되는 것"이다. 혹은 용기나 두려움, 경멸이나 불신, 혐오나 선망 등의 감정을 모방하는 것이고, 나아가 '맹신'crédulité '맹종'docilité 같이 타자의 관념에 수동적으로 동의하는 모방이다. 즉, '전혀 논리적이지 않은 모방'이 '초논리적 영향'이다.

타르드는 이런 모방현상을 언어, 종교, 의복, 오락 등의 다양한 사례를 통해 설명한다. 여기에서는 그것을 상세히 논할 필요는 없지만 다음과 같은 점에 대해서는 강조해야 한다.

첫째, 이미 논했듯 "모방은 의식적일 수도 무의식적일 수도 있고, 반성적일 수도 본능적일 수도 있으며, 의도적일 수도 비의도적일 수도 있지만, 그 구별은 별로 중요하지 않다."(Tarde, 1890=2007, 273) 타르드에 따르자면 언어표현에서의 예법, 관념, 감정의 모방은 무의식적이다. 또한, '타자의 의지를 모방'하는 것도 비의도적이다. 즉, 무의식적이고 비의도적인 모방은 결코 의도적·의식적인 모방이 아닌 것이다. 그러나 반대로 의도적·의식적인 모방은 점점 비의도적·무의식적인 모방이 되어 간다. 일반적으로 '관습'이라고 하는 것이 그것이다.

둘째, '초논리적 영향'에서는 정동, 감정, 확신, 의욕 등이 결정적으로 중요한 위치를 차지한다. '의욕'은 "정신상태 중에서 가장 전염되기 쉬운 것"(Tarde, 1890=2007, 280)이고, '감정'이란 "관습화된 판단이자 욕망인데, 반복에 의한, 매우 신속하며 동시에 무의식적인 판단과 욕망이다."

셋째, '초논리적 영향'은 '안에서 바깥을 모방'하는 경로를 밟는다. '안'이란 곧 '표상되는 내용', 즉 사상이나 목적이다. '바깥'이란 사상과 목적의 표현이며 그것의 수단이다. '모방은 내부에서 외부로 진행'되는 법칙을 갖는다. 타르드에 의하면 그것은 '보편적 반복'의 법칙, 즉 보편적인 작용은 늘 안에서 바깥을 향한다는 법칙과 합치한다. 예를 들어 초기 그리스도교 전파 과정을 생각해 볼 때, 이교도들이 개종하여 그리스도교에 귀의했음에도 복장이나 머리 모양은 이전 것을 버리지 못했던 경우를 생각해 볼 수 있다. 바꿔 말하면 사회에서 모방은 늘 뇌에서의 모방(갈등과 대립을 내포하는 모방 과정)에서 시작한다는 타르드의 기본입장이 여기에서도 드러난다.

이제까지 '초논리적 영향'의 특성을 살폈는데, 이밖에 더 생각해야 할 것이 있다. 어떤 대상 A에게서는 영향을 받는데 왜 다른 대상 B에게서는 영향을 받지 않는가. 이 문제를 타르드는 '우등성'이라는 개념을 통해 이야기한다.

우선 '논리적 법칙'에 따를 경우에는, "우월자의 위신이 부분적이든 전체적이든 중화될" 일은 없다. 그가 하층계급이거나 차별받는 인종 혹은 국가 출신이었다고 해도 "상대적으로 진실되고 유용한 새로운 관념"을 포함하는 우월자의 사상은 폭력적이지 않은 이상 "결국 많은 대중에게 퍼질" 것이다.(Tarde, 1890=2007, 299)

그럼 '논리적 법칙'이 전혀 작동하지 않는 경우는 어떨까. 우월자가 늘 열등자에게 모방되는 것이 아니라, 때로는 열등자가 우월자에게 모방되는 경우도 있다. 상층계급의 패션은 늘 하층계급 사람들에게 모방되는 것이 아니다. 때로는 노동자 계급의 패션이 상층계급에게 모방되는 경우도 있다. 타르드는 이런 것을 염두에 두고 있었기에 "위에서 아래를 향하는 모델의 확산이야말로 우리가 고찰해야 할 것"이라고 주장한다.

그럼 여기에서 언급되는 '위'와 '아래'를 가르는 사회적 우월성이란 무엇일까. "각 시대나 나라마다 어떤 인물을 우세하게 하는 특질이란, 이미 실현된 발견과 발명들을 그가 잘 이해하고 잘 활용하는가"와 관련된다. 또한 "발명이나 발견을 유리하게 활용할 수 있는 외적 상황이나 내적 특성으로부터 우월성이 성립한다." 이 말들을 정리하자면 이렇다. "부와 권력이라는 두 개의 관념이 사회적 우등성의 관념과 연결되어 있음"은 분명하다. 부와 권력을 통해 발명이나 발견을 유리하게 활용할 수 있기 때문이다. 하지만 세부적인 원인으로 들어가 보면 "주위 사람들이 그들을 상찬하고 선망하며 모방하는 것은" 그 인물의 특성에 대해 사람들이 이해하는 우등성과 관련된다. 그것은 '신체적인 강함'일 수도 있고, '용맹함'·'웅변'·'예술적인 상상력'·'산업상의 창의성'·'과학적 재능'일 수도 있다. 부와 권력은 그저 그 결과에 불과한 것이다.

즉, 우등성이란 각 시대와 사회의 특징적인 '사회적 재화'의 위계, 바꿔 말하면 의식적이든 무의식적이든 사람들이 인정하는 가치들에 의해 좌우된다. 그렇기 때문에 정치적, 사회적으로 우위에 있는 계급이 늘 모방의 모델이 된다고는 할 수 없다.

관습의 시대와 유행의 시대

이제까지 '논리적 대결'과 '초논리적 영향'이라는, 적응과 관련된 두 형태를 살펴보았다. 마지막으로 이야기할 것은 이 적응 이후에 다시금 반복과 대립 그리고 적응이 발생한다는 사실이다. 어떤 발명, 발견이 기존의 관념을 뒤흔드는 혁신을 일으키고 파장을 던지면서 서서히 모방된다. 그것이 정착하고 반복되는 과정은 '관습의 모방'이라 할 수 있다. 그러나 혁신 스스로가 기존의 관념으로 침전하는 과정은 그 내부에 미세하고 리드미컬한 율동적 대립을 늘 품고 있는 과정이고, 복수의 모방적 방사放射가 한 사람의 뇌에서 만나 연결되면서 사소한 아이디어나 발명이 무수하게 생겨나며(Tarde, 1898=2008, 40) 이어서 또 다른 새로운 혁신이 일어나는 과정이다.

타르드가 반복해서 강조하듯 "사회의 유사성이 더 커진다 해서 상대적으로 사회의 차이적 측면이 감소하는 것은 아니다."(Tarde, 1898=2008, 31) 어떤 집합적인 균질성이 성립하는 것처럼 보이더라도 그것은 어디까지나 내부에 다양한 차이를 품은 동적인 반복의 표층에 불과하다. 차이와 반복은 양립할 수 없는 대립 개념이 아니다. 차이 '때문에' 반복이 있는 것이다.

사회적 반복인 모방은, 그 안에 대립과 적응이라는 두 경로를 따라 늘 어떤 차이를 만들어 내고 진전시킨다. 거칠게나마 정리하자면, 이 대립과 적응이라는 과정을 내포하는 반복=모방을, 타르드는 라이프니츠의 '예정조화'를 대신하여 이야기했고, 신 없는 시대의 사회의 내적 질서화 원리로서 구상한 것이다.[23]

4. 타르드의 현대성

타르드의 커뮤니케이션론

타르드의 '공중' 개념 및 커뮤니케이션론을 다시 파악하기 위해 그의 '모나드론'과 '모방론'을 고찰해 보았다. 이제 우리는 타르드의 커뮤니케이션론을 새로운 관점에서 기술할 수 있을 것이다.

첫째, 광의의 의미에서 커뮤니케이션이란 여러 모나드들의

---

23. 들뢰즈는, 대립과 적응을 내포하는 타르드의 반복 개념이 헤겔로 대표되는 변증법과는 다른 변증법적 논리를 전개하는 것으로 파악했다. "차이는 두 반복 사이에 있다. 이는 역으로 반복이 또한 두 차이 사이에 있으며, 우리로 하여금 차이의 한 질서로부터 다른 한 질서로 이동하게 만든다는 점을 말하고 있는 것이 아닐까? 그래서 가브리엘 타르드가 지적했던 것처럼, 변증법적 전개는 반복이다. 이 반복은 어떤 일반적 차이들의 상태로부터 독특한 차이로 옮겨가는 이행이며, 외부적 차이들로부터 내부적 차이로 향하는 이행이다. 요컨대 반복은 차이의 분화소이다."(Deleuze, 1968=1992, 128 [들뢰즈, 『차이와 반복』, 182쪽].)

'혼' 사이에서의 상호간섭, 믿음과 욕망의 흐름으로 파악된다. 바꿔 말하면 커뮤니케이션을 통해 전해지는 것은 의미와 의욕 그리고 믿음이다. 이 경우, 앞서 살폈듯 의욕과 믿음의 교환인 '혼'과 '혼'의 교류는 인간관계에서만 이루어지는 것이 아니다. 이 교류는 무기물에서 식물, 동물 등등 모든 존재의 무한소의 실체인 모나드 사이의 교류를 포함하고, 우주의 모든 물질과의 교류를 의미한다.

앞서 1장에서 언급했듯, 호프만스탈이 이야기한 평범한 일상 속 존재이면서 "불가해한, 말로 형용할 수 없는 무한한 황홀감을 불러일으키는 무엇"이야말로, 모든 것에 미세하고 미시적인 층위에서 존재하는 모나드의 '혼'과 '혼' 사이의 믿음과 욕망의 흐름이다. 이런 감수성의 움직임 속에서 타르드는 커뮤니케이션 상황의 '근거' 내지 '기반'을 파악했다. 그것은 커뮤니케이션 상황을 생각할 때 꼭 기억해 두어야 한다. 또한 반복하지만 '말로 형용할 수 없는 무한한 황홀감'이라는 호프만스탈의 표현이 상징적으로 보여 주듯, 이 믿음과 욕망의 흐름을 '의식된 것'에 한정해서도 안 된다.

앞서 말했듯 "단순실체에서 다多를 포함하고 동시에 다를 표현하면서 이동하는 상태"인 '표상'은 '의식된 표상, 즉 의식'과는 구별되어야 한다. 명석하게 의식된 레벨에서 혼돈 상태인 '미소표상'의 레벨까지, 믿음과 욕망의 흐름 속에서 늘 변화하고 있는 것이 모나드이다. 들뢰즈는 이 움직임을 "세계를 미립자 상태로 만드는 역할"과 "미립자를 정신화하는 역할"이라고 표현한다. 그리고 "문제는, 어떻게 작은 지각에서 의식적인 지각으로, 분자 상태의 지각에서 몰 상태의 지각으로 이동해 가는지와 관련된다."라고 한다. 어떤 통일화에서 일탈하여 사라지는 것, 소속 없이 계속 변화하는 움직임인 '분자적인 것'과, '통일되고 동일화되는 몰적 집합' 사이의 문턱, 이 문턱을 넘나드는 파동의 미세한 움직임 속에서 바로 커뮤니케이션이라는 사건이 성립한다. 들뢰즈는, 타르드가 말한 '암시'나 '최면' 같은 개념을 단순히 비과학적인 것으로 여기지 않고, '분자적인 것'과 '몰적 집합' 사이의 파동을 명시화하는 개념으로 적극적으로 읽어 낸 것이다. 색이나 냄새 혹은 어떤 인물의 호오나 인상 같은, 각 대상들의 성질을 분별할 수는 있지만 그 기준을 말로 명확하게 표현할 수 없는 커뮤니케이션 양태의 확장. 이 확장 속에서 '세계를 미립자 상태로 만드는 역할'과 '미립자를 정신화하는 역할'을 하는 모나드의 역능을 정당하게 위치시킬 수 있는 것이다.[24]

24. 들뢰즈의 기본 개념인 '분자적인 것'과 '몰적인 것'에 관해서는 『천 개의 고원』 3장과 9장, 『안티 오이디푸스: 자본주의와 분열증』을 참조하면 좋다. '몰적인 것'이란 '통일화, 동일화된 몰적 집합'(Deleuze, Guattari, 1972=2006, 하권 199)을 의미하고, '분자적인 것'이란 그 반대로 통일화로부터 일탈하고 산일하는 상태의 것이다. 타르드의 모방현상을 토대로 말하자면 "집합적이고 개인적이며 무엇보다도 표상에 관련되는 몰 상태의 영역과 믿음, 그리고 욕망에 관련되는 분자상태, 이 둘 사이에서야말로 차이가 존재함"이 명기되어야 한다.

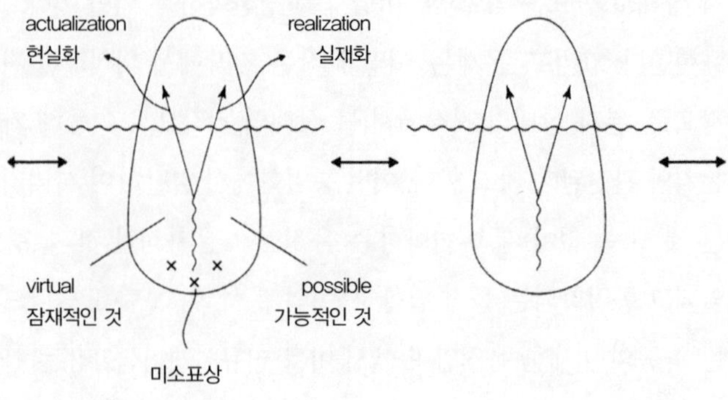

들뢰즈를 참고하여 이 상황을 개념화하면 위의 그림과 같다. 각각의 질서에서 '미소표현' 내지는 '작은 지각'은, 미분적인 관계로 들어가는 지각이 선택되고 그 의식의 경계에 출현하는 질을 만들어 내는 회로를 갖는다. '잠재성' 레벨의 혼돈 상태에 있는 '미소표상'은, 특정 신체에서 '실재화'되고 어떤 특정 명료한 지각으로 '현실화'한다. 이 '현실화'한 욕망이나 믿음은 감정, 사상, 주장으로서 반복, 모방된다. 이런 커뮤니케이션과 그때의 주체는, 의식, 이성, 언어 등을 통해서 설명되는 '근대주의'적 주체와는 확실히 다르다.

둘째, 커뮤니케이션은 유동적이고 불규칙하며 예측 불가능한 경로를 거치는 믿음과 욕망의 흐름으로, 그리고 '차이화하는' 반복으로 파악할 수 있다. '모방'이란 이 예측 불가능한 경로를 따르는 '차이화하는' 사회적 반복을 가리킨다. 너무 당연해서 간과되기 쉽지만 이 점은 강조되어야 한다. A에서 B로, 그리고 B에서 C로, B에서 D로, 그리고 C에서 D로, 이렇게 계속 무한한 항들을 매개하는 욕망과 믿음의 '흐름', 현대적 용어로 '네트워크'라고 말해지는 그물망의 복잡한 회로를 구성하는 '흐름'의 과정이 타르드에게 있어서 커뮤니케이션인 것이다.

방금, 너무 당연해서 간과되기 쉽다고 했지만, 그것은 예컨대 다음과 같은 것이다. 가령, 커뮤니케이션이라는 사건을 상상할 때 우리는 암묵적으로 A와 B라는 두 항의 상호작용 혹은 상호행위를 주제화하곤 한다. 발신자와 수신자를 고정적으로 설정한 섀넌Claude Elwood Shannon의 커뮤니케이션 모델[25], 혹은 미디어와 오디언스 사이의 커뮤니케이션을 이미지화할 때에도, 미디어를 매개로 한 발신자와 수신자라는 두 항의 견고한 관계를 다뤄왔다. 그러나 믿음과 욕망의 '흐름'은 결코 이 두 항에 갇히지 않는다. 이 항들을 넘어서 확산, 파급된다. 그런데도 이 당연한 상황은 종종 경시되어 왔다.

또한 중요한 것은, 이 '흐름'은 그것을 흘려보내기 시작한 최

---

25. [옮긴이] 섀넌은 1949년 위버(W. Weaver)와 함께 현대 커뮤니케이션 이론의 고전인 「커뮤니케이션의 수학적 이론」(The Mathematical Theory of Communication)을 발표하며 정보이론의 기초를 확립했다. 섀넌과 위버는, 커뮤니케이션이란 잡음(noise)을 최대한 제거하면서 불확실성을 제거하여 메시지를 목적지에 정확히 전달하는 과정이라고 보았다. 하지만 발신, 수신의 일방향성과 메시지를 얻는 수신자가 의미를 얻는 과정에 개입되는 변수, 커뮤니케이션 상황의 여러 사회적, 문화적, 정치적 맥락을 고려하지 않았다는 비판을 받았다.

초의 모나드나 그것을 중개한 각 모나드들의 의도나 의지와 상관없이 증폭되고, 제어되지 않는 독자적 자율성과 리얼리티를 획득해 간다는 사실이다. 증폭되고 넘실대는 이 파도는, 타르드가 말한 '유사'의 현상 혹은 '열광', '최면' 그리고 '유행' 같은 현상으로 귀결되곤 한다. 그것은 널리 믿음과 욕망을 전파시키는 회로인 미디어의 탄생과 함께 일어난 현상이다. 반복하자면 "그것을 흘려보내기 시작한 모나드와 그것을 중개한 모나드들의 의도나 의지와 관계없이, 제어되지 않는 독자적인 자율성과 리얼리티를 획득해 가는" 과정 자체를 주제화하기. 이것이 타르드가 겨냥한 바이다. 이런 맥락에서 타르드는 「공중과 군중」에서는 신문과 독자의 관계를, 「여론과 대화」에서는[26] 신문의 정보가 독자들의 대화를 통해 파급되고 확대되는 과정을 분석했다. 말하자면 「공중과 군중」 「여론과 대화」 이 두 글은, 타르드의 시점에서는 서로 대비되는 글이었는데, 신문의 정보가 독자들 사이에서 이야기, 소문, 논의의 주제로 광범위하게 전파·확산되어가는 과정을 파악하는 데에 그 대비는 불가피했다. 그리고 대량의 정보가 광범위하게 확산되는 과정과 그 리얼리티를 파악하기 위한 것이 '공중'이라는 타르드의 독자적인 개념인 것이다.[27]

---

26. [옮긴이] 두 편의 글은 각각 『여론과 군중』(1901)의 1장과 2장에 해당한다.
27. 조르주 르페브르는 『혁명적 군중』(*Foules revolutionnaires*)에서 군중의 집합적인 특징이 '심리상호작용'에서 생기고, 또한 그 기능의 중심에 '말의 주고

조직화된 집합체 내부의 질서정연한 '몰적'인 커뮤니케이션과 대조적으로, 정보가 빠르고 광범위하게 확산되는 '분자적 미립자상태'의 흐름은, 들뢰즈의 말대로 '성, 계급, 당파' 같은 실체화된 제도와 그 내부에서 이루어지는 커뮤니케이션 특유의 '이항대립'(찬성이나 반대로 수렴되는)을 '수정할' 가능성과 독자적 리얼리티 및 개방성을 갖고 있다.[28] 하지만 그것은 단순히 긍정적인 과정만은 아니다. 타르드가 고려한 것은 공중의 이런 양가적 측면이다. "완전히 정신적인 존재"인 공중의 행동은, 애정을 통해 활력을 얻기도 하지만 때로는 증오를 통해서도 활력을 얻는다. 증폭된 증오가 '분자적인 미립자 상태'로 흐르고 확대되는 과정은, 폭력적이고 집합적이며 압도적 힘으로 타자를 배제할 가능성도 갖고 있다. '분자적 미립자상태'의 흐름은 원초적인 '사회성' 내지 '사회적 공감'을 구성하는 계기이다. 그러나 동시에 그

받음, 대화'가 있음을 역설한다. 즉, 군중이 행동하기 시작할 때 보이는 '집합심성'은 갑자기 형성되는 것이 아니라 일상적인 '대화'를 통해서 형성되어 왔다는 것이다. 타르드가 '대화'를 중시한 것과 통하는 대목이다.

28. 주지하듯 들뢰즈는 1968년 5월 혁명을 "거시-정치학의 견지에서 판단하는 모든 사람은 그 사건을 전혀 이해하지 못했"던 '분자적인 것'에 의한 것이었다고 지적한다. "하나의 분자적 흐름이 분출해서 처음에는 미약하지만 그 후에는 규정할 수 없는 상태로 커져간다……. 하지만 그 역도 사실이다. 분자적 도주와 분자적 운동도 그램분자적(몰적 상태) 조직으로 되돌아와 이러한 조직의 절편들과 성, 계급, 당파의 이항적인 분배에 수정을 가하지 않으면 아무 것도 아니게 될 것이기 때문이다."(Deleuze, 1980=1994, 249 [들뢰즈·가타리, 『천 개의 고원』, 412~413쪽]) 이 지적에 따르면 우리 또한 현재의 커뮤니케이션 테크놀로지의 혁신에 이끌린 '분자적'인 정보의 흐름이 종래의 이항적 배분을 어떻게 바꿀지, 혹은 바꾸지 않고 끝날지, 그 양 측면을 면밀하게 파악해야 한다.

배후에는 배제와 폭력의 측면도 수반된다는 것, 그 양가적인 특성을 타르드는 주목했고 '공중'의 양면성도 그 '분자적인 미립자 상태'의 흐름에 의해 구조적으로 만들어지는 것이다.

"사회란 모방이고, 모방이란 일종의 최면상태이다."(Tarde, 1895=2008, 138)라는 타르드의 유명한 말은, '사회성'이 만들어지는 기저에 이런 믿음과 욕망의 '분자적 미립자 상태'의 흐름에 의한 반복과 모방이 있다는 사실을 의미한다.

셋째, 타르드가 지적한 '대립' 논리의 중요성이다. '대립'의 논리는, '분자적 미립자 상태'의 흐름이 갖는 양가적인 특성을 해명할 논리로 볼 수도 있다.

타르드는 A에서 B로, B에서 C로, B에서 D로, 그리고 C에서 D로 이어지는 무한한 항들을 매개하는 네트워크의 '흐름'에서 대립, 갈등이 생기고 그것이 수습되는 양태를 『사회법칙』(1898)에서 상세히 분석했다. 그리고 타르드는 앞서 말한 대로, 반복과 모방 과정에서 생기는 '대립'을 고정적으로 파악해서는 안 된다고 했다. 대립하는 항이 상호변화하는 것이 아니라 계속 대립하는 '투쟁적 대립'이라 하더라도, 그것은 반복과 모방 과정에서 연속적으로 '율동적 대립'이 발생할 때 우연히 '지속적'으로 이루어지는 대립에 불과하다. 그 역시 '차이라는, 이화異化시키는 것의 반복'의 한 형태이기 때문이다. 이것이 그의 기본적인 인식이다.

타르드의 이런 인식에서 본다면 '투쟁적 대립'과 대비되는

'율동적 대립'의 중요한 의미를 간과할 수 없다.

앞서 말했듯 '율동적 대립'이란 A, B, C, ……의 항들 사이에서 서로 대립하는 요소들이 변화하는 상태를 가리킨다. A와 B라는 두 개의 항만 놓고 보아도, 강도가 끊임없이 변화하는 '연속적'인 상태가 계속되면서 강약, 강강, 약약, 약강이라는 네 가지 경우가 생겨나리라고 생각할 수 있다. 이 네 개의 극들 속에도, 강과 약 사이에 있는 무한의 정도=음영이 있다. 이 안에서 강약, 약강이 우연히 어떤 일정한 시간적인 텀을 갖고 지속되는 경우가 바로 '투쟁적 대립'이었다. 그에 비해 강강, 약약의 경우는 어떨까. 또한 항의 수가 여러 개로서, 강강강……이(물론 약약약……도) 일시적, 반복적으로 생성되고, 유사한 현상이 높은 강도를 갖고 출현한다면 어떨까. 이것은 모방의 전파가 높은 강도를 갖는 종種이 집합하고 통합되는 상태인 것이다. 나아가 율동적 대립의 논리에 따르면 강강강……이 순식간에 약약약……으로 전환되는 것을 이해할 수 있다. 그것은 한쪽에서 다른 쪽으로 역동적으로 전환되는 상태, '투쟁적 대립'이 끝난(일본 역사에 비유해 말하자면 '55년 체제'라는 좌우 이데올로기 대립이 종언된)[29] 현대의, 유동적인 '율동적 대립'이 진행되는 속에서의 '적응' 상태를 의미한다. 이에 대해 조금 더 설명해 보자.

---

29. [옮긴이] 일본은 실질적으로 자민당 독주체제이지만, 명목상으로는 55년에

현대는, 두 대립되는 항이 '동시에' 오랫동안 굳건했던 '투쟁적 대립'이 종식된 시기라 할 수 있다. 즉, 오늘날은 '분자적 미립자 상태'의 흐름이 때로는 무수한 모나드 사이에 강강강……의 연쇄를 만들어 내고, 때로는 약약약……의 연쇄를 만들어 내고 있다고 할 수 있는 시대이다. 예를 들면 어떤 사건이나 정치인의 발언이 정당지지와 관련된 유권자의 정치적 판단을 극적으로 변화시키는 경우가 있다. 또는 유명 배우나 아이돌이 무심코 내뱉은 발언이나 행동이 일반인들을 자극하면서 호오의 감정을 극단적으로 변화시키는 경우도 있다. 이전과는 다른 양상의 사태가 발생하고 있는 것이다. 즉, 강강강……이든 약약약……이든, 모나드 사이에서는 높은 강도의 집합성이 형성되고 그 사태는 또 단번에 반전된다. 이렇게 '율동적인 대립'에서 '적응'으로, '적응'에서 '율동적인 대립'으로 오가는 역동적인 과정이 모나드 사이에서 생긴다. 그 근저에는 말할 것도 없이 정보의 다양화, 정보전달 회로의 다원화, 정보의 확산화가 있다. 타르드가 말한 '대립'의 논리, 특히 '율동적 대립'의 논리는 이런 현대의 문화나 커뮤니케이션 양식의 변용을 해명하는 데에 중요한 시점을 제공하고 있는 것이다.

자민당과 사회당의 양대 정당 구조가 형성되면서 이를 55년 체제라고 불렀는데, 1993년, 비자민당 연립내각인 호소카와 내각의 출범과 함께 55년 체제는 붕괴된 셈이 되었다. 이때부터 정당의 연립, 분열, 합동 등이 빈번해졌다.

왜 지금 타르드인가

타르드의 커뮤니케이션론을 재평가하는 의미에서 정리한 이 세 가지 시점은, 이제까지의 커뮤니케이션 개념을 대폭 확장하고 변화시키는 내용을 담고 있다. 이것은 현대의 사회적 커뮤니케이션 과정의 변용을 고찰할 때 중요한 시사점을 제공하리라 생각한다. 그 판단의 옳고 그름은 독자에게 맡기겠고, 여기에서는 마지막으로 타르드의 사회이론을 보다 넓은 문맥에 놓고 그 현재적 의미를 다른 측면에서 고찰해 보고 싶다.

그것은 타르드, 르 봉, 그리고 뒤르켐이 살았던 19세기 후반 사회와 오늘날의 상황이 상동성을 띠고 있다는 점에 대한 것이다.

르 봉이 주목한 것은, 기존 공동체에서 이탈한 많은 사람이 도시로 이주하고 도시 사람들과 서로 신체적 접촉을 하게 되면서 나타난 '군중심리'와 '군중행동'이었다.

19세기 후반은 이런 행동이나 사회심리가 새로운 사회 현상으로 사회학자의 눈에 비친 시기였다. 루만Niklas Luhmann은 이 시기의 사회를, 사랑이라는 미디어로 구성되는 가정이라는 '사적 영역', 화폐와 시장이라는 미디어로 구성되는 시장영역, 그리고 권력이라는 미디어를 매개한 정당과 의회제도로 구성되는 '공적 영역'으로 분리했다. 이 시기는 크게 '사적 영역'과 '공적 영역'이라는 두 영역이 분리됨으로써 사회의 기본적 질서 편성이 시도된 근대사회의 형성기였던 것이다. 이때는, 분리된 이 두 영역을 축으로 하여 가족, 기업, 정당, 의회 같은 집단이나 제도, 그리고 그들 제도의 역할이나 가치관을 내면화한 남녀 주체의 편성이 진행된 시기이기도 하다.

근대사회의 가치나 역할을 내면화한 '개인'이라는 가치와 이념에서 보자면, 르 봉이 본 '군중행동'이나 '군중심리'는 '근대'의 가치에서 일탈하는 비이성적인 행위였고, 사회적 무질서를 초래하는 비합리적인 것이었다. 이것은 앞서 1절에서 지적한 바이다. 또한 뒤르켐도 근대사회의 토대가 갖춰지던 이 시기에 생겨난 '군중행동'을 르 봉과 마찬가지로 부정적으로 보았고 이를 '아노미' 상태로 간주했다. 뒤르켐은 이 '위기'를 도덕적 규범의 해체로 보면서 이를 극복하기 위해 직업조직을 통한 도덕과 규범의 내면화를 중시했다.

르 봉이나 뒤르켐의 '군중'에 대한 평가는 차치하고 여기에서 유의할 것이 있다. '군중행동'이나 '군중심리'로 불린 사회현상은, 당시 농촌에서 도시로 인구가 대량 이동하는 사회변동 속에서 근대적 가족이나 기업에 아직 완전히 포섭되지는 않은, 즉 '사적 영역'과 '공적 영역'의 질서에 분명하게 편입되지 않은 많은 사람이, 사적이면서 공적인 도시공간의 애매한 경계에서 경험한 것을 지시한다는 점이다.

타르드 역시 이 같은 상황을 주목했다. 타르드 역시 '사적 영역'인 가족의 친밀권도 아니고 제도화된 사회기구인 '공적 영역'도 아닌, 그 양쪽 영역과는 다른 '제3의 영역', 혹은 '사적 영역'과 '공적 영역'이 나눠지지 않은 상태의 '제3의 영역'이 가지는 독자성에 사회학적인 관심을 두었다. '사적'이라고도 '공적'이라고도 할 수 없는, 어느 쪽으로도 나눌 수 없는 분화되지 않은 영역에 말이다. 그러나 타르드는 '군중'이 모이는 '도시 공간'보다 '공중'이 출현하는 '도시/미디어 공간'이 더 큰 사회변화를 가져왔다고 여겼다.

이미 19세기 말에는 한 시간에 2만 부를 인쇄할 수 있는 윤전기가 만들어졌고, 현재의 신문용 윤전기의 원형이 된 월터 윤전기도 만들어졌다. 전신기술도 개발되었고 정보전달의 속도는 급속하게 빨라졌으며 신문지면에는 먼 곳에서 일어난 사건도 곧바로 기사화되었다. 이렇듯 당시로서는 최신 테크놀로지에 기반한 많은 신문들이, 프랑스의 여러 도시공간에서 팔리고 읽히고 소비되었다. 서두에서 말했듯 이 독자들이 도시공간의 여러 살롱이나 집회장에 모였고 서로 의견을 교환하며 신문기사의 내용과 믿음과 욕망을 반복해서 모방했다.

이렇듯 조직, 제도, 가족과는 다른 비제도적인 '제3의 영역'에서 태어난 '군중' 네트워크, 그리고 무엇보다 미디어에 매개된 '공중' 네트워크에서 일어난 모방과 반복으로 근대적 '사회성'의 원초적 형태가 만들어지고 있음을 타르드는 통찰한 것이다.

그런데 포스트모더니티라 불리는 현대에는 공사公私의 명확한 영역 구분이 점차 무너지고 서로 겹쳐지면서, 분명히 구별할 수 없는 영역이 다시금 생기고 있다. 공사의 영역과는 다른 독자적 논리와 공간을 가지는 'common'(마이클 하트, 안토니오 네그리)에 대한 관심의 고조도 그 한 예이다. 또한 정보화에 수반되는 포스트포디즘적 산업구조의 성립이 노동의 시공간을 변모시키고 노동의 영역에서 공/사의 경계를 애매하게 만들고 있는 것 역시 지적할 수 있다. 나아가 인터넷을 통한 개인적인 발신이 '사적 영역'을 뛰어 넘어 분화되지 않은 '제3의 영역'으로 확산되는 상황도 발생하고 있다. 또한 앞서 언급했듯 오늘날 인터넷을 기반으로 한 '네트워크' 상태에서 확산되는 믿음과 욕망의 흐름은, (타르드식으로 말해) 이제까지의 매스 커뮤니케이션 연구나 미디어 연구의 틀로는 충분히 파악할 수 없었던 '분자적 미립자 상태'의 정보 '흐름'에 의한 모방과 반복을 분명하게 보여 주고 있다.

즉, 현대는 공/사 구분을 기본원리로 구성된 근대사회의 구조가 점차 붕괴하고 포스트모더니티 단계로 이행해 왔다. '사적 영역'과 '공적 영역'이라는 이항구도에서 일탈하는 새로운 '제3의 영역'이 확대되고 있다. 인터넷이라는 미디어 테크놀로지에 의한 미디어 환경의 변모만이 아니다. 인터넷으로 대표되는 커뮤니케이션 매체는 이 사회의 근본적 변화와 나란히, 그리고 이 변화를 기술기반 측면에서 담보하면서, 사회변화와 미디어, 사회변동과 커뮤니케이션을 일체화하고 있다.

이런 의미에서, 19세기 후반에 이미 '제3의 영역'을 주목하고 독자적 공간들을 네트워킹하는 신문 미디어의 기능을 깊이 고찰한 타르드의 미시 사회학은, 사회와 미디어의 현대적 변용, 나아가 근대사회란 무엇인가라는 근본적 문제를 생각할 때 중요한 참조점이 될 것이다.

3장

미디어와 신체의 관계, 그리고 정동의 정치학

텔레비전이 비추어 내는 '정치인'의 신체와 목소리

신체라는 공명판은, 주의 깊은 내성(內省)에 의해 밝혀졌듯
우리가 상상하는 것보다 훨씬 많고 그리고 움직이고 있다.

—윌리엄 제임스, 「정서란 무엇인가?」, 1884[1]—

1. 정동이라는 문제계

위장僞裝이란 일반적으로 의복이나 가면을 통해 정체를 숨기는 것을 의미한다. 그러나 의복이나 가면 없이 스스로를 그대로 드러내는 것은, 드러내는 사람뿐 아니라 그것을 직접 보는 이에게도 은연중 신체 내부에 무언가를 발생시키고 무언가를 만들어 낸다. 스스로를 분명하게 보여 주는 행위는, 강렬한 정동을 환기시키고 예상치 못한 결과를 초래하기까지 하는 것이다. 지금 미디어와 오디언스의 공진관계에서 일어나는 일은 그런 과정이 아닐까. 무엇이 이런 정동을 환기시키는 것일까. 정동은 어떤 메커니즘을 통해 표출되는 것일까. 미디어를 매개하는 정동의 집합적인 조정이라는 의미에서 '정동과 정치', '미디어와 정동'의 문제를 생각하려면, 서로 다른 영역을 연결하고 여러 개의 보조선을 그으면서 문제의 윤곽을 확인할 필요가 있다. 논증 자체가 이번 장의 목적은 아니다. 물음을 던지고 문제의 윤곽을 그리는 것이 차라리 목적이다. 이를 위해 운동, 정동, 미디어의 관련에 대해 중요한 시사점을 던져주는 브라이언 마수미의 논의를 우회하여 현대의 미디어와 정치의 문제에 접

---

1. [옮긴이] 문예학 용어로 굳어진 '의식의 흐름'(stream of consciousness)이 윌리엄 제임스에게서 유래했다.(소설가 헨리 제임스가 그의 동생이다.) 이 논문("What is an emotion?")은 1884년에 *Mind* 9 (34)에 수록되었고, 그 내용은 한국에 번역된 『심리학의 원리』(정양은 외 옮김, 아카넷, 2005) 3권 25장에 부분적으로 소개되어 있다.

근해 보고자 한다.

2. 연기를 넘어선 행동

메를로-퐁티는 『지각의 현상학』의 '자기 신체의 공간성 및 운동성'이라 이름붙인 절에서 흥미로운 사례를 소개한다.[2] 전통적 정신의학에서 '심인성 실명'精神盲이라 불린 환자의 예이다. 이 환자는 실제 상황이라면, 그리고 그것이 습관적인 것이기까지 하다면 눈을 감고도 재빨리 정확하게 그 일을 할 수 있다. 그에게는 주머니에서 손수건을 꺼내어 코를 푸는 일이나, 성냥갑에서 성냥개비를 꺼내 불을 붙이는 일 따위는 전혀 문제가 되지 않는다. "이런 구체적인 운동이라면 그는 어떤 예비 연습 없이도 명령에 따라 그것을 해낼 수 있다."(Merleau-Ponty, 1945=1967, 180) 그러나 어떤 실험 상황 속에서 그가 눈을 감았을 때는, 명령에 따라 팔다리를 움직이거나 손가락을 폈다 구부렸다 하는 운동, 즉 실제 상황이 아닌 '추상적인 운동'을 할 수 없었다. 마찬가지로 그는 자기 신체의 위치는커녕 자기의 머리 위치조차 이야기할 수 없었다. 또한 피부 위에 8센티미터나

---

2. [옮긴이] 모리스 메를로 퐁티, 『지각의 현상학』, 류의근 옮김, 문학과지성사, 2002, 1부 3장 「고유한 신체의 공간성, 그리고 운동성」 참조.

떨어진 두 접촉점도 구별할 수 없었고, 자기 몸에 던져진 물체의 크기나 형상도 인식할 수 없었다. 그가 '추상적 운동'을 할 수 있을 때는, 움직이도록 명령 받은 팔이나 다리를 직접 눈으로 볼 수 있을 때와, 미리 충분히 예비 운동을 했을 때뿐이었다.

이 사례는 우리가 일반적으로 생각하는 것보다 신체공간이 훨씬 복잡한 양상 속에 있음을 보여 준다. 환자의 신체공간은 '구체적인 습관적 행동'을 통해서만 드러난다. 환자는 "신체공간을 자기의 습관적 행동의 토대로는 의식하지만, 객관적인 환경으로는 의식하지 않는다. 또한, 자신의 신체도 익숙한 주위 상황에 끼워 맞추는 수단으로는 마음대로 할 수 있지만, 비공리적이고 자유로운 공간적 사고를 표현하는 수단으로서는 마음대로 할 수 없다."(Merleau-Ponty, 1945=1967, 182)[3] 어떻게 하면 이것을 개념적으로 파악하고 표현할 수 있을까. 이 환자에 관해 메를로-퐁티가 기술한 또 하나의 사례를 보자.

앞서 말했듯 이 환자는 어떤 행동을 명령받으면 처음에 그 명령을 질문하듯 복창하고, 이어서 자기 신체를 이 과제가 요구하는 전체적 위치에 고정시킨 후 예비 운동을 하고나서야 간신히 그것을 수행할 수 있었다.

예를 들어 그는 군대식 경례를 시키면 동시에 경의를 표하는

3. [옮긴이] 메를로 퐁티, 『지각의 현상학』, 174쪽.

다른 외적 표시들까지 함께 행했다. 또한 오른손으로 머리칼을 빗도록 하면 그 행동과 동시에 왼손도 거울을 집는 행동을 한다.……환자가 명령에 따라 구체적 운동을 한 것은, 단지 그 운동에 조응하는 실험 상황 속에, 자기를 마음속에 놓고 본다는 조건 하에서만이었다. 정상인이었다면 명령에 따라 군대식 경례를 할 때 거기에서 실험 상황만을 볼 것이므로, 그 운동을 가장 특징적인 요소로 환원시키지 그 운동에 몰입하지는 않을 것이다. 그는 자신의 신체로 연기를 하고 군인 흉내를 즐긴다. 마치 연기자가 자기의 현실적인 신체를 연기해야 할 역할의 '커다란 환영' 속으로 빠져들게 하듯, 자기를 군인 역할 속에 '비현실화irréalise시키는' 것이다. 정상인과 연기자는, 상상 속 상황을 현실적으로 여기지 않고 반대로 자기의 현실적인 신체를 그 일상적 상황에서 탈각시킨다. 상상 속에서 신체가 숨쉬고 말하게 하거나, 필요하면 울게 만들기도 하는 것이다. (Merleau-Ponty, 1945=1967, 182)[4]

여기에는 정상인 연기자의 연기법과 심인성 실명 환자의 연기법의 차이가 뚜렷하게 대비되어 있다. 연기자가 어떤 역할을 연기할 때 신체는, 그 상상적 상황을 현실적인 것으로 여기지 않는다. 어디까지나 자기 신체를 연기하는 신체로서 '비현실화'

4. [옮긴이] 메를로 퐁티, 『지각의 현상학』, 174~175쪽.

한다. 팔의 움직임, 발의 움직임, 얼굴의 움직임 등으로 분리해서 연기를 한다. 그에 비해 심인성 실명 환자는 명령에 따르는 운동을 위해 반복해서 외우고 집중해서 연습해야 한다. 반복적으로 연습해서 운동을 신체 안에 내면화하거나 혹은 신체 운동을 습관화하여 비로소 운동을 수행하는 것이다. 이것을 일종의 아비투스 형성이라 해도 좋다. 스스로의 신체를 "총체적 감정 상황 속에 두고 실생활에서 그러하듯 이 상황에서 저절로 운동이 흘러나오게" 운동하는 것이기 때문이다.

중요한 것은 자기의 연기를 무대라는 상상된 공간에서의 비현실적인 행위로 간주하는 연기자와는 달리, 상상 속 상황에서 환자는 자신의 행동을 현실적인 상황으로 감각하고 수행한다는 것이다. 그의 안에서는 현실과 허구, 일상과 무대의 차이는 소실되고 용해되어 있다. 그것은 이미 '연기'라고 부르기 어려운, '연기를 넘어선 행동'이라고 할 수 있는 것이다. 만일 그런 운동이나 행동을 직접 보게 된다면 우리는 거기에서 무엇을 느낄 것인가. 메를로-퐁티도 운동하는 사람의 경험을 직접 보고 기술한 것이 아니고, 나 역시 직접 본 경험이 없어서 단정할 수는 없다. 하지만 앞서 아비투스의 형성, 혹은 아비투스적인 운동이라 말했지만, 이러한 것들이 일상의 습관적 행동에 가깝다고는 해도, 그 운동으로부터 완전히 해소되지 않는 몸짓이 방출하는 기이함, 불가해함, 혹은 말할 수 없는 불안이나 충동이 느껴질 것이다. 일상의 매끄러운 움직임과 '단절'된, 이상하리

만큼 '너무도 매끄러운' 운동의 두께를…… . 그 점에 대해서는 뒤에서 다시 말하겠다. 여기에서는 '연기자'와 '연기자 이상의 존재'의 차이, '연기'와 '연기를 넘어선 행동'의 차이를 우선 확인해 두고 싶다. 문제는 이 차이가 어떤 기제 하에서 생기는가이다.

메를로-퐁티는 다음과 같이 분석을 이어갔다. "정상인은 단지 구체적 환경으로 자신을 밀어넣음으로써 자기 신체를 자유롭게 할 수 있는 것도 아니고, 단지 직업상 주어진 업무와의 관계에 의해 규정되지도 않으며, 또한 단지 현실적 상황에 열려지는 것도 아니다. 게다가 그는 실용적 의미를 결여한 순수자극의 상관자로서 자기 신체를 소유하고 있고, 스스로 택할 수 있다면 실험자가 제시할 수도 있을 언어상의 허구적 상황에 열려 있기도 하다."(Merleau-Ponty, 1945=1967, 126~188)[5] 메를로-퐁티는 또한 정상인의 경우에는 "신체 자극이 주어질 때마다, 현실적인 운동 mouvement actuel이 아니라 일종의 '잠재적인 운동'movement virtuel이 일어"난다고 한다. 그러나 이에 비해 환자의 경우 "촉각이 자극의 위치를 판정하기 위해 스스로의 신체 운동을 필요로 하는 것은, 신체가 이 촉각이 초래하는 현재적인 것에만 갇혀 있기 때문"이라고도 한다. 즉, 환자는 신체 자극이 주어지면 그것을 습관화한 운동으로 회로화 할 뿐이다. 혹은 회로를 만들기 위해 늘 집중해서 연습해야만 한다.

---

5. [옮긴이] 메를로 퐁티, 『지각의 현상학』, 180쪽.

거기에서는 불확정적이고 일정치 않은 자극, 즉 "실용적인 의미를 결여한 순수자극"에 의한 "잠재적인 운동"이 개입될 여지가 없다. '잠재적인 운동'은 '잠재적인 운동'으로서 깨어나는 것이 아니라 그저 '현재적인 운동'으로 회수되는 것이다. 그에 비해 정상인의 신체 자극은 즉각적으로 '현재적인 운동'을 향하는 것이 아니라 "잠재적 행동의 중심으로서의 신체로부터, 신체 자신을 향하든 대상을 향하든 의식에 지향작용들을 싣고"(Merleau-Ponty, 1945=1967, 189), 의식화의 계기를 경유하여 지각·운동이 조직된다.[6]

정상인은 '잠재적인 운동'을 일단은 몸에 받아들이고, 혼돈스러운 상태에서 명확하게 의식된 상태로 나아가면서 '추상적 운동'을 시작할 수 있다. 정상인의 행동은 '추상적 운동'에 열려 있고, 다른 한편으로는 습관화된 아비투스의 운동, 즉 '구체적 운동'에도 열려져 있다는 것. 이 왕복성으로부터 메를로-퐁티는 신체 공간의 중층성을 간파한 것이다.

메를로-퐁티의 이런 고찰을 전제한다면 더 이상 문제될 것이 없어 보인다. 하지만 정말 그러할까. 정상인과 환자라는 두 주체의 설정은, 어떤 문제를 보이지 않게 하지는 않는가. 즉, 스스로의 신체를 "총체적 감정 상황 속에 두고 실생활에서 그러하듯 이 상황에서 저절로 운동이 흘러나오게" 하는 환자의 행

---

6. [옮긴이] 메를로 퐁티, 『지각의 현상학』, 180~181쪽.

동은 '연기 이상의 행동'이라고 할 만하다. 그런데 이것은 환자만의 운동이 아니라 오히려 정상인의 행동이나 운동에서도 생각해 볼 필요는 없는가. 지금 지적한 문제와 관련되는 또 하나의 문제가 있다. 메를로-퐁티는 환자의 행동을 '현재적인 운동'에만 가두고 '잠재적인 운동'에는 열어두지 않았다고 이야기했다. 그러나 상황은 그렇게 단순하지 않다. 오히려 환자는 과잉될 정도로 '잠재적인 운동'과 마주했다. 그리고 그것이 '신체 자체를 향하든 대상을 향하든 모든 지향작용'을 거쳐 의식에 실리는 과정을 수행할 수 없기 때문에(그래서 그는 '환자'인 것이다), 예비 연습 운동을 집중적으로 하고나서야 '현재적인 운동'으로 향하는 것 아닐까. 나아가, 메를로-퐁티가 말하는 '현재적인 운동'이 '현재화된 운동'을 가리킨다고 해도, 거기에서 나타난 운동이 아비투스의 특징, 즉 무의식적인 운동의 특징을 갖는 한 이 '현재적인 운동'은 실은 '잠재적인 운동'에 접근하는 것이고, 혹은 그것을 향해 열려 있다고 볼 수도 있다. 그렇게 생각해 볼 때 새롭게 고찰해야 할 것이 시야에 들어온다.

3. 운동선수의 신체운동

'연기 이상의 행동'이라고 표현된 운동의 특징을 다시 정리해 두자. 첫째는, 그것이 계속 반복적인 연습에 의한다는 것이다. 반복되는 암기, 온힘을 다한 운동의 반복 같은 것 말이다. 둘째는, 그 반복을 통한 운동이 행해지는 공간은 '실험적'·'비실험적'인 것이 아니라 '현실적'인 것으로서 열린다는 것이다. '일상성'과 '무대'의 차이가 사라지고 그 둘이 연결되는 신체 공간이 열린다. 셋째는, 당사자에게 이 운동은 '상황의 일단락, 일련의 사건 자체의 귀결로 느껴지고', '나와 나의 운동이란, 소위 총체적인 전개의 일환일 뿐, 나는 스스로의 자주적인 의지를 거의 의식할 일이 없는' 과정으로 받아들여진다는 것이다. 상황으로부터 운동이 저절로 유출되는 양상이 이야기되는 것이다. 반은 주체적이고 반은 수동적인 운동의 양태. 그러므로 의식적으로 '연기'하는 주체적인 운동·행동의 너머에서 생겨나는 운동이 지시되는 것이다. 그럼 반은 주체적이고 반은 수동적인 운동이란 어떤 운동인 것일까.

배우는, 대본을 보고 감독의 말에 귀를 기울이면서 연기해야 할 역할을 이미지화하여 그 이미지에 맞게 연기·운동한다. 거기에서는 이미지로서의 '자기'가 분명히 존재하고, 그 '자기'와의 상관항으로서 연기해야 할 역할이 '대상으로' 상정되어 있다. 어디까지나 연기는 자기-타자, 주체-객체의 축 위에서 이루어지고, 이때의 운동은 늘 주체적이고 자주적인 의지를 수반한다. 이처럼 주체와 객체라는 두 항을 전제로 한 관계성을 마수미의 지적에 따라 '거울 비전'mirror-vision이라 한다면, 이제부터 생각하고자 하는 운동은 그런 '거울 비전'으로는 수렴되지 않는 다른 위상의 운동이라고 할 수 있다.

운동이 상황으로부터 자연스레 생성되는 듯한 운동. 반은 주체적이고 반은 수동적인 운동의 양태. 이 운동을 고찰하려면, 메를로-퐁티가 키아즘 Chiasme 7이라고 지칭한 관계성을 떠올려야 한다. 자기의 오른손이 왼손에 닿을 때, 오른손이 일방적으로 왼손에 닿고 있는 감각뿐 아니라, 이 오른손이 동시에 왼손에 닿아 있다는 감각이 느껴진다. 닿는 감각과 닿아지는 감각이 동시적으로 공존하거나 상호 전환하는 것이다. 이처럼 닿는 동시에 닿아지는 것의 관계성을 메를로-퐁티는 키아즘이라고 개념화했는데, 그런 능동과 수동을 포함하는 상호성 하에서의 운동을, 마수미는 메를로-퐁티의 논의를 이어받아 '이미지 없는 신체' body without an image와 거기에서 생성되는 '운동 비전' movement-vision 으로 설명했다.

'운동 비전'은 '거울 비전'과는 달리, 자기-타자, 주체-객

---

7. [옮긴이] 이미 통일되어 있는 여러 가지 통합을 차이화하면서 안과 밖처럼 결합해 가는 것을 의미하는 메를로-퐁티의 현상학에서의 주요 개념. 『보이는 것과 보이지 않는 것』(동문선, 2004)의 핵심 개념의 하나이기도 하다. '전환 가능성', '뒤얽힘', '상호내속'(Ineinander) 등과 병행하여 사용된다. 키아즘은 단순한 동화관계로서 파악되어야 하는 것이 아니라 나의 세계와 타인의 세계와의 다양한 공립(共立) 불가능성을 통해 그 통일을 형성하는 세계에 우리가 소속하는 것을 가능하게 하는 것으로서 파악되어야만 한다. 그런 의미에서 '교차'와 '교차배열'이라는 개념은 '공존 불가능한 것의 통일'이라는 '보이는 것'과 '보이지 않는 것'의 근본적인 관계를 나타내고 있다. 『현상학사전』(기다 겐 외 지음, 이신철 옮김, 도서출판 b, 2011) 참조.

체의 축을 벗어나 있다. 그 자체가 불연속적인discontinous이다. 그것을 마수미는 "탈객관화된de-objectified 운동이 탈주체화된de-subjectfied 관찰자와 함께 용해되는, 전환의 공간을 연다."(Massumi, 2002, 51)[8]라고도 서술했다. 배우가 연기하는 사례를 다시 들자면, 연기할 배역의 운동이 자기와 분리된 객관적인 운동으로 있다기보다, 오히려 배역일 뿐인 타자가 자기에게 전이되고, 연기하는 자기가 반대로 연기할 배역인 타자에 용해되어 탈주체화되면서 생성하는 운동이라고 이미지화할 수 있다. 그것은 "주체와 객체의 위치가 계속 바뀌고 운동 과정의 순수한 관계가 나타나는"(Massumi, 2002, 51)[9] 공간의 개시이기도 하다. 그 의미에서 마수미가 이 운동을 '이미지 없는 신체' 그리고 '의사-신체성'quasi-corporeality이라는 두 개념으로 파악하는 것은 충분히 설득력 있다. 지적했듯 '거울 비전'에서는 '이미지를 갖는 것'이 중요하다. 타자가 가리키는 '역할 이미지'로서의 '자기 이미지'이든, 대본에서 얻어진 역할로서의 '자기 이미지'이든, '이미지를 갖는 것'은 '자기'의 존재 및 대상화 혹은 의식화 과정을 전제로 한다. 그런데 대상화, 의식화라는 현재화의 과정을 기동시킬 시간적 여유 없이 단번에 운동으로 신체를 투입

---

8. [옮긴이] 마수미, 『가상계』, 95쪽.

9. [옮긴이] "운동-비전의 연속성은 포함된 이접(an included disjunction)이다. 그것은 주체, 객체, 그리고 그들의 일반적 관계의 연속적 치환이다. 즉, 인식 행위 속에서 그들을 단일화하는 경험적 관점이다."(마수미, 『가상계』, 95쪽)

하는 공간에서는 '이미지를 갖는 신체'가 나타나지 않는다. 거기에는 '이미지 없는 신체'가 성립한다. 주체와 객체를 분리시킬 때 나타나는 통상적인 리얼리티를 가진 신체성이 변이하여, 타자이기도 하고 자기이기도 한 특이한 신체성, '의사-신체성'이 나타나는 것이다. 이 지속성 없는 순간을 마수미는 '사건'event이라 부른다. 들뢰즈라면 '내재성의 평면'plan d'immanence이라 불렀을 '사건'event은 '현재적'인 계기를 결여한short of actual, '잠재적'인 차원에 시간이 속하는 것이기도 하다.

'이미지를 갖는 신체'가 생성하기 이전에, 운동에 온몸이 관련되어 먼저 신체가 운동하는 상황. 촉발하는 신체와 촉발되는 신체가 만나고, 거기에서 강도가 생겨나서 정동이 생성되는 상황. 이런 운동 상황을 이미지로 떠올리고자 할 때에 무엇이 떠오르는가. 나에게는 운동선수의 신체운동, 특히 축구 경기장에서 이루어지는 선수들의 운동이 떠오른다.

운동선수는 당연하겠지만 같은 운동을 반복하면서 운동감각을 몸에 익힌다. 반복연습이야말로 기량을 향상시키는 기본 조건일 것이다. 이것은 온몸을 투입하는 반복연습이다. 연습을 시작할 때는 '내'가 공을 찼다고 하는 자각이 항상 따라다닌다. 그러나 반복연습을 통해 신체도식 혹은 운동감각이 형성되면, 어떤 방향에서의 공이건 자연스럽게 의식하지도 않고 발이나 팔이 자유자재로 운동하고 공을 차는 동작이 이루어진다. 공을 찼다고 스스로가 알아차리는 것은 확실히 사후적인 것이다. 거기에서 생긴 운동은 확실히 '상황의 일단락, 일련의 사건 그 자체의 귀결'이고 '나와 나의 운동이란 소위 총체적인 전개의 일환일 뿐'이라고 느껴질 것이다.

물론 다른 한편으로 운동선수는 자기의 포지션, 자기의 역할도 인지하고 있다. 공격수인지 수비수인지 중간방어수인지 그 역할에 따라 자기가 어떻게 운동하고 대처해야 할지의 '이미지를 갖는 신체'이기도 하다. 공의 움직임, 다른 선수의 위치와 움직임, 그리고 골의 위치를 객관적으로 계산하기도 한다. '거울 비전'도 그 신체에 딱 들어맞는다.

그러나 이때 강조해야 할 것은 자기의 역할을 아무리 완벽하게 수행했다고 해도 그것이 운동선수의 신체운동이 탁월했기 때문만은 아니라는 것이다. 또한 그들의 탁월함은, 의식하지 않은 채 신체가 움직이는 일반적인 아비투스의 운동성도 아니다. 운동선수의 신체가 특별히 탁월한 것은, 이 모든 상황에서 아주 먼 지점에 있다. 그 탁월함은, 일단은 아비투스적인 운동에, 또 한편으로는 신체에 새겨진 '거울 비전'에 근거한다. 하지만, 때로는 그 둘이 겹치기도 하고, 또는 그것을 단번에 초월하여 운동이 생성하는 순간에 탁월함이 있는 것이다.

긴박하게 펼쳐지는 경기의 한 장면을 상상해 보자. 세 명의 수비수에게 둘러싸여 있는 공격수가 어려운 코스의 공을 불리한 자세로 받았음에도, 놀라운 움직임으로 수비를 돌파하여 예상치 못한 공을 '순식간'에 차고, 멀리 떨어진 오른쪽 사이드 후방에서 달려오는 선수가 골을 결정하는, 그런 장면을 상상해 보자. 이 순간이 바로 '이미지를 갖는 신체'가 형성될 틈도 없는, 반은 주체적이고 반은 수동적인 운동이 생성되는 특권적인 공간일 것이다.

이런 장면에서 자기-의식이란 오히려 경기에서 부정적인 조건이 된다. "선수가 주체로서 스스로를 반성적으로 감각하는 것은, 경기가 원활하게 진행되려면 최소화되어야 한다. 어떤 선수가 공 찰 준비를 할 때, 그는 공을 보는 것이 아니라 오히려 그것이 통과하는 것을 본다. 그는 반성적이기보다는 재귀적으로 그 공의 잠재적potential [10] 운동을 판단한다. 이것은 공과 양 골대에 연관되어 있는 필드 위의 모든 선수의 위치를 순간적으로 계산하는 것까지 포함한다. 이것은 의식적인 계산이라기보다 모호한 지각에 해당한다. 왜냐하면 거기에는 반성적으

---

10. [옮긴이] 저자 이토 마모루는 전반적으로 들뢰즈의 virtual 개념을 염두에 둘 경우 '잠재적'(潛在的)으로 표기하고, 마수미의 potential을 염두에 둘 경우 '잠세적'(潛勢的)으로 표기한다. 이것은 현재 장인 3장 번역에 있어서의 어려움이기도 했는데, 역자는 이를 모두 '잠재적'으로 옮겼다. '잠세적'이라는 말은 널리 쓰이지 않을 뿐 아니라 '잠재적'과 의미상 구별 없이 사용되기 때문이다. 하지만 마수미가, 통상적으로 말하는 virtual의 자리에 potential을 놓고 사유한 경향에 대해서는 지적해 두어야 할 것 같다. 이 점은 마수미 『가상계』의 역자 조성훈이 언급한 바이기도 한데, 마수미에게 있어서 potential은 virtual보다 현실화될 수 있는 힘을 갖고 있고, 현실화를 기다리고 있는 상태라고 한다. 실제로 『가상계』에서는 virtual(ity)이 '가상적(성)'으로, potential(ity)이 '잠재적(성)'으로 번역되었다. 역자도 본문에서 이 점을 참고하여 번역했음을 밝혀 둔다.

로 처리되기에는 너무 많은 항들이 있고, 각 항은 일정치 않으며 시시각각 변하기 때문이다. 선수들은 끊임없이 움직이고 있기 때문에 서로간의 관계, 공과 골의 관계도 유동적이고, 그것을 계산하는 것은 너무도 복잡하고 어렵다. 그것들의 관계는 공의 잠재적potential 운동을 여는 상황에서 나타나는 듯 보이는 강도가 고조됨으로서 기록될 수 있는registerable 것이다. 선수는 자신의 훈련된 몸을 이용하여 각각 분리된 지각의 인상을, 강도의 전체적인 감각으로 종합해야 한다."(Massumi, 2002, 74)[11] 순간의 탁월한 운동은, 선수와 선수, 선수와 공, 선수와 골, 골과 공이라는 각 요소의 유도적inductive이고 촉매적catalytic이며 변환적인transductive 혼합을 통과하여, 그 조건들의 우발적인 효과로서 생성된다. 이 운동의 생성의 차원 혹은 평면('내재평면')을 마수미는 앞서 말했듯 '사건' 혹은 '포텐셜한 이벤트 차원'event-dimension of potential이라 부르고 있는데, 거기에서는 선수, 골, 공이라는 각 요소가 관련되는 경험적 공간이 이중화되는 것이다. 이를 조금 더 설명해 보겠다.

선수, 골, 공(이외에도 룰, 심판이라는 중요한 요소가 있지만 여기에서는 괄호쳐두자)이 서로 뒤얽힌 경기가 펼쳐질 때, 주체는 공을 차는 '선수'이고, 선수가 하는 운동의 객체는 '공'이라고 일단은 말할 수 있을 것이다. 그러나 공이 어떻게 포물

---

11. [옮긴이] 마수미, 『가상계』, 135~136쪽.

선을 그리며 날아가는지, 그것이 어떻게 튕겨나가는지, 그리고 그것이 어떻게 전체 경기장에서 선수의 배치를 규정하고 경기장을 부단히 차이화하는지 생각한다면, 공이야말로 주체라고 말할 수 있다. 공은 주체이기도 하고 객체이기도 하다. 즉, 공은 이중화되어 있고, 선수 역시 마찬가지로 이중화되어 있다. 이와 관련해서 마수미는 다음과 같이 말한다. "공을 차는 것(킥)은 실제로 하나의 표출 expression이지만 선수의 표출은 아니다. 왜냐하면 어원적 의미에서 그것은 공의 어트랙티브한 촉매작용이 선수의 신체로부터 킥을 '바깥으로 이끌어 내는' 것ex-pression이고, 킥이란 공의 표출작용이기 때문이다.……골은 유도인자인 한편, 선수의 신체는 이 표출의 마디이다. 또한 골은 경기의 주체가 아니라 게임의 전체적 상황에 영향을 주는, 어떤 사건을 촉매하기 위한 물질적인 경로이고, 공 역시 촉매이다."(Massumi, 2002, 73)[12] 각 요소는 실체인 동시에 그 자체가 경기장에서 촉매작용을 하는 '부분-주체' part-subject로 이중화되는 것이다.

이 이중화된 공간 속의 신체운동을 특징짓는 것은 무엇일까. 마수미에 의하면 그것은 '촉각적 감각' tactile sensibility과 '내장적 감각' visceral sensibility이다. '촉각적 감각' 혹은 '자기수용감각성' proprioception [13]은 "대상과 신체가 만날 때의 활동이나 경

---

12. [옮긴이] 마수미, 『가상계』, 135쪽.

험을 양쪽 관계에 관련되는 근력의 기억으로 변환"하는 것이자, "기능, 관습, 마음가짐 같은 것의 누적적인 기억"이다. 대상의 조작이나 타자에 대한 행동이 기억되고, 자연적인 행동이 무의식 속에 조직되는 '누적적인 기억'이다. 자기와 대상과의 경계가 유동화한다는 공통점을 갖는 점에서, 눈에 있어서의 '운동 비전'에 상응하는 것이, 피부에서의 '자기수용감각성'인 것이다. 둘 다 모두 '육체(살)의 퍼스펙티브'perspectives of the flesh 이다.

이에 비해 '내장적 감각'은 그런 '촉각적 감각'의 차원에 근접하고는 있지만 겹치지 않고 독자적인 차원을 이룬다. '이미지 없는 신체'가 다른 시간=형식을 열듯이, '내장적 감각'은 다른 공간을 여는 '육체flesh의 두 번째 차원'이다. 한밤중에 혼자서 걷고 있을 때 등 뒤에서 들리는 발소리. 그때, 자연스레 흐르는 시간은 한순간에 딱 멈추고, 우리는 감각이 단절되면서 누구의 발소리인지를 확인하기도 전에 '식은 땀'을 흘린다. 길을 걷고 있을 때 등 뒤에서 브레이크 소리가 들리고, 그것이 무슨 소리인지 판단하기 전에 우리의 몸이 반응해 버린다. '내장적 감각'은, 판단하고 반응하고 행동하는 신체운동 직전에 이미 신체=육체flesh가 부지불식중 반응해 버리는 상태를 가리킨다. 의식이 명석하게 대상을 지각하기 전에 신체는 이미 촉발=변용

---

13. [옮긴이] 마수미, 『가상계』, 110~115쪽 참조.

modification하고 있는 것이다. '촉각적 감각(자기수용감각성)'이 자극과 반응의 회로를 매개하는 '중간영역'을 이루는 데 비해,[14] 이 '내장적 감각'은 자극과 반응의 회로에서 벗어난 '고통의 공간'을 개시한다.

'이미지 없는 신체'는 '촉각적 감각'과 '내장적 감각'에 의해 뒷받침되어 독자적 시공간을 열고 불수의적 운동을 시작한다. 아비투스적 측면을 가지면서도 다른 한편으로 그것을 넘어선 독자적인 운동·행동이 생성된다. 그것은 거듭된 연습만으로는 생성할 수 없는 운동이고, 그 상황 전체를 온몸으로 감내하고 그 상황에 온몸이 휘말려 갈 때 생성되는 운동이다.

또한 다음 같은 내용도 명기되어야 한다. 연기의 차원을 넘은 '이미지 없는 신체'가 구성하는 운동은, 통상 우리가 기대하는 운동이나 행동을 중지시키고 갑자기 예상치 못한 운동을 성립시키는 '절단'이라는 계기를 내포하고 있다는 것이다. '이미지 없는 신체'가 구성하는 운동은 그때까지의 자연적 시간의 흐름이나 운동의 흐름을 끊어 낸다. 예상했던 운동, 연기, 행동이 배신당하는 것이다. 그것을 목격할 때 우리는 엄청난 정동

14. [옮긴이] 이 대목을 이해하기 위해 다음 구절을 참고하면 좋다. "자기수용감각성과 내장감각성을 합쳐서 중간지각(mesoperception)이라고 부르자. 중간지각은 공감각적 감수성이다. 즉 그것은 오감으로부터 입력된 것들이, 하부감각적(subsensate) 자극을 가로질러, 살과 한 몸이 되어, 긴장과 떨림을 만나는 중간지대이다.…… 거두절미하고 중간지각은 감각이라고 말할 수 있다."(마수미, 『가상계』, 114쪽)

affection=촉발·변용을 느끼고 받아들인다. 예를 들면 지단이나 호날두 같은 정상급 운동선수들이 보여 주는 신체적 균형과, 거기에서 갑자기 공격하듯 순간적으로 뿜어져 나오는 운동, 그것은 그때까지의 시간과 운동의 흐름을 끊어 내고, 다른 차원으로 우리를 이끈다. 우리의 눈은 그 운동하는 신체의 아름다움에 고정된다. 촉발=변용의 한복판에서 '이미지 없는 신체'가 펼쳐지는 순간의 운동을 보는 우리의 신체도 그것에 감염되어 순식간에 촉발=변용의 한복판으로 휘말려들어 환희하고 도취된다. 스타디움은 흥분의 도가니로 빠져든다. '이미지 없는 신체'가 생겨나는 운동을 특징짓는 '절단'이라는 계기가, 강도의 정동을 환기하고 감정을 유발하는 것이다.

이 모든 논의는 심인성 실명 환자의 신체운동에서 출발했다. 잠시 정리해 보자. 그 환자의 신체는 '연기를 넘어선 행동'을 한다. 그는 지시된 동작이나 역할을 자기 나름대로 이미지화하여 연기할 수 없다. 연기할 배역을 하나의 대상으로 받아들이지 못한다. 그는 배역을 문자 그대로 그 자신의 운동으로 해낸다. 연기할 역할은 그 자신이고, 그 자신이 연기할 대상이 되는 운동이 수행된다.[15] 그때 '거울 비전'이 파괴되고, '이미지 없는

15. 앞서 본문에서 이야기했듯 심인성 실명 환자는 잠재적인 영역에서 분리되어 있는 게 아니라, 역으로 그 영역으로의 개구부를 가지고 있다고 이번 장에서는 생각해 둔다. 환자는 '순수한 자극'을 의식화하는 회로가 사라진 것이고,

신체'가 가동됨을 알 수 있다. 하지만 이 '병적'인 운동을 '병적'이라는 말의 테두리에 갇혀 생각해 온 것을 멈추어 보자. 오히려 이 운동을 운동선수 신체의 운동 내부에서 발견되는 특이한 운동과 접합시켜 생각해 보자. 그리고 선수의 움직임을 역으로 심인성 실명 환자의 '연기를 넘어선 행동'의 특질과 대조시켜 재고해 보자. 지금까지의 논의는 이런 거친 가설을 따라 전개된 셈인데 이 과정에서 알 수 있는 것은, '이미지 없는 신체'가 편성한 '운동 비전'의 시공간에 나타나는 운동이 '연기를 넘는 행동'의 내용을 형상화한다는 것이다. 그리고 이 강도의 촉발=변용의 와중에 이루어지는 '의사-신체'의 운동은 그것을 보는 이에게도 마찬가지로 강렬한 정동을 환기한다는 것이다.

이제 우리는 어떤 문제의 입구에 설 수 있게 되었다.

문제는 이런 것이다.

한 번 상상해 보자. 운동선수의 신체운동을 정치인의 신체로 바꿔 생각해 보자. 만일, 정치인의 신체가 운동선수의 신체로서 조직된다면 거기에서 일어나는 정동은 무엇을 이끌어낼

그 회로의 대체물은 예행연습운동이라고 생각된다. 정상적인 피험자는 '순수 자극'에 반응하고, 그것을 의식화하여 그런 다음 아비투스의 운동을 조직하는 데 비해, 심인성 실명 환자는 그 '중간' 과정에 장애가 있는 것이다. 이 점을 전제로 하여 말하면 환자와 정상적인 피험자 모두 잠재적인 영역으로의 개구부를 가지고 있는 점에서, 또한 일단 현재화되어 신체 도식이 구축되기 이전에 일부러 의식하지 않고도 무의식적으로 운동이 시작하는 구조를 갖고 있다는 점에서, 양자의 기본적인 차이는 없다고 생각한다.

것인가.

물론 정치인이 운동선수의 신체에서 표출되는 화려한 신체 운동을 체현하는 것은 불가능하다. 지금 그런 것을 주장하고 싶은 것도 아니다. 하지만 지금 생각해 볼 것은, 정치인의 연기가 아니라 '이미지 없는 신체'의 시공간에 몸을 맡긴 바로 그 순간의 행동이다. 정치적 신체가 단지 연기가 아니라 심인성 실명 환자와 같이 스스로의 신체를 '총체의 감정적 상황 속에 두고 일상생활에서처럼 저절로 운동이 유출되듯' 운동하는 경우를 상상하고 싶은 것이다.

4. 운동선수=정치인의 신체운동

심인성 실명 환자와 운동선수의 신체운동의 연장선상에서 생각해 볼 수 있는 특권적인 정치적 신체가 과연 존재한다면 그것은 어떤 것일까. 마수미의 논의를 따라 생각해 본다면 미국 40대 대통령 로널드 레이건이 바로 여기에 해당할 수 있을 것이다.

올리버 색스Oliver Sacks의 유명한 저작 『신경생리학』에 언급된 레이건에 관한 부분을 인용하면서 마수미는 정치적 신체로서의 레이건의 특이성을 분석한다. 출처는, 병원에 입원 중인 두 명의 환자에게 레이건의 연설 영상을 보여 준 것에 대한 기록이다. 한 사람은 언어 이해 능력은 떨어지지만 바디랭귀지를 읽어 내는 능력이 뛰어난 전全실어증 global aphasia 환자이고, 또 한 사람은 악센트나 억양처럼, 소리에 의한 표현이나 몸짓을 이해하는 능력은 떨어지지만 문법의 형태나 이론적인 전개 등의 언어 이해에는 탁월한 능력을 갖춘 어조인지불능증 tonal agnosia 환자였다. 결과는 의외였다. '소통의 달인' the Great Communicator 으로 불린 레이건의 연설 영상은 두 환자에게 전혀 이해되지 않았기 때문이다. 전실어증 환자에게 레이건의 몸짓은 너무도 어설펐고, 또한 어조인지불능증 환자에게 레이건의 연설은 문장 하나하나 문법적으로 정확하지도 않았으며 논리적으로 전개되는 것도 아니었다. 할리우드 배우로 각광 받은 레이건의 신체는 사람들을 주목시키기에 충분히 유려했고, 그의 연설은 설득력 있게 받아들여지리라 기대되었다. 하지만 결과는 그런 예상을 배신하는 것이었다. 실제로 그의 서툰 말투나 몸짓, 나아가 사상의 비일관성은, 뉴스에서도 떠들썩하게 다뤄졌고 많은 사람이 그 사실을 알고 있었다. 그는 말로 설득한다는 점에서는 아주 드물게 무능력한 사람이었던 것이다. 그럼 어떻게 그는 두 번이나 대통령 선거에서 승리할 수 있었을까. 두 번째 대통령 선거에서는 어떻게 그렇게 '압도적인 승리'를 거둘 수 있었던 것일까. 마수미는 말한다. "결론적으로 말하자면, 레이건은 이중적인 기능장애를 가지고 있었지만 오히려 그것 때문에 그는 유능한 지도자가 될 수 있었다. 그는 비이데올로기적 수단으로 이데올로기적인 효과를 창출할 수 있었고, 미국의 정치적 방향을 완전히 바꿀 수 있었다. 그의 수단은 정동적인 것, 바로 거기에 있었던 것이다."(Massumi, 2002, 40)16

'비이데올로기적 수단을 통해 이데올로기적인 효과를 창출하는' 능력을 획득한 계기는, 레이건 스스로가 생애 최고의 영화였다고 이야기하는 〈킹스 로우〉King's Row에 출연한 일이었다.

레이건은 영화배우로서 19편의 영화에 출연했는데 스스로 이류 배우였다고 고백한 바 있다. 그는 자기에게 주어진 역할을 이미지화하고 그 이미지대로 연기하는 것에 어려움을 겪었다. 그는 시사회실의 스크린에 비친 자기 모습에 깜짝 놀라곤 했다. 스스로가 이미지화한 움직임이나 행동과는 전혀 다른 서툰 움직임이 비춰졌기 때문이다. 이것을 바꿔 말하자면 그는 '거울 비전'에 따라서 연기하고자 노력했지만 제대로 연기한 적이 없었던 것이라고도 할 수 있다.

이런 레이건에게 전환점이 되는 영화가 1942년에 개봉한 〈킹스 로우〉였다. 이 영화에서 그는 "잘생긴 청년 역할을 맡았다. 그런데 그는 사고를 당한 후 자기 하반신이 사라진 것을 침대에서 깨어나서야 알아차리게 된다." 그는 하반신이 없는 인물이라는 어려운 역할을 연기해야 했던 것이다. 그때의 모습은 자서전에 다음과 같이 묘사되어 있다. "실제로 하반신이 없

16. [옮긴이] 마수미, 『가상계』, 77~78쪽.

다는 것, 이것을 어떻게 느껴야 할지, 그것을 알아야 했다. 거울 앞에서, 스튜디오 구석에서, 운전하며 집에 돌아가면서, 레스토랑의 화장실에서, 친구 앞에서, 그 장면을 연습해 보았다. 밤에 잠들기 전에는 천정을 가만히 바라보면서 자동적으로 대본을 중얼거리곤 했다. 나는 외과의사와 정신과의사에게 조언을 구했다. 신체장애를 가진 사람들에게서도 이야기를 들었고, 어느 맑은 날 아침에 눈을 떴을 때 자기 하반신이 없다는 것을 깨달은 사람이 느낄법한 감정의 소용돌이를 만들어 보고자 했다. 나는 많은 사람에게서 여러 가지 이야기를 들었다. 많은 것을 배웠다. 하지만 내가 원하는 답은 그들의 어떤 대답과도 일치하지 않았고, 그들의 답 역시 그들 사이에서 일치되지도 않았다. 나는 곤혹스러웠다."(Massumi, 2002, 51쪽에서 재인용)[17] 아무리 연습을 해도 소용이 없었다. 연기해야 할 배역의 이미지를 떠올려보고자 했지만 떠올릴 수 없었다. 점점 초췌해지고 피로감이 극에 달했을 무렵, 실제 촬영이 시작되었다. 침대에 구멍이 뚫리고 하반신이 그 구멍 속에 감춰졌다. 그리고 스스로에게도 하반신이 보이지 않는 상태가 된 바로 그때였다. 레이건은 '이미지 없는 신체'의 시공간으로 빨려 들어간 것이다. 자기 자신, 그리고 연기할 배역의 경계가 사라진 특수한 시공간으로 말이다.

---

17. [옮긴이] 마수미, 『가상계』, 97쪽.

나는 내 발이 들어가 있을 덮개의 매끄러운 표면을 바라보고 있었다. 점점 무서워졌다. 왠지 기분이 나빴고 뭔가 무서운 일이 내 신체에서 일어났다고 느꼈다. 스탭이 모였고 카메라가 제자리에 설치되었고 세트에 조명이 비추어지고 있다는 것을 나는 그제서야 알아차렸다. '조명!', '조용!' 하는 소리가 들렸고 긴장한 채 나는 눈을 감고 있었다. 감독의 '액션!'하는 낮은 소리가 들렸고, 날카로운 '찰칵' 소리가 들렸다. 그 소리는 씬이 시작된다는 신호였다. 나는 게슴츠레 눈을 뜨고 주위를 둘러봤고 천천히 시선을 아래쪽으로 옮겼다. 내 발이 있어야 할 자리를 찾으려 했을 때, 그때의 감정은 지금도 무어라 형용할 수 없다. 나는 소리를 냈다. 몇 주 동안이나 나를 따라다닌 그 말을. "나머지 내 몸은 어디 있지?" 촬영은 한 번에 끝났다. 그것은 훌륭한 장면이었고 영화에는 그대로 나왔다. 아마 한 번의 촬영으로 그렇게 잘 찍을 수는 없었을 것이다. 왜냐하면 최선을 다해 다른 사람의 몸속에 나 자신을 집어넣었기 때문이다. 나의 연기경력 전체에서, 배우의 삶이 무엇인지를 설명해 주는 단 하나의 말도 없었다. 나는 러시rush판을 보면서 스크린 위의 그림자가 나라는 것을 믿을 수가 없었다.(Massumi, 2002, 51~52쪽에서 재인용)[18]

18. [옮긴이] 마수미, 『가상계』, 98~99쪽.

앞서 말했듯 운동선수가 순간적으로 운동할 때에는 '자기-의식'이 오히려 방해가 된다. 차라리 '자기-의식'이 소실되었을 때 자기/타자의 축이 흔들리고, 반은 주체적이고 반은 수동적인 운동이 시작된다. 마찬가지로 긴장과 피로의 극한에서 레이건은 '자기-의식'을 잃은 '운동 비전'의 시공간으로 끌려 들어갔다. '걸을 수 있고 움직일 수 있는 상태'에서 '누워서 움직일 수 없는 상태'로 변화하는 정점에서, 레이건은 하나의 관점(퍼스펙티브)에서 다른 관점으로 횡단한 것이다. '과거의 자기와는 다른 자기로 이행하는, 분명한 사건event'이 성립한 것이다.

마수미는 이 과정을 세 개의 위상을 통해 파악했다. 우선, 그가 연기해야 할 역할이 잘 수행되지 않아서 피로와 긴장이 극도에 달했던 것, 즉 수동성의 정점에 있었다는 것. 두 번째로 레이건 모르게 마련된, 구멍 뚫린 침대라는 '기만'을 통해 시작되었다는 것. 그는 자기를 이 '기만'의 구멍에 넣음으로써 현실세계를 공중으로 부양시킬 수 있게 되었다. 구멍 뚫린 침대라는 '장치'에 몸을 종속시킴으로써 그의 신체에는 자기 자신 이상의 무언가가 부상하게 된 것이다. 그리고 세 번째는, 감독의 신호에서 시작되었다는 것이다. 일시정지한 공중에서의 상태는 감독의 '액션' 소리에 의해 변형의 공간으로 이행한다. 그의 신체에서 분출한 감정은 어떤 몸짓이나 대사로부터 바깥을 향해 분출된다. '그 순간에 그는 타자의 신체 안으로 들어가 버린 것이다.

메를로-퐁티가 지적했듯, 배우는 아무리 진지하게 연기하고자 해도 그 무대를 '현실적인 것'으로 느낄 수 없다. 그러나 '타인의 신체에 들어간' 레이건의 운동은 그 상황을 자신에게 '현실적인 것'으로 성립시켰다. 거기에서는 무대와 일상, 스크린과 일상의 경계는 소실되었을 것이다. 그런 상태가 지속되는 한, 그는 더 이상 스크린 속 배우로 살 수 없었고, 그 경험은 또한 역으로 일상생활에서도 배우로서 살아야 한다는 점을 그에게 강요했을 것이다. 그리하여 스크린 속 배우로서는 될 수 없었던 나머지 부분을 레이건은 일상의 연장선상에 있는 현실 정치, 보수 정치에서 찾게 된다. 실제로 1950년대에 레이건은 거의 영화에 출연하지 않고 정치인으로서의 길을 걷는다.

베트남 전쟁 후의 '상처 입은' 미국이 숭고한 매력을 회복하고자하는 시도 속에서 그는 "국가가 액션을 취하도록 큐 사인을 외치는, 국가의 연기자 겸 무대감독"이었다고 마수미는 이야기한다. 단순한 연기자를 넘어선 존재, 즉 '이미지 없는 신체'로부터 끌려 나온 퍼포먼스는 그때까지의 '정치인다움'이라든지 논리적 일관성이 중시되어 온 정치인의 퍼포먼스와는 다른 것이었던 셈이다. 레이건은 이런 익숙한 '정치인'을 단지 연기한 것이 아니었다. 물론 여기에는 구멍 뚫린 침대 같이, 퍼포먼스의 무대 즉 장치가 필요하다. 텔레비전 카메라 앞에 설치된 정치적 무대가 말이다. 그러나 심인성 실명 환자의 행동을 묘사한 구절을 다시 인용하자면 레이건의 신체는 그 무대의 감정적 상황 속에 놓여 있었다. 그리고 '실제 생활에서처럼, 바로 이 상황에서 저절로 운동이 흘러나오듯' 운동하는 '의사-신체'로 변이하여, 레이건 자신이 더 이상 레이건이 아니라 자기 이상의 존재자가 되어 운동한다. 의표를 찌르는 유머러스한 농담, 대중의 공감과 갈채를 불러일으키는 유명한 대사의 기습적 인용. 그것들은 배우에서 정치인으로 몸을 바꾼 인물의 명연기로 이해해서는 안 된다. 그것은 은연 중 느닷없이 나온 '연기를 넘어선 행동'인 것이다. 축구 선수가 순식간에 멋지게 공을 차고, 예상치 못한 코스로 공이 날아가고, 단숨에 경기의 형세가 뒤바뀌듯이 말이다.

정치인의 '연기를 넘어선 행동'을 텔레비전 영상을 볼 때, 사람들은 신체라는 공명판을 통해서 텔레비전=레이건과 공진하며, 강한 정동을 환기해낸다. 그가 이야기하는 말의 의미는 청중에게 호소하는 것이 아니다. 그의 연설은 일관된 논리전개로 청중을 움직인 것이 아니다. 떨리는 예리한 미성이나, '강한 미국'이라는, 타자의 신체에 새겨지고 그것을 체현한 레이건의 신체가 텔레비전을 통해 청중의 신체를 촉발=변용시키는 것이다. 마수미가 말하듯 레이건은 "포스트모던한 정치에서 가상성the virtual을 조작"함으로써 "비이데올로기적 수단으로 이데올로기적인 효과를 창출할 수 있었고, 미국의 정치적 방향을 완전히 바꿀 수 있었다."

중요한 것은 거기에는 숨겨진 것이 전혀 없다는 사실이다. 텔레비전은 모든 것을 보여 준다. 레이건의 얼굴, 표정, 목소리,

목소리 상태, 아름답게 떨리는 목소리를 텔레비전은 전혀 숨김 없이 전한다.

거기에는 숨겨진 것이 아무 것도 없고, 모든 것을 보여 준다.

이때 나는 아무래도 어떤 정치적 사건 하나를 떠올릴 수밖에 없었다. 그것은 '고이즈미小泉 극장'이라 불린 정치 프로세스이다. 오즈모大相撲 19 마지막 날千秋楽, 결승전 챔피언 우승트로피를 수여하면서 고이즈미는 '잘 싸웠다!'고 외쳤고 관중은 모두 기립하여 환호성을 질렀다. 정동을 환기시키는 장치·무대는 씨름판이고 텔레비전이었지만, 그의 운동은 이제까지 이야기해 온 의미에서 볼 때 그저 연기였을까. 그의 신체가 무대의 흥분에 빠져들면서 부지불식중 말을 내뱉은 것은 아닐까. 선거운동차량에서 '낡은 자민당을 때려 부수자!'고 외치는 그는 연기하고 있었던 것일까. 텔레비전 카메라 앞에서 '목숨 걸고 하겠다', '죽음도 불사하겠다'고 발언하는 그는 연기를 했던 것일까. 그는 그 무대의 감정적 상황에 놓였고, 그 상황으로부터 저절로 운동이 유출되듯이 무언가를 발화한 것 아닐까. 운동선수가 공을 차서 공이 날아오르듯. 그리고 레이건이 하반신이 사

---

19. [옮긴이] 〈일본스모협회〉(日本相撲協会)가 운영하고 있고 1년 홀수 달에 여섯 경기가 열리며 총리가 우승트로피를 수여한다. 본문에서 기술된 상황은 2005년 스모 대회에서의 상황이다. 고이즈미는 미디어 전략의 하나로서, 스포츠 엔터테인먼트 장에서 과장된 연출과 임팩트 있는 짧은 말들을 언론에 노출시키면서 인기를 얻은 바 있다. 일본에서는 '원 프레이즈 정치'라는 신조어로 이를 설명해 왔다.

라진 상황에서 순간적으로 '다른 사람의 몸으로 들어가', '나머지 내 몸은 어디 있지?'라고 무의식중에 발화했듯이 말이다. 고이즈미가 '목숨 걸고 하겠다', '죽음도 불사하겠다' 같이 말한 것을 문자 그대로 그 말의 의미 차원에서 받아들인 사람은 한 명도 없었을 것이다. 그가 실패하면 진짜 자기 목숨을 내놓으리라고 생각할 사람은 아무도 없다. 정치인과 미디어와 오디언스 사이에는 '이런 말들이 의미와 무관하고 무의미한 언명이다'라는 코드가 이미 공유되고 있기 때문이다. 그럼 오디언스는 말의 의미가 아니라 그의 발신으로부터 무엇을 받아들이는가. 거칠지만 여기에서는 이런 식으로 정리해 두고 싶다. 레이건은 유능한 운동선수였다고. 그리고 고이즈미 역시 유능한 운동선수였다고. 그들이 찬 공은 경기장을 넘어서 직접적으로 오디언스의 신체에 무언가를 촉발시킨 것이라고 말이다.

물론 그렇게 결론지었다고 해서 정동이 환기되는 문제를 특이한 정치인의 신체운동으로만 생각할 수는 없다. 그들의 퍼포먼스가 필요했다 해도 그들이 대중적인 집합적 헤게모니를 획득할 수 있었던 것은 모든 것을 보여 주는 장치=미디어를 통해서 비로소 가능해졌기 때문이다.

5. 정동, 그리고 현실화의 프로세스

그 이전에 물어야 할 것은 그렇다면 정동이란 무엇인가이다. 이제까지 촉발=변용 혹은 정동 같은 개념을 명확하게 개념화하지 않고 사용했는데 지금 다시금 짚어볼 필요가 있다. 들뢰즈는 『스피노자—실천의 철학』에서 정동과 관련해 두 측면에서 규정한다. 하나는 affectio=변용이다. 변용이란 개개의 신체나 정신신체에서 일어나는 변화(양태적 변용)를 가리킨다. 그 의미에서 변용이란, "첫째로 우선 상像, 즉 물체적·신체적인 흔적이고, 그런 상의 관념idea은, 변용을 촉발시킨 몸 자체의 본성과 그것을 촉발시킨 외부의 몸의 본성을 동시에 포함한다."(Deleuze, 1981=1994, 165)[20] 즉, 두 개의 계기가 지시하는 것에 유의하자. affectio는 물체적·신체적 흔적이고, 동시에 그런 상의 관념이기도 하다. 이 변용의 관념에 의해 외부의 신체는 우리에게 현전하는 것으로 부상한다. 두 번째는 affectus=정동이다. 앞서 말한 변용(상 또는 관념)은, 그 변용을 촉발시킨 신체나 정신 자체의 어떤 상태(심신의 상태)를 형성하는 것이기도 하다. "각각의 상태constitutio는 이전 상태보다 더 큰 혹은 더 적은 완전성을 함축하는 상태를 형성한다. 즉 한 상태에서 다른 상태로, 하나의 이미지 또는 관념에서 다른 이미지 혹은 관념으로 전이transitions되거나 체험적인 이행, 지속이 존재하는데, 그것을 통해서 우리는 보다 크거나 보다 작

20. [옮긴이] 질 들뢰즈, 『스피노자의 철학』, 박기순 옮김, 민음사, 1999, 76~77쪽.

은 완전성으로 이행하는 것이다.…… 그러한 지속, 바꿔 말하면 완전성의 연속적 변이變移가 바로 "'정동' 내지 '감정'이라 불린다."(Deleuze, 1981=1994, 166)[21] 요컨대 affection/affect란, 본성이 다른 이 두 측면에서 성립한다. 촉발하는 외부의 신체의 본성과, 촉발된 신체의 본성 모두를 포함하는 상=흔적과 그 관념, 그리고 이 상과 관념이 형상화되는 심신 상태의 지속적 계기로부터 이루어지는 변용, '신체자신의 활동역능이 그것에 의해 증대 혹은 감소하고, 촉진 혹은 저해되는 신체의 변용'으로부터이다. 거기에서 생성되는 강도는 수동적인 것도 능동적인 것도 아니다. 왜냐하면 그것은 공명·공진에 의해 충족되고, 그 운동은 어떤 하나의 목적을 향한 것이 아니기 때문이다.

어떤 날카로운 소리가 들릴 때 나의 고막은 공기의 진동과 공명하고, 동시에 어떤 관념이 생긴다. 그 관념이 완전한 것이든(엄마의 목소리다) 불완전한 것이든(사람의 목소리인지 뭔지 불분명하다), 항상 무언가의 정동의 파동 혹은 강도의 파생을 수반한다.[22] 이 지각의 방식을 들뢰즈는 이렇게 서술하기

---

21. [옮긴이] 들뢰즈, 『스피노자의 철학』, 77쪽.

22. 여기에서 촉발=변용이라는 과정이 생리학적인 반응으로서의 자연스러운 과정이라고 생각해서는 안 된다. 타자의 시선에 '몸이 수축'하고 수치심을 느끼는 과정이 자연적인 생리 과정이라고 생각할 수도 있지만, 그것이 타자의 강압적인 차별의식과 그에 대한 공포에서 기인하는 과정일 가능성도 있다. 따라서 '몸이 수축하고' '신체가 떨린다' 같은 신체에 일어나는 강도도, 단순히 생리적이고 전(前)사회적인 상황이 아니다. 촉발=변용은 사회적인 요소를 내포하고 있다. 이 점이 강조되어야 한다. 촉발된 신체의 상이나 그 관념, 나아가

도 한다. "정신이 물체나 신체를 관상할 때, 우리는 정신이 상상한다(상을 형성한다=감각적으로 인식한다)고 말할 것이다."(Deleuze, 1981=1994, 167)[23]

이런 스피노자=들뢰즈의 정동 개념을 뒷받침하는 것이 '의식'consciousness과는 명확히 구별되는 '사유' 혹은 '정신'mind에 관한 규정임을 특히 주목해야 한다. "신체는 우리가 그것에 대해서 가지는 인식을 넘어 있고, 동시에 사유 역시 우리가 그것에 대해서 갖는 의식을 넘어서 있다. 신체에 우리의 인식을 넘어선 것이 있듯이, 정신에도 그에 못지않게 우리의 의식을 뛰어넘는 것이 있다."(Deleuze, 1981=1994, 29)[24] 이 대목에서는 '사유' 혹은 '정신'이 가지는 무의식에 대한 주목과 '의식에 대한 평가 절하'를 엿볼 수 있다. 이것은 스피노자-들뢰즈의 전매특허가 아니다. 모든 지각에는 마이너스 부호가 붙어 있다고 지적한 베르그손, 나아가 '지각은 단순한 표상 이상이다'라고 이야기한 라이프니츠에까지 거슬러가는 사상의 계보에 속하는 것이다. 「모나돌로지」에서 라이프니츠는 이렇게 말했다. "단순실체는 소멸할 수 없는 것이고, 존속하고 있는 한 무언가 변화하는 상태를 수반하는데, 이것이야말로 표상에 다름 아니기 때

그 관념의 관념은 과거의 반응과 그 반응을 만들어 낸 사회적·문화적인 맥락과 함께 기억되고 피드백 되는 것이기 때문이다.

23. [옮긴이] 들뢰즈, 『스피노자의 철학』, 77쪽.

24. [옮긴이] 들뢰즈, 『스피노자의 철학』, 33쪽.

문이다. 그러나 미세 표상이 아무리 많이 있더라도 눈에 띈 표상이 없을 때에는 사람은 의식 없는 상태에 빠진다."(Lebniz, 1714=1989, 212)[25] 이어 그는 "의식 없는 상태에서 깨어났을 때 자기 표상을 의식하는 것이므로, 비록 의식하지 못할지라도 깨어나기 직전에 표상을 갖고 있었다고 해야 한다."[26]고 서술했다. 완전한 관념을 형성하기 직전의, 명확하게 의식화되기 직전의, 미세한 변화의 상과 그 관념. "데카르트 파 사람들이 의식하지 못하는 표상은 아무 것도 아니라고 생각했던" 것과는 대조적으로, 명석하게 의식되지 않을 때에도 늘 신체가 수용하는 미소표상을 간과해서는 안 된다.

이 의식을 벗어나 있는 정신의 여러 역능을 확실히 인식하는 것, 그리고 동시에 그것과 병행하여 막연한 지각이 의식화되는 과정을 밝히기 위해, 마수미는 다음과 같은 논의를 폈다. "스피노자에게 촉발=변용이 의식적인 반성의 수준을 획득하는 것은, 어펙션의 관념의 관념an idea of the idea of affection에 의해 중첩(이중화)될 때이다."(Massumi, 2002, 32)[27] 들뢰즈가 지적하

---

25. [옮긴이] "그러나 단순실체에 어떤 지각도 없는 것은 아니다. 이것은 이미 앞에서 언급된 근거를 따르더라도 불가능하다. 왜냐하면 단순실체들은 그들의 지각 이외에 다른 것이 아닌 어떤 것을 향해 도달하려는 성향 없이는 파멸될 수도 그 존재를 중단할 수도 없기 때문이다. 그러나 아무것도 구분할 수 없는 미세지각이 많은 경우, 사람은 혼수상태에 빠진다."(라이프니츠, 『모나드론 외』, 배선복 옮김, 책세상, 2013, 38쪽)

26. [옮긴이] 라이프니츠, 『모나드론 외』, 39쪽.

27. [옮긴이] 한국어본의 번역을 병기해 둔다. "스피노자에게, 정감의 관념이 의

는 상 혹은 흔적의 관념은 어디까지나 촉발의 효과 그리고 촉발하는 힘으로부터 뭔가가 지워진 일종의 소거remove를 의미한다. 또한 그 관념의 관념은, 표현하기에 너무 엄청난 복잡성을 축멸縮滅하고, 추상화하는 의식이나 의사의 작동을 통해 그 복잡성이 빠진 두 번째 소거를 의미한다. 그 점에서 기쁨, 슬픔, 공포, 분노, 우울 같은 감정은, 질적으로 정리된 강도, 즉 의식화되면서 의미론적·기호론적으로 형성된 과정에 삽입된 것이고, 그것은 질적으로 정리되지 않은 정동[28]과는 명확히 구별되어야 한다. 제임스가 말했듯 "떨리니까 무서운 것이지" "빨라진 심장 박동, 얕은 호흡, 떨리는 입술, 힘 빠진 손발, 소름, 내장의 동요, 이 어떤 느낌도 없다면" 우리는 어떤 감정이나 정서도 느낄 수 없다.(James, 1884=1956, 116)[29] 정동과 감정, 그리고 잠재

식의 반영의 수준을 획득하게 되는 것은 정감의 관념이 정감의 관념에 대한 관념에 의해 중첩될 때뿐이다."(마수미, 『가상계』, 60쪽)

28. [옮긴이] 본문에서 affect, affection, 정동 등이 혼용되고 있는 난점에 대해서는 옮긴이 후기에서 자세히 설명하고 있다. 옮긴이 후기 참조.

29. 본장에서 충분히 전개할 여유는 없지만, 현실화 과정이 '어펙션의 관념'에서 '어펙션의 관념의 관념'으로 진행하는 것 같은 일방향적인 것이 아니라, 늘 재귀적·자기언급적 회로를 갖고 있다는 것에 유의하고 싶다. 이는 제임스가 '어떤 느낌을 예측하고, 예측이 그것의 도래를 앞당긴다'고 서술한 상황에 대한 말이다. 이미 피를 보고 두려움에 빠졌던 사람은 외과수술 준비를 보고 제어하기 어려운 불안 속에서 신체의 떨림을 기억하는 경우가 있다. '공포 그 자체의 공포'가 생길 경우가 있다. 스타디움에서 일어날 환희를 상상하는 것만으로도 신체의 활동역능이 촉진되고 '힘이 넘치는' 경우도 이런 사례의 하나라고 생각해도 좋다. 이 문제는 마수미의 논문(Massumi, 2005)에서 상세히 다루어지고 있다.

성과 현실화한 상황, 그 각 양쪽의 사이에는 본질적 차이가 존재한다. 하지만 양쪽의 차이를 확인했다 해도 현실화 과정이 반드시 그 차이를 확인한 것만으로 이해될 수 있는 것은 아니다. 어떤 맥락에서 어떤 요소의 유인적, 촉매적, 변환적 혼합을 통해 현실화 과정이 일어나는 것일까. 그 실상에 다가가기 위해 마수미는 전략적으로 '사건-공간'event-space이라는 관념을 제기한다.

6. 정동과 미디어

그것은, 축구 경기이고 정치인의 신체적 운동이며, '이미지 없는 신체'의 운동이 만들어 내는 '사건'event이 수용되는 '공간', '사건'을 보는 자의 신체가 촉발=변용되는 '공간'을 가리킨다. 그것은 경기장이고, 집의 거실이며, 대형 스크린이 설치된 길거리일지도 모른다. 여기에서 유의할 것은, 이 공간을 끊임없이 재생산하는 '규칙화'나 '규제'가 존재한다는 것이다. "이 변환에 영향을 주는 규칙화나 규제에는 그 자신의 상황이나 잠재적인 potential 장이 있다고 보아야 한다. '사건-공간'의 신체성physicality은, 스스로 드러내는 사건의 반복가능성과는 전혀 다른 것으로서, 그것에 고유한 역동적인 추상개념, 즉 그 자체의 반복가능성을 통치함으로써 이중화"(Massumi, 2002, 83)[30] 된다.

마수미는 이 이중화를 '규칙화'regularization/'규제'regulation, '축적'accumulation/'적용'application, '코드화'coding/'성문화'codification라는 대조적인 두 항들을 통해 설명한다. 후자인 '규제'·'적용'·'성문화'는 '정적인 것'에 상응하는 '법'이라고 해도 좋다. 그에 비해 전자인 '규칙화'·'축적'·'코드화'는 '사회적'·'문화적'인 영역에서 축적되는 '룰', 문장을 무한히 만들어 낼 수 있게 하는 '문법'에 대응한다.

구체적으로 생각해 보자. '사건-공간'인 축구 경기장도 실제로는 이 '규칙화'와 '규제'에 의해 이중으로 포착되고 봉쇄되어 있다. 팔이나 손에 공이 닿는 것, 오프사이드 같은 축구의 기본적인 룰은 '규제'에 해당한다. 모든 스포츠는 '규제'에 매여 있다. '규제'를 위반하면 '벌칙'이 적용된다. 한편, 팀플레이를 수행하기 위해 그때마다 팀에게 축적되고, 선수들에게 공유되는 '룰'이나 '문법'이 '규칙화'이다. 이것을 지키지 않는다 해도 법적인 '벌'은 주어지지 않는다. 그런데 강조할 것은 이런 '규제'·'규칙화'가 억압이나 제한과 같은 단순히 부정적인 기능만 하지는 않는다는 사실이다. 게임의 규칙을 적용함으로써, 선수의 스타일이 규정되고 오히려 선수의 완성도가 높아진다. '규제'·'규칙화' 같은 "일종의 초월성은, 그 효과가 내재성의 필드인 경우에 생산적인 요소가" 되고, "룰은 계속 초월적인 개입을 하며 선수

30. [옮긴이] 마수미, 『가상계』, 149~150쪽.

에게 불가결한 부분이"(Massumi, 2002, 79) 되기 때문이다.

마수미에 따르면 '사건-공간'event-space도 이런 '규제'와 '규칙화'라는 편제에 구속되어 있으면서 잠재적인 영역이 열리는 '공간'으로 생각해야 한다. '사건-공간'은 말 그대로 이미 하나의 '사건'event이 생성하는 공간이기도 한 것이다.

예를 들면 관중의 흥분이나 실망이 소용돌이치는 경기장이라는 '사건-공간'을 생각해 보자. 경기장 안으로의 주류 반입은 금지된다. 이런 것은 '규제'의 전형적인 예일 것이다. 혹은, 응원하는 팀의 선수를 응원하거나 환호하는 스타일도 있고, 일상생활에서라면 결코 내뱉지 않을 '욕설'을 상대팀 선수에게 거침없이 내뱉는 스타일이나 룰도 있다. 이것이야말로 마수미가 지적하는 '규칙화'이다. 선수에 대한 지식이나 팀의 역사에 대해 이미 알고 있는 관객의 축적된 지식이나 애착 등의 요소도 이런 스타일이나 룰의 구성에 깊이 관련된다. 경기장이라는 '사건-공간'을 편제하는 '규제'·'규칙화'는 관중의 촉발=변용이 표출될 때 단지 부정적인 것으로 기능하는 것이 아니라, 정동의 표출을 촉매하는 중요한 작용을 한다. "스타디움에서 게임의 룰을 적용하는 것이나 관중이 보이는 반응 등은, 그 각각의 잠재적인 필드를 갖는 것으로서 이해할 수 있고, 그것들의 고유한 유도기호에 의해 마련되는, 각각의 분화된 변환기變換器를 가지는" 것이다.

나아가, 이 경기장이라는 필드에서 관중의 정동과 그 현실화 과정은 선수들에게 직접 피드백되고, 축구라는 경기의 '사건'event의 강도를 조정하는 데에 크게 공헌할 것이다.

이에 비해 텔레비전 시청자의 경우는 확실히 경기장의 관중과는 다르다. '가정'이라는 공간의 '규제'·'규칙화'는 경기장의 그것과는 전혀 다르고, 미디어에 의해 전달된다는 특성도 고려되어야 한다. '규제'나 '규칙화' 이상으로, 미디어의 특성이 촉발하고 촉발되는 관계에 결정적인 영향을 미치기 때문이다. '사건'이 텔레비전의 메시지로서 시청공간으로 이행하고 소비될 때, 그것은 극적으로 변화한다. 마수미는 '사건'에서 '사건-공간'으로의 간극interval에서 생기는 이러한 변화를 '사건 이행성'event-transitivity이라는 개념으로 파악한다.

우선 고려해야 할 것은 텔레비전의 화면이나 텔레비전의 음성과 만나 조립된 '사건'의 영상이, 시청자에게 촉발=변용을 일으키는 촉매작용을 하리라고 장담할 수는 없다는 사실이다. 텔레비전을 시청하는 공간은 경기장처럼 관전이 목적인 공간이 아니다. 이 공간에서는 시청하는 일 이외에도 여러 행동이 존재하고, 그 행동들을 유발하는 여러 요인이 있다. 텔레비전은 이런 요인의 하나에 불과하다. 텔레비전의 영상이나 음성은 시청자의 관심을 끌어내기도 하지만 끌어 내지 못할 수도 있다. 텔레비전은 일상생활의 존재론적 지평에 딱 맞춰져 있는 것이다. 또한 가정이라는 '사건-공간'에서는 채널을 이리저리 돌려가며 '시청'하는 것으로 상징되는, '여유로운' 상태에서 텔레비전을 보는 행위가 일반적이기도 하다. 그것이 시청의 '규칙화'로 널리 공유되고 있다. 또한 '본다'는 행위는, 젠더에 따라 유형화된 가정 내의 관계들에 의해서도 좌우된다.[31] 즉, "복잡하고 느슨하게 통합된 혼합물의 한 요소로서의 텔레비전을 포함하는 도미스틱domestic한 공간의 다공성多孔性, the porosity, Porosität [32]에서 일어나는 집합적인 표출은, 고도로 가변적인 성격"(Massumi, 2002, 85)을 띠고 있다고 할 수 있다. 따라서 인터넷, 신문, 라디오 등을 매개로 침투하는 많은 정보로 채워진 다공적인 공간에서 텔레비전은, 가구가 놓인 공간에서 문득 돌출되어 스스로를 '부분-주체'로 구성하고, 나아가 시청자를 포함하는 또 하나의 '부분-주체'로 구성하는 '사건 이행성'을 만들어 낸다. 일상 공간에서 빠져나와 그때마다 거실에 있

---

31. 정동의 현실화 과정이 언어화 과정에 의거하는 한, 그것이 사회적·문화적 규정성에서 벗어날 수 없는 것은 분명하다. 텔레비전 영상에 대해 캐스터의 코멘트가 행하는 기능이나, 텔레비전 앞에서 가족이 나누는 대화는 '사건-공간'의 '규칙화'의 문제로서, 혹은 정동의 구체적 현실화 과정으로서 다시 분석되어야 한다.

32. [옮긴이] 근대 원자론을 제창한 돌턴(John Dalton, 1766~1844)이, 서로 다른 종류의 가스체끼리 혼합되어 상호 확산되면서도 화학적으로 결합하지 않고 자립적으로 존재하는 현상을 설명하기 위해 제안한 가설에서 유래한다. 이 가설은 각각의 물질이 자립적이면서도 그 자신 속에 무수히 많은 아주 작고 비어 있는 간격, 즉 구멍을 지니며, 이 구멍을 출입함으로써 서로 순환, 삼투한다고 여기는 것이다. 헤겔철학에서는 많은 자립적인 물질을 외면적으로 결합하고 있는 사물이 자기를 해소하여 현상에 이를 수밖에 없는 이행의 필연성을 표현하기 위해 이 개념을 사용한다.(가토 히사타케 외 지음, 『헤겔사전』, 이신복 옮김, 도서출판b, 2009 참조.)

는 존재를 시청자로 변환시키는 것이다. 이때의 키워드는 다시금 '절단'interruption이다. 확대된 영상이나 장황한 설명 따위는 필요 없다. 미세하게 새겨진 영상의 접합, 갑작스런 음성의 삽입, 자연스레 흐르는 영상이나 음성의 리듬, 운동을 잘라내는 장면을 사용하여 거실에 있는 존재들의 귀와 눈을 텔레비전으로 이끈다. 스포츠 프로그램의 하이라이트 장면 코너가 전형적이다. 골을 결정한 장면을 반복해서 흘려보내는 텔레비전. 경기 결과는 이미 알고 있으나 그 장면을 지겹게 반복 시청하는 시청자. 텔레비전 안에서는 순간적으로 리듬과 운동이 전환한다. 시청자는 예상치 못했던 운동이 시작되는, 그 순간을 본다. 그때 시청자들은 '쾌락'을 느끼고 신체의 '고양됨'을 경험한다. 상식을 뒤집는 행동이나 발언을 하는 '정치인'의 퍼포먼스가 단편적으로 흐르는 영상은, 스포츠 프로그램의 하이라이트 장면과 같은 형식이라 해야 할 것이다. 의식되기 일보 직전에 촉발=변용의 강도를 구축하는 영상과 음성, 그리고 영상 자막 같은 미디어의 복합적인multimodal 이미지, 그리고 그것에 공진하는 청중의 신체가, 텔레비전의 '사건 이행성'을 특징짓는 것이다.[33]

---

33. 내진(耐震)장치 불량, 위장청부, 허위표기 식품 등의 위장 문제를 전하는 텔레비전 보도 스타일도 이 스타일을 답습하고 있다. '있어서는 안 되는'·'있을 리 없는' 일로서 현실을 착종시키면서, 그 현실이 '단절되고' '절단'되었음이 강조되는 것이다. 일반적으로 '안정'된 '평온'한 현실이 텔레비전적으로 착종되는 한편, 그 현실에서 일탈한, 예상치 못한 '운동=범죄'가 발생했다는 것을 영상

레이건의 논리적 일관성 없는 연설이, 잘게 절단된 영상을 연결한 텔레비전 영상을 통해서 전국적으로 전해질 때, 그것은 가치 없는 것이 아니라 오히려 촉발=변용의 강도를 높인다. '강한 미국'을 체현하는 레이건의 서툰 몸짓은 시간의 흐름과 함께 스쳐지나갈 뿐, 텔레비전의 단편화된 영상 속에서는 감춰지고, 자신감으로 흘러넘친 순간의 표정만이 비춰지면서 그것을 보는 사람에게 강한 정동을 환기한다. 레이건이 포스트모던 정치에서의 가상성을 조작했다고 하는 것을 두고 마수미는, 그가 "신뢰라는 공기나 분위기를 기획(프로젝트)"했기 때문이라고 설명한다. "신뢰의 분위기란 그의 정치적 작법의 정서적인 경향"이고 "신뢰란 정동의 정서적인 번역"인 것이다. 텔레비전이 놓인 '사건-공간'에서는 의미, 언어, 논리는 문제되지 않는다. 텔레비전과 시청자가 만나는 잠재적인 장에서는, 텔레비전과 시청자의 공진관계에서 정동이 일어나고 그것은 '왠지 신뢰할 수 있을 것 같다', '신뢰감을 준다', '저 사람이라면 할 수 있을 것 같다'는 '정서'나 '감정'으로 번역되는, 정동의 현실화 과정이 진행된다. 보급된 지 반세기를 훌쩍 넘은 텔레비전은 이 공진관계를 작동시키는 테크놀로지를 충분히 개발시켜온 것 같

이나 해설이나 자막으로 강조하는 텔레비전의 스타일에서는 '왜 그런 위장이 생겨나는가', '왜 그런 흉악 범죄가 일어나는가', '그 원인이나 배경은 무엇인가' 같은 문제는 후경화되고, '평온'하다고 텔레비전스럽게 상정된 현실과 범죄, 위장이 존재하는 것에 대한 정동이 생겨나며 분노의 감정이 야기된다.

다. 고이즈미 정권의 원프레이즈onephrase 34 정치는 텔레비전의 '사건 이행성'의 훌륭한 자원이었고, 또한 텔레비전의 '사건 이행성' 없이는 '원프레이즈 정치'도 성립되지 않았을 것이다. 강도의 촉발=변용의 상태에서 유출되는 '이미지 없는 신체'의 퍼포먼스는 미디어를 소비하는 '사건-공간' 속에서 완전히 새로운 '사건'event을 성립시킨다. 그리고 그것을 보고 듣는 사람의 신체와 그들의 관계에 무언가를 유발·촉매하는 것이다.

모든 것은 보여지고 있고, 모든 것이 보여지고 있다는 점 때문에 새로운 '변환=위장'이 미디어 안에서 생겨나고 있는 것이다.

7. 소결론 — 집합적인 정동의 조정회로

미디어의 이미지는 그것을 보고 듣는 사람의 신체에 무언가를 유발한다. 하지만 그게 무엇인지, 그게 무엇을 유발하는지는 불확실하다. 오늘날 사람들은 어떤 하나의 목표를 향한 언어, 이데올로기, 설득에 의해 집합적으로 행동하지 않는다. 혹은 그것에 대항하는 집합적 행동을 하지도 않는다. 주어진

---

34. [옮긴이] 2001년 총리가 된 고이즈미가 단순명료한 이슈 한 가지만 내세워 선거판을 좌지우지한 것을 일컫는 말. 2005년 중의원 선거 때 '우정민영화' 하나만을 쟁점화시켜 자민당을 압승으로 이끈 것이 대표적이다.

모델을 모방하며 비슷하게 행동하는 것도 아니다. "신체는 필연적으로 같은 행동을 하는 것이 아니라, 같은 정동으로 조율되고 접속되면서 일치하여 반응하게 된다. 그들의 반응은 많은 형식을 가졌고, 실제로 많은 형식을 가지고 있다."(Massumi, 2005, 5) 공이 어떻게 킥되고 어떻게 날아가는지. 그것은 전혀 정해져 있지 않다. 공을 차는 순간을 본 사람에게 어떤 일이 일어나는지. 그 역시 전혀 정해져 있지 않다. 따라서 그때그때 급격히 변하기 때문에 예측할 수 없는 오디언스의 행동을 기존 정치학이나 사회학 그리고 미디어 연구에서는 충분히 파악, 분석할 수 없다. 주목할 것은, 전자 네트워크에 의한 '지각적인 자극으로의 자기-방위적인 반사반응은 개개인의 신경 시스템과 중앙정부의 활동이 직접 접속되어' 일어난다는 것이다. 그리고 '지각적인 자극이, 확실한 내용을 전하거나 형식을 재생산하는 것이 아니라, 오히려 직접적으로 신체의 감응성을 활성화하는' 상황이 증폭되고 있는 것이다.

1990년대 후반 인터넷이 확산되면서, 텔레비전은 사라질 미디어라고 여겨졌던 적이 있다. 하지만 그것이 오해였음을 확인시키기라도 하듯, 위기의 시대에 텔레비전은 다시금 자연발생적 정동과 대중을 컨트롤하기 위한 지각상의 초점이 되고 있다. 지상파 텔레비전은 정보원 측면에서나 가족의 오락 측면에서나 인터넷에 밀렸지만, 사회적으로 결정적인 전환점에서는 집합적 정동의 조정을 위한 특권적 회로로 부활한 것이다. 텔레비전은 '사건'event의 미디어가 되었다.

사회의 '사건-미디어'event-media로서의 텔레비전. 정동을 조정하는 자발성을 포착하는 미디어. 미디어와 신체의 공진관계에 의해 포착된 자발성은, 이제 어딘지 더 이상 자발적이지 않은 것으로 변화하고 있다. 새로운 '변환=위장'의 테크놀로지의 발전. 오늘날 미디어 연구는 이 상황을 정치하게 분석하기 위해 이론을 구축해야 하고 그것을 경험적으로 검증해야 하는 것이다.[35]

---

35. 나는 정동, 운동이라는 개념을 핵심으로 하는 미디어 연구나 미디어 문화연구의 재구축이 필요하다고 생각하는데, 그 재구축의 방법론과 의식에 대해서는 졸고(伊藤, 2007)에서 간략하게 다룬 바 있다.

4장

미디어 상호의 공진과 사회의 집합적 비등沸騰

2007년 '가메다 부자'亀田父子 사건을 통해서 본 '민의'民意

역사적인 사실에 명칭과 날짜를 비추어 조망할 때 보이는 것은 각종 발명이나 모방에 이끌려 가열된 여러 특수한 욕망이다. 각각의 발명은 하나의 점으로 출현하고, 항성같이 끊임없이 빛을 발한다. 그 방사된 빛은 서로 유사한 수천 개의 파동과 조화롭게 교차하지만 그 다양성은 결코 혼돈이 아니다.

— 가브리엘 타르드, 1985=2007 —

대리보충이나 보존을 억누르는 상태에서는 텔레비전은 합의(consensus) 그 자체가 됩니다. 텔레비전이란 무매개적으로 사회성을 연결하는 기술이고, 나아가 이 기술은 사회와의 간극을 전혀 허용하지 않습니다. 텔레비전은 순수상태에 놓인 사회성과 기술성입니다.

— 질 들뢰즈, 1990=1992[1] —

1. 정보현상으로서의 '가메다 부자'[2] 사건

2007년에는 많은 일이 있었다. 우선, 아베 내각이 갑작스럽게 퇴진을 했다. 또한, 방위성 사무차관의 구속, 니가타新潟 지진, 가시와자키 가리와柏崎刈羽 원전 사고, 연금사건,[3] 허위 표기 식품 대량 적발[4] 등등, 여러 가지 일이 있었다. 또한 이와 더불어, 많은 사람이 기억하겠지만 '가메다 부자' 사건이 있었다. 지금 다루려는 사건이 이 사건이다. '가메다 극장'·'가메다 소동'으로 표현되는 이 사건을 지금 우리는 어떤 관점에서 어떻게 사고해야 할까.

'가메다 부자' 사건 자체는 2007년의 주요 사건들 속에서 보자면 사소한 에피소드에 불과하다. 하지만 사건의 중심에 있던 가메다 부자, 일본 복싱 관계자들, 그리고 무엇보다도 텔레

---

1. [옮긴이] 질 들뢰즈, 『대담: 1972~1990』, 김종호 옮김, 솔, 1993, 88쪽 참조.
2. [옮긴이] 침체된 일본 복싱계를 부활시킬 것으로 기대되었던 가메다 일가(아버지 가메다 시로, 장남 가메다 고키, 차남 가메다 다이키)가 반칙, 욕설 등으로 문제가 되어 퇴출 위기에 몰렸다가 기사회생한 사건. 2007년 일본 스포츠계 최대 사건 중 하나였다.
3. [옮긴이] 정부가 대량의 연금 납부기록을 분실한 사건. 2007년 5월 후생노동성 산하 사회 보험청이 관리하는 연금 납부 기록 5천만 건이 사라진 사실이 폭로되어 큰 논란을 불러일으켰다.
4. [옮긴이] 2007년 한 해 동안 위장 식품 사건이 연이어 불거졌다. 홋카이도 육류가공업체인 '미트호프'가 소고기에 돼지고기와 닭고기를 섞어 소고기 가공식품으로 속여 판매해 왔고, '아카후쿠'와 '후지야' 등 제과업체는 제품 유통기한을 위조 판매하는 등의 식품 파문으로 먹거리에 대한 소비자 불신이 높아진 바 있다.

비전과 인터넷, 시청자와 네티즌 등등, 각각의 진동원에서 발생한 정보의 파동, 혹은 진동원에서 생기는 '가열된 각종 특수한 욕망'의 배열로서 이 사건을 생각해 보자. 그렇다면, 그것들은 독특하게 살아 움직이며 운동 상태에 있던 하나의 전체였음을 알 수 있다. 거기에서는 미디어에 매개된 집합의식 내지는 집합적 비등이 만들어 내는 동적인 과정을 엿볼 수 있다. 이 사건이 사소하다 해도 고찰할 가치가 있다고 보는 것은 그런 이유 때문이다.

네트워크킹된 컴퓨터나 모바일 미디어는, 타르드의 말을 빌려 말하자면 "하나의 점으로 출현하여 항성처럼 끊임없이 빛을 발하며" 텔레비전이라는 또 다른 진동원과 공진하고, "서로 비슷한 수천 개의 파동과 교차하는" 복잡한 사회 환경을 조직하고 있다.[5] 그것은 들뢰즈가 1980년대의 '텔레비전 시대'에 대해 "더 이상 영화다움을 만들어 내는 일을 고집할 것이 아니라, 비디오, 일렉트로닉스, 디지털 영상 등과 독자적 관계를 구축함으로써 새로운 저항운동을 고안하여 텔레비전의 감시와 관리 기능에 대항할 수 있어야 한다."라고 지적할 때는 거의 예상할 수 없었던 일이다. 확실히 그가 말한 '영화의 두 번째 죽음'이라는 당시 임박했던 현실은 지금은 재고되어야 할 것이다. 그러나 들뢰즈가 본 '현실' 이상으로 현재 상황은 진척(혹은 악

5. Tarde의 책(1890=2007) 160~168쪽을 참조.

화?)되고 있는 것 아닐까. 지금 사회적 커뮤니케이션을 둘러싸고 어떤 일들이 일어나고 있는 것일까.

2. 커뮤니케이션의 촉매, 자본으로서의 '가메다 부자' 문제

이미 2006년 8월부터 '가메다 부자'는 많은 미디어에서 빅 뉴스로 다루어졌다. 8월 2일의 WBA라이트플라이급 타이틀 매치, 후안 호세 란다에따Juan José Landaeta(베네수엘라)와 도전자 가메다 고키亀田興毅 시합의 시청률은 42.4%였다. 20%를 넘으면 대단하게 여겨지는 현재의 텔레비전 시청 상황에서 보자면 매우 높은 시청률이었다. 시합 직후에 여러 미디어를 통해 '판정 의혹'이 제기되었는데, 특히 가메다가 2대1로 판정승을 거둘 당시에 아무도 이의제기를 하지 않았다는 것이 문제가 되었다. 가령, 경기를 중계한 TBS에서 실황중계를 맡은 해설자와 아나운서가 맹목적으로 가메다 편을 들었던 일과, 판정 자체에 압력이 있었다는 소문이 뒤섞이면서 가메다 측에 비난이 쏟아졌다. 이런 비판에 가메다 측은 재시합 의사를 밝혔고, 12월 20일에 후안 호세 란다에따와의 대전이 다시 꾸려진다. 많은 비판을 받은 후의 재시합이긴 했지만, 3대0으로 가메다가 판정승한 이 시합의 시청률은 30%를 가뿐히 넘겼다. 그러나 가메다의 인기는 그 후에 급락한다. 2007년 3월에 열린 WBC플라이급 12위인 에베라르도 모랄레스Everardo Morales(멕시코)와의 시합, 즉 가메다 고키가 프로데뷔 이후 14전 째 맞붙는 시합의 시청률은 12%였다. 이어 5월 동양 태평양 라이트플라이급 2위인 이르판 오가Irfan Ogah(인도네시아)와의 시합의 시청률은 14%였다. 논타이틀 경기에서 10%를 넘는 시청률은 그렇게 낮은 것은 아니다. 그러나 후안 호세 란다에따와의 재시합에서 승리하긴 했지만, 복서 가메다 고키의 실력에 대한 사람들의 기대가 낮아졌고, 화려한 퍼포먼스에 대한 비난도 거세져서 사람들의 관심이 점차 줄어든 것은 부정할 수 없다. 바로 이런 시기에, 고키의 동생인 가메다 다이키亀田大毅의 세계복싱 평의회WBC 플라이급 타이틀매치 도전이 있었다.

이 일에 TBS가 결정적인 영향력을 행사한 것은 이미 많이 알려졌다. 오늘날 미디어와 스포츠는 불가분의 관계다. 미디어 측에서 보자면 다양한 관중의 기호에 호응하고 많은 사람의 관심과 흥미를 끌기 위해서라도 스포츠 관련 정보는 훌륭한 문화자본이다. 올림픽은 말할 것도 없고 월드컵 축구 같은 글로벌 이벤트에서 국내 축구, 배구 시합까지, 스포츠 이벤트는 글로벌 거대기업을 스폰서로 삼을 수 있는 가장 매력적인 콘텐츠 가운데 하나이기 때문이다.

가메다 고키의 프로데뷔전이 열린 2003년 12월 21일 시합을 중계한 것은 '후지TV' 계열의 간사이TV이다. 덴나론 스시

소바(타이)를 1라운드 44초 만에 KO시킨 이 시합 후에 TBS는 다큐멘터리 프로 〈ZONE〉에서 강렬한 인상을 남기며 데뷔전에서 승리한 가메다 고키를 다루었고, 2004년에는 프로듀서가 직접 가메다 시로亀田史郎의 집을 방문하여 바로 시합 방영계약을 했다고 한다.[6] TBS는 당시 일본 프로복싱협회의 유력 체육관의 하나인 협영協栄 체육관 소속 간판복서였던 사토 오사무佐藤修와 사카타 겐지坂田健司의 더블세계전을 골든타임에 방송한 바 있다. 그러나 그 시청률은 6.9%에 불과했다. TBS는 이런 상황을 타개하기 위해 가메다 형제에게 접촉한 것이다. 그 후 다큐멘터리 채널 〈ZONE〉의 스탭이 그대로 투입된 방송 〈Birth day〉에 가메다 형제가 출현했고 그들의 '성공 스토리'가 신화처럼 전해졌다. 슬럼가 아이린 지구가 있는 오사카의 니시나리西成구에서 자라 중학졸업 후 건축현장에서 해체나 토목일을 해 온 아버지 시로史郎가 '신일본 오사카 복싱 체육관'에 입문한 것은 19세, 그러나 오랫동안 바랐던 복서의 꿈은 좌절되고, 시로는 아들들에게 그 꿈을 투영하여 엄격하게 지도를 한다. 이어 이혼의 어려움을 겪지만 그것도 극복하여, 결국 신문 및 텔레비전에까지 출연할 수 있게 되었다는 성공 스토리였다. 시청자가 이 부자의 스토리에서 본 것이 무엇인지는 정확

6. 가메다 부자와 TBS의 관계에 대해서는 『주간 아사히』 2007년 11월 2일자(18~23쪽)를 참조했다.

하지 않다. 그러나 '아버지의 스파르타식 교육 이면에 깔린 부자의 끈끈한 정'을 어필한 이야기와 가메다 형제의 화려한 퍼포먼스 덕에 시청률은 점점 상승했다. 가메다 고키가 이적금 3천만 엔을 받고 오사카의 그린 츠다 Green-Tsuda 체육관에서 도쿄의 협영 체육관으로 옮긴 것은 텔레비전 노출이 빈번해진 2005년 봄 무렵이었다. 그리고 2006년 5월에 열린 까를로스 파하르도 Carlos Fajardo(니카라과)와의 시합에서는 결국 골든타임에 진출, 33%의 시청률을 기록한다. 그 다음 시합인 후안 란다에따와의 타이틀매치에서는 앞서 말했듯 평균 42.8%의 시청률까지 기록한다.

이런 가메다 부자의 '노출도'의 정도, 그리고 미디어 커뮤니케이션 회로에서 정보유통 빈도가 높았던 것을, TBS를 포함한 미디어 측의 문제로만 이야기해서는 안 된다. 많은 스포츠 평론가가 지적하듯, 야구, 축구, 혹은 격투기에 인기를 뺏기고 오랫동안 침체되어 있던 복싱계를 부흥시키기 위해서 일본 복싱위원회JBC는 '돈이 될 선수'를 찾아 '유력 체육관'에 접근했다. 또한 유력 체육관들은 거액의 방영권을 따기 위한 전략을 세웠다. 즉, 미디어와 스포츠계의 경제적 이해관계가 맞아떨어지면서 일어난 이 일은, 복싱계라는 스포츠계 일부의 문제가 아니라 스포츠와 미디어 간의 구조적 문제로 파악해야 한다.

그러나 미디어 현상으로서 볼 때, '가메다 부자' 문제는 이제까지 반복적으로 지적된 이런 구조적 문제만으로는 설명할 수 없는, 어떤 독자적인 특징, 성질도 갖고 있다. '가메다 부자'라는 정보 혹은 상품이 사회적 장에 던져지고, 그것이 큰 파동의 확장을 일으키는 과정은 매우 복잡하다. 또한 그 특성을 밝히는 것 역시 결코 쉽지 않다. 하지만 새로운 미디어 환경의 복잡함을 해명하는 실마리가 거기에서 발견될지도 모른다. 지금 생각해 보고 싶은 것은, 사회의 정보회로가 다차원화하면서 특정 정보전달의 밀도가 단기간에 급격히 높아질 때, 거기에서 무엇이 발생하는가의 문제다. 디지털 미디어와 접속된 신체와 신체들 사이에서 이루어지는 커뮤니케이션은 이제까지 상정되어 온 커뮤니케이션과는 다른 창발성을 가지는 것인지 모른다.

3. 10월 11일, WBC 플라이급 타이틀매치

2007년 10월 11일의 WBC 플라이급 타이틀매치. 챔피언인 나이토 다이스케內藤大助와 도전자인 가메다 다이키의 시합은 평균시청률 30%, 순간최대 시청률은 40.9%였다고 한다. 그 구체적 내용에 대해서는 반복하지 않겠다. 타이틀매치에 출정할 정도의 실력까지는 갖추지 못했던 가메다 다이키가 참담하게 판정패한 시합이었다. 12라운드에서 레슬링 행위로 3점 감점이 되는 등 명백한 반칙행위가 있었고, 나 역시 보기 괴로울 정도였다. 그러나 이 시합이 끝나고, 시합 내용 이외에 또 다른 문제가 제기된다. 당일 시합의 실황 중계를 맡았던 TBS의 아나운서와 해설자의 멘트가 가메다 측을 일방적으로 옹호하는 것이었기 때문이다. 나이토가 다쳐서 피 흘리고 있을 때 "나이토의 눈꺼풀 위를 노리고 싶다."라고 한 아나운서의 발언은 '편파 보도'로 인터넷에서 바로 비판, 비난의 대상이 된다. 이후, 해설자였던 전 WBA주니어밴텀급 챔피언인 오니즈카 가츠야鬼塚勝也도 자기 블로그에서 "내 해설이 가메다 선수에게 치우쳐 있었다."라고 인정했듯, 두 사람의 발언은 공정성을 잃은 것이었다. 그 때문에 시합 때부터 다음날까지 계속 TBS에는 1,500건 이상의 문의나 불만 전화가 쇄도했다고 한다. '의혹 판정'으로 떠들썩했던 2006년 8월 2일 후안 란다에따(베네수엘라)와 가메다 고키의 시합 직후 TBS에 5,000건 이상의 불만전화가 있었던 것과 비교하면 그 수는 적다. 하지만, 시합내용 자체와 더불어 텔레비전 중계 내용에 비판이 폭주한 것은 기억해 두자.

시합 다음 날인 10월 12일부터 신문, 주간지, 텔레비전 와이드쇼, 정보 프로그램 그리고 인터넷 뉴스 사이트, 2ch,[7] 블로그 등, 모든 미디어가 '가메다 부자' 뉴스로 '가열'되었다. '팔꿈치로 눈을 찔러'라고 한 고키의 발언과 아버지 시로가 반칙을 사주

---

7. [옮긴이] 2ちゃんねる. 니찬네루. 줄여서 2ch이라고 한다. 1999년 개인 사이트로 시작, 현재 일본 최대 익명 게시판의 하나. 이용자층은 10~30대 젊은 남성이며, 정치적으로 보수, 극우 성향을 띠고 있고, 최근 혐오 발언 등의 진원지로 지목되고 있다. 스레드의 용량은 게시물이 1,000건, 용량은 500Kbyte로 제한되어 있다.

했다는 사실이 일반인에게 알려졌기 때문이다. 시합 당일인 11일 2ch에서도 '가메이의 할복중계는 아직이냐'[8] 같은 식의 3천 개 이상의 글이 2시간 동안 올라왔는데, 고키와 시로의 발언이 알려진 12일에는 분위기가 더욱 가열되었고, 11일보다 더욱 폭발적 양상을 보인다. 각 주간지도 이 시합 전후 약 3주에 걸쳐 집중적으로 이 문제를 다루었다.

『주간아사히』 10월 26일호에서는 '노골적인 가메다 다이키 편들기, TBS 실황은 할복감'이라는 제목의 칼럼기사로, 11월 2일자 표지에서는 '와이드 특집 가메다 일가에 관한 이론異論, 의문, 폭론暴論을 일거 게재!'라는 제목으로, 그리고 11월 9일호에서는 '고키의 회견은 진짜일까? 〈가메다 소동〉 최종장'이라는 제목으로, 각각 6페이지씩 지면을 할애하여 2주 연속 특집을 마련했다. 『주간문춘』週刊文春도 10월 25일, 11월 1일 두 주에 걸쳐 '총력 특집, 자괴하는 양키제국 가메다 일가 멸망', '철저 추궁 제2탄 가메다 일가, 반성의 기색 없음' 같은 제목으로 특집호를 꾸린다. 이 두 주간지에 비하면 비중이 작았지만 『주간신조』週刊新潮도 '와이드 특집 부도덕' 톱에서 '이제는 문제의 원흉이라고 매도당하는 공로功労 프로듀서'라는 제목으로(11월 1일), 그리고 '와이드 특집 마유츠바인 대사전' 란에서 '가메다

---

8. [옮긴이] 다이키는 시합 전 기자회견에서 "내가 지면 할복자살하겠다. 너는 어쩔래"라며 상대편을 도발한 일이 있다.

고키에게 동정이 쏟아졌다, '이구치井口 리포터'의 나쁜 인상'(11월 8일)이라는 표제로 기사를 실었다.

가메다 문제에 관한 정보가 각각의 진동원에서부터 발생하여 그 파동이 겹치면서 복잡한 파형을 만들어 내듯이, 혹은 몸 안을 순환하는 혈류가 파동에서부터 말단의 모세혈관으로 그리고 정맥으로 흘러가듯이, 모든 미디어가 상호촉발되고 연결되고 공진하면서 '가메다 문제'를 전달하고 비판, 비난하는 구조가 만들어진 것이다. 또한 그 과정에서 기존의 정보가 새로운 정보를 생산하고 소비하는 회로가 생성되었다. 끊임없이 흐르는 정보=혈액이 신경 말단의 세포까지도 자극하고 가열시키듯, 사회의 모든 영역이 '가열'되고 '비등'沸騰하는 사태가 일어난 것이다.

10월 15일, 일본 복싱 위원회는 가메다 시로에게 '세컨드 자격 무기한 정지', 가메다 다이키에게는 '복서 자격 1년 정지', 협영 체육관의 긴페이金平 회장에게는 '클럽 오너 자격 3개월 정지', 고키에게는 '엄중경고' 처분을 내린다. 그리고 10월 17일에는 가메다 시로, 가메다 다이키가 '사죄회견'을 했는데, 미디어는 일제히 이 회견 모습을 전했고 인터넷에서도 이 화제로 들끓었다. 이런 와중인 10월 26일, 가메다 고키의 '대리회견'이 이루어진 것이다.

10월 26일 『아사히신문』 조간 스포츠란 18면에는 '가메다 형제 다시 시작', '장남 고키, 오늘 사죄회견'이라는 표제로 4단에 걸쳐 기사가 실린다. 회견 결과를 전하는 것이 아니라 그날 아침 예정된 회견에 대해 '가메다 형제에게는 새로운 시작점이기도 하다'는 관측기사가 실렸던 것이다. 또한 '아버지와의 결별, 아들과의 결별 시작되다'라는 표제로 긴페이 회장의 전날 기자회견 모습도 실렸다. 26일자 모든 스포츠 신문의 탑을 장식한 것은 가메다 문제였다. 온통 이 문제로 도배된 셈이었다. 『일간스포츠』에서는 가메다 시로의 대형 사진과 함께 큰 글씨로 '사죄거부'·'가메다 부자'·'폐업' 등의 글자가 오르내렸고, '오늘, 고키가 대리회견'이라는 표제가 눈에 띄었다. 그리고 아침 정보 프로그램, 스포츠지, 일반지에서 가메다 회견 뉴스를 듣거나 기사를 읽은 이들이 하루를 시작할 무렵, 예정된 오전 9시를 조금 넘어서 고키의 회견이 시작되었다.

4. 고키의 '얼굴'과 뒤바뀐 '민의'民意

TBS를 제외한 민간방송들(니혼TV, 후지TV, TV아사히)은 아침 정보프로그램에서 협영 체육관 기자회견을 생중계했다. 200명 이상의 취재진, 15대의 텔레비전 카메라, 20대 이상의 마이크가 테이블에 놓여있던 장소에, 빡빡 깎은 머리에 정장차림으로 11일 세계전 이후 처음 모습을 비춘 고키는 다음과 같은 사죄 발언으로 입을 열었다. "여러분, 늦어서 죄송합니다. 여러 가지로 민폐를 끼쳐서 정말 죄송합니다. 우선 나이토 선수에게 사과드리고 싶습니다. 저를 포함해서 다이키大毅나 아버지 모두 반성하고 있습니다. 저희 가메다 집안 때문에 복싱계의 이미지가 나빠져서 복싱 관계자 여러분, 팬 여러분에게도 대단히 죄송합니다. 가메다 집안을 대표해 사과드립니다." 80여분 동안 이루어진 이 회견 내용을 세세하게 분석하는 것이 목적은 아니지만 몇 가지 특징은 기록해 두는 것이 좋을 것 같다.

회견 영상으로는 일반적이지만, 회견이 시작할 때부터 회견 마지막에 고키가 눈물 흘리는 장면까지, 여러 대의 카메라 셔터음과 플래시 터트리는 소리가 '찰칵찰칵' 울려 퍼졌다. 또한 플래시의 밝은 빛이 고키와 긴페이金平 회장의 '얼굴'을 일일이 비추는 장면도 반복되었다. 이런 소리나 빛은 영상 속의 노이즈일까. 아니, 그렇지 않다. 그것은 이 회견의 '중대함'과 '국민적인 관심'을 강화시키는 의미를 지닌다. 1986년생, 20세 청년의 회견이 일대사건이었듯이 말이다. 그가 발언하고 그의 표정에 변화가 생길 때마다 '찰칵'하는 소리와 눈부신 강한 빛들은, 단편적이지만 잇달아 신체에 수용되면서 시청자의 신체에 무언가를 촉발하는 것 아니었을까. 나아가 그것은, 다음 순간에 이어서 울릴 '찰칵'이라는 소리와 눈부신 빛을 수용할 때에 생기는 강도를 시청자 스스로 바라고 기대하는 신체감각도 만들어 낸다. 시청하고 있는 사람이 다른 프로그램으로 채널을 돌릴 수 없도록 말이다.

회견장에 나타난 고키의 '얼굴'은 이제까지와는 매우 달랐다. 화려한 퍼포먼스로 '악역'을 가장하던 표정은 사라지고 꼼짝 않고 정면을 응시하며 어떻게든 질문에 대답하려는, 그러나 좀처럼 할 말을 찾지 못하는 20세 청년의 '얼굴'이 거기에 있었다. 텔레비전 화면은 시종 그 '얼굴'을 비췄다. 눈에 가득 머금은 눈물을 꾹 참는 표정, 때로는 그 눈물이 흘러 떨어질 것 같은 표정, 입술을 앙다물며 참는 표정, 가혹한 질문을 받고 궁지에 몰려 당황하고 곤혹스러워하는 표정, 의표를 찌르는 질문에 순간적으로 무표정해지는 얼굴에서조차 보이는 어떤 표정, 어떤 무의식들이 얼굴에 스치는 이 변화들을 텔레비전 카메라는 전혀 조작되지 않은 것처럼 자연스럽게 비추어냈다. 한 대의 카메라로 극단적인 업이나 미들쇼트를 사용하면서 찍어댔다. 미묘하게 계속 변하는 그 '얼굴'의 운동=표정은, 석간신문 지면을 장식한 얼굴사진에서는 도저히 전달될 수 없는 것이었다. 연기가 아니라, 무의식 중에 드러내는 표정의 변화=운동은 그것을 보는 이의 신체에 강도의 촉발=변용을 만들어내는 것이었다.

가혹한 질문에 대한 대답도, 그리고 아버지 시로史郎에 대한 한결같은 생각도 그의 필사적인 심정을 전하는 것이었다.

—시로 씨가 안 왔는데.

고키 : 아버지는 너무 미안하다고 하셨습니다. 너희도 이제 더

강해지라고. '내가 나가면 복잡해져서 안 된다'고 하셨습니다.

— 시로 씨는 반칙 지시에 대해 뭐라고 하십니까.

고키 : 변명은 하지 않겠다고 하셨어요.

— 고키 선수 본인도 팔꿈치로 눈을 찌르라고 했던 것 맞나요?

고키 : 네. 정말 무슨 생각이었는지 모르겠습니다. 솔직히 그 시합에 대해 기억도 잘 안나고. 하지만 영상을 보니 확실하고, 저도 반성하고 있습니다.

— 이제까지의 퍼포먼스에 대해서는?

고키 : 너무 심했다고 생각합니다. 퍼포먼스라는 게 원래 시합에 대한 작전 같은 건데요. 너무 떠벌려서 일이 커져 버렸습니다.

— 퍼포먼스는 시로 씨의 조언인지.

고키 : 전부 제 생각이었습니다. 상대를 압박하려 한 측면도 있었습니다. 방송사 측은 전혀 관계가 없습니다. 이렇게 하면 재밌겠고 분위기도 고조되겠다고 생각해서 해 본 겁니다.

— 지금 다이키 선수는?

고키 : 계속 의기소침해 있지만, 다시 설 수 있으리라 믿습니다. 저희 형제들 모두 챔피언이 되고 싶었는데, 그게 도리어 아버지에 대한 은혜를 저버린 게 되었습니다.

질문에 대답할 때 가메다 고키는 여러 번 궁지에 몰렸다. 그

때마다 긴페이 회장이 개입하면서 고키는 발언 시간의 여유를 얻는 장면이 몇 번 있었다. 그러나 앞서 이야기했듯 그의 말들은 질문의 포인트에서 의도적으로 벗어나지 않는(벗어날 수 없었을지 모르지만) 솔직한 것이었다.

회견의 클라이맥스는, '아버지에 대한 생각은?'이라는 마지막 질문 앞에서였다. "어렸을 때부터 이제까지 키워준 분이 아버지고 저는 정말 감사하고 있습니다. 지금 제가 여기에 있는 것은 아버지 덕택입니다. 모두들 아버지를 욕하거나 말들이 많지만 제겐 세상에서 하나뿐인 아버지라서"라며 가메다 고키는 말을 잇지 못하고 눈물을 흘렸다. 카메라는 그의 '얼굴'을 클로즈업했다.

이 회견 장면을 보면서 나는 들뢰즈가 「세르주 다네에게 보낸 편지 – 옵티미즘, 페시미즘, 그리고 여행」이라는 제목의 글에서 서술한 말을 떠올릴 수밖에 없었다. 그것은 『시네마』를 쓴 후의 들뢰즈가, 그로서는 드물게 텔레비전에 대해 직접 언급한 부분이다.

> 영화적 시간이란 흘러가는 시간이 아니라 지속되고 공존하는 시간이기 때문입니다. 그렇게 생각해 보면 보존도 결코 사소한 것이 아닙니다. 보존이란 창조하는 것이고, 쉬지 않고 '대리보충'supplement을 만들어 내는 셈입니다. (그리고 이것이 자연을 미화하는 것과도, 자연을 정신화하는 것과도 연결됩

니다). '대리보충'의 특징은 창조되는 것 말고는 없다는 것이고, 이것이 미학적 내지는 노에시스적 기능이 되는데, 이 기능 자체가 '대리보충'의 성격을 갖고 있는 것입니다.…… 그럼 이와 마찬가지로 '대리보충'의 힘, 혹은 보존에 의한 창조의 힘을 왜 텔레비전에는 인정하면 안 될까요? 원칙적으로 그래서는 안 될 이유는 어디에도 없습니다. 영화와는 다른 수단을 사용함으로써 미학적 기능이 드러날 때, 그것을 (게임이나 뉴스 같은) 텔레비전의 사회적 기능을 통해 억누를 수 없다면 텔레비전에 '대리보충'이나 보존에 의한 창조의 힘은 충분히 인정할 수 있습니다. 그러나 '대리보충'이나 보존을 억누르는 상태에서는 텔레비전은 합의consensus 그 자체가 됩니다. 텔레비전이란 무매개적으로 사회성을 연결하는 기술이고, 나아가 이 기술은 사회와의 간극을 전혀 허용치 않습니다. 텔레비전은 순수상태에 놓인 사회성과 기술성입니다. (Deleuze, 1990=1992, 126~127)[9]

영상은 절단과 '접합'의 일의적 순서에 따르는 연쇄를 끊어내고, "절단을 넘어 '허위적 접합' 속에서 끊임없이 반복되고 수정되며 연쇄적으로 재편성되는 것"(Deleuze, 1990=1992, 120)이 되었다. 즉, 들뢰즈가 '자연의 미화'라고 묘사한 전전戰前의 영

9. [옮긴이] 들뢰즈, 『대담』, 88쪽 참조.

화들로부터 '자연의 정신화'라고 묘사한 전후戰後 영화들의 영상 체제로 변용이 이루어진 셈이다. 거기에서는 영상 장면 장면마다의 절단과 '접합'을 통해 새로운 지각과 창조의 공간이 나타난다. 그러나 문제는 그 후 그가, '두 번째로 영화의 죽음을 초래한다'고 본 '텔레비전의 시대'다. 이것은 어디까지나 '시네마'·'후'의 영상의 문제이다. 텔레비전에도 원리적으로 말하면 '대리보충'과 보존에 의한 창조의 힘이 있다. 그러나 과거와 현재를 공존시키는 절단과 '접합'의 보존의 계기를 결여한, 나아가 절단과 '접합' 사이between에 집어넣는 사고나 중계지점을 결여한 텔레비전은, 순수상태에 놓인 사회성과 기술성만을 전달한다. 거기에서는 "텔레비전으로부터 영화의 새로운 죽음"(Deleuze, 1990=1992, 128)이 제기되고 있다. 내가 생각해 낸 것은 들뢰즈의 이런 말들이었다.

중계지점도, 문자 그대로의 '접합'도 없는 가메다 고키의 회견영상은, 분명 "무매개적으로 사회성을 띠고 있는" 텔레비전, "사회와의 간극을 전혀 허용치 않는" 텔레비전, "순수상태에 놓인 사회성과 기술성"으로서의 텔레비전을 보여 주고 있었다.

거기에 있는 것은 지각이미지, 감정이미지, 행동이미지의 연쇄나 합리적 접합이 아니다. 혹은 그 이미지들의 비합리적 접합도 아니다. 단지 정동 이미지 같은 영상이 지루하게 지속되는, 구성되지 않은 영상의 모습이 거기에 있다. 바로 순수상태에 놓인 사회성과 기술성……. 그렇다고 해서 이 영상이 아무

내용도 없다는 것은 결코 아니다. 오히려 이런 영상이기 때문에 보는 이의 신체에 무언가를 촉발하는 것이다. 고키의 신체가 보는 이의 신체를 촉발하는 정동을 만들어 내는 것이다. 보는 이의 신체에서 잠재적인 어떤 과정이 현실화하고 언어화될 때, 그/그녀의 신체에서 생성된 정동은 다음날 아침 신문이나 주간지가 전하는 이런 말로 나타나는 것이다. "공적인 장소에서 처음 드러낸 섬세한 '맨얼굴'이었다."[10] 혹은, 시로의 발언과 행동을 비판해 온 야쿠미쓰루やくみつる의 다음과 같은 말로 표현되는 것이다. "사죄회견이라고 하면 최근에는 정치인이나 식품 제조업자들의 식상한 것뿐이었는데, 그에 비하면 아주 대단한 회견이었다. 좀 놀라웠다."

이것이야말로 들뢰즈가 텔레비전을 두고 "관리에 기반한 새로운 권력이 무매개적이고 직접적인 것이 되도록 하는 형태"[11]라고 말한 상황이다. 미디어를 매개로 하여, 눈에 보이지 않는 광범위한 '공감의 공동체'·'친밀권의 공동체'가 순식간에 형성된 것이다. 나아가 이런 사태는 이 보도에서만 볼 수 있는

---

10. 『일간스포츠』 10월 27일 7면, '복싱 담당 다구치 준(田口潤)'의 발언이다. 야쿠미쓰루의 발언도 같은 신문에 실렸다. 또한 야쿠미쓰루는 『주간아사히』에서도 "처음에는 회의적으로 보았지만, 앞에서 나이토 선수와 팬의 부탁을 받고 저 역시 반성의 목소리를 내야 할 것 같았습니다. 아버지를 대변하고, 또 아버지에 대한 사모의 정을 이야기하고, 이건 아버지에게도 자극이 될 겁니다."라고 했다.

11. [옮긴이] 들뢰즈, 『대담』, 90쪽 참조.

것이 아니라, 살인사건 피해자 가족의 영상, 정치인이 출연하는 정치 프로그램 등 곳곳에서 찾아볼 수 있다.

어쨌든 이 회견을 계기로 고키와 가메다 부자를 둘러싼 분위기가 단번에 역전되었다. 다음날 『일간스포츠』 1면은 '아버지 없이 처음 싸운 〈세계〉', '고키VS나이토'라고 쓰여진 큰 글씨로 장식되었다. 아버지 시로가 회견장에 나타나지 않고 '책임'을 회피한 것 아니냐고 하면서도 새로운 시작을 위한 고키의 사죄를 인정하겠다는 이 스포츠지의 입장은 모든 신문에서 공통된 것이었다. 텔레비전 와이드쇼도 회견 다음날, 녹화된 내용을 내보내면서 진실된 사죄가 이루어졌다고 강조한다. 그 와중에 고키가 가메다 가족 중 제일 섬세하다는 이야기, 오사카에 살 때의 동네 주민이 인터뷰하며 고키를 두고 '진짜 좋은 애였지'라고 한 말을 흘려보내기 시작했다. 한 미디어는 긴급 전화 앙케이트 결과도 보도했는데, 70%가 넘던 '가메다 부자'에 대한 비판여론이, 고키에 대한 동정을 표하거나 이후의 활약을 기대하는 여론으로 역전되었음을 전하기도 했다. 일본 복싱위원회 사무국에도 회견 다음날 고키를 동정하는 전화가 빗발쳤다고 한다.

다시 말하자면 고키와 가메다 부자를 둘러싼 분위기는 이 회견을 계기로 완전히 변했다. 미디어의 대응도, 그리고 사람들의 '가메다 부자'에 대한 여론도 단번에 뒤바뀐 것이다.

5. 텔레비전과 인터넷의 공진共振관계, 그리고 정동의 촉발

인터넷에서는 앞서 말했듯 이 문제에 대한 무수한 글들이 올라왔다. 그 자세한 내용을 일일이 소개하는 것은 불가능하고 그럴 필요도 없다. 그러나 이런 점은 강조하고 싶다. 우선, 10월 11일 나이토와 다이키의 시합 당일에 올라온 스레드thread나 그 다음날인 12일 고키가 다이키에게 팔꿈치로 (나이토의) 눈을 찌르라고 말한 것이 알려졌을 때 올라온 스레드 수를 능가하는 엄청난 양의 코멘트가, 26일 '사죄회견' 직후 인터넷에 올라왔다는 점이다. '방송면허를 박탈하라'는 TBS를 비판하는 스레드를 포함하여 2ch에서 본 것만도 1,000건으로 제한된 스레드가 차례로 폐쇄되었고 그 수가 총 1만 건이 넘었다. '그 정도면 충분', '동정을 구걸하는 연출이었을 뿐, 구체적인 반성도 사죄도 하지 않았다', '수작부리는 것', '가메다는 최선을 다했다. 감동했다', '왠지 회견 이후 2ch에서 비판이 줄고 있다' 같은 다양한 코멘트가 있었다. 그런데 이전과 다른 것은 가메다 비판이 압도적이었던 글들 속에 그를 옹호하거나 동정하는 코멘트가 섞이게 되었다는 것이다. 어쨌든 30자 미만의 글 속에 회견 영상을 보고 촉발된 정동이 현실화하고 특정 감정이 표출되어, 엄청난 양의 스레드가 무수한 다른 진동원源으로 순식간에 이동하고 있었던 것이다.

두 번째 특징은 '이구치井口 질문 짜증난다'는 스레드로 대표되는데, 회견장 리포터의 실명 비판이 단시간에 '가열'된 점이다. 회견 영상이 흐르는 동안 인터넷 공간에서는 질문하는 리포터에 대한 비난이 동시적으로 나타난 것이다. '가메다 시로가 왜 이 회견에 오지 않았는지', '오지 않은 것을 고키 스스로 어떻게 생각하는지', '반칙행위를 확실히 인정하는지', '반성하고 있다는 말만으로는 인정한 것이 아니지 않냐'와 같이 집요하게 반복되는 리포터의 질문과 어조가 그 표적이었다. 그것은, 활자로는 표현할 수 없는 텔레비전 미디어에 비춰진 고키의 '얼굴'과 그 '얼굴'을 향한 리포터의 '목소리' 톤이나 어조에 대한 것이었다. 나는 그것을 위압적이라고 생각하지는 않았다. 그러나 회견을 지켜 본 네티즌의 신체는 이런 리포터의 행동에 촉발되어 화, 불만을 폭발시킨 것이다. 나중에 이 문제는 주간지에서도 크게 다루어졌다. 회견 모습을 묘사한 글에 따르면 고키와 리포터는 '피고'와 '검사' 같은 관계였다.[12]

네티즌의 신체는 혼자서 사죄회견을 한 고키의 신체에 공감했고, 그와는 대조적으로 리포터의 말과 그의 목소리 톤, 그리고 심하다고 느껴지는 말투나 어조에 촉발되면서 순간적으로 비난 여론이 일었던 것이다. 아니, 정확히 말하자면 리포터

---

12. '피고'와 '검사'라는 표현은 『주간신조』(週間新潮), 2007.11.8.일자(45~46쪽)에 쓰여 있다.

의 고압적이라고 느껴진 행동과 관련해서 오히려 고키에 대한 공감의 정도가 높아졌다고 해도 좋다. 어쨌든 확실한 것은 앞서 말했듯, 이런 사태는 활자 미디어에서는 절대로 일어날 수 없는 일이라는 것이다. '순수상태에 놓인 사회성과 기술성'으로서의 텔레비전이 비추어 낸 영상에 시청자가 반응하고 촉발되었기 때문에 이런 사태가 발생한 것이다. 그러나 그럼에도 불구하고 잊어서는 안 될 것이 있다. 텔레비전 미디어가 만드는 파동이 이 사건의 성립에 필수적이었다 해도 결코 그것만으로는 이런 사태가 일어나지 않았으리라는 것이다. 즉, 텔레비전과 인터넷이 동시적으로 작동하는 미디어 공간, 이 새로운 공간이 존재했기 때문에 이런 상황이 단번에 만들어진 것이다.

우리는 이미 유투브, 니코니코 동영상[13], 영화나 프로그램 그리고 사적인 영상에 이르기까지 압도적인 양의 영상을 재현하고 다룰 수 있는 환경 속에 살고 있다. 그중에서도 동영상을 보면서 댓글을 다는 기능을 갖춘 니코니코 동영상은 최근 1년도 안되어 유투브 다음으로 가장 많은 접속량을 기록하고 있다. 주목할 것은 어떤 영상이나 프로그램에 누군가의 댓글이 달리면, 바로 이 댓글에 다른 누군가의 댓글이 이어져서 표시되는 기능이 있다는 것이다. 그것은 인터넷 공간에서 영상이

13. [옮긴이] 2007년 서비스를 시작한 일본 최대의 동영상 공유 사이트. 동영상 시청자가 직접 영상 화면에 코멘트를 삽입할 수 있다는 것이 큰 특징인데, 이용자들의 일체감을 서비스하는 것에 성공한 사이트로 평가된다.

'공동시청'될 가능성을 의미한다. 즉, 텔레비전과 인터넷이 동시적으로 작동하고 네티즌이 상호작용하는 기회가 확대되고 있는 것이다.

잠시, 인터넷이 존재하지 않는다는 상상을 해 보자. 과거 같으면 회견장 리포터의 행동이 거슬린다(바로 신체가 촉발=변용하는 사태를 표현하는 말이다) 해도 그것은 안방이나 거실에서 가족끼리 이야기 나누는 소재로서, 닫힌 공간에서만 유통될 뿐이었다. 그러나 텔레비전과 인터넷이 동시에 작동하는 미디어 공간에서는 복수의, 혹은 무수한 진동원으로부터의 정보가 방사된다. 그리고 거기서 생기는 파문이 나선형으로 소용돌이치면서 교차한다. 이 '가메다 부자' 현상에서 우리가 보아야 할 것은 바로 이런 미디어의 상호공진 관계인 것이다.

2ch에는 '와이드쇼의 화수분인 가메다 일가, 매스컴은 전혀 반성하지 않는다. TBS뿐 아니다. 매스컴 전체가 반성하지 않는다'라는 코멘트가 있었다. 그런데 실은 이 코멘트뿐 아니라 무수한 인터넷상의 코멘트들 역시 '가메다 부자' 문제를 언급함으로써 복잡한 파동을 일으키는 무수한 진동원의 하나였다. 다시 강조하고 싶다. 기존 신문이나 잡지를 포함해서 생각해도 좋다. 이런 집합적 비등沸騰이라고 할 수 있는 '가열된 욕망'은, 텔레비전과 인터넷이 동시적으로 작동하는 현재의 미디어 공간을 통해 단번에 분출될 수 있는 것이다.

6. 미디어 매개적인 '집합의식'·'집합적 비등'의 생성

집합의식, 집합적 비등 같은 개념을 여기에서 가지고 나오는 것에 의문을 가질 독자도 있을 것이다. 주지하듯 이 개념들은 뒤르켐의 『분업론』, 『종교생활의 원초적 형태』에 등장하며, 그의 사회이론의 근간을 이루는 개념이다. 특히 집합적 비등은 '종교적 경험'이나 '성스러운 것'과 관련되어 논의되어 왔는데, 이런 개념이 현대의 미디어 공간의 문제와 어떤 관련이 있는지 지금 살펴야 한다. 물론, 이 개념들은 직접적으로 현대에 소급 적용시킬 수는 없고 약간의 보류나 조정이 필요할 것이다. 하지만 그렇다 해도 이 개념들을 실마리 삼아 사고할 때 무언가 새롭게 보이는 것이 있을 것이다.

집합의식이란 무엇일까. 뒤르켐은 집합의식conscience collective을 다음과 같이 정의한다. "같은 사회 성원의 평균적으로 공통된 믿음과 감정의 총체는, 고유의 생명을 가지는 일정한 체계를 형성한다. 이것을 집합의식 또는 공동의식이라 할 수 있다."(Durkheim, 1893=1971, 80)[14] [15] 물론 집합의식은 발생적으로는 개인의 상호작용에서 생기는 것이지만, 특정한 조건 하

---

14. '집합의식'에 관한 『분업론』과 『사회학적 방법의 규준』과의 차이, 그리고 뒤르켐의 '집합의식'과 프랑스 역사학에서의 '심성'에 대한 주목과의 관련에 대해서는 미야지마의 논의(宮島, 1979)를 참조.
15. [옮긴이] 에밀 뒤르켐, 『사회분업론』, 민문홍 옮김, 아카넷, 2012, 128쪽.

의 개개인의 의식과는 구별되는 집단의 정신생활을 이룬다. 지금 이 정의에서 "믿음과 감정의 총체"라는 부분을 보고, 집합의식이 표면적이고 유동적인 것이라고 생각해서는 안 된다. 뒤르켐은 이렇게 말한다. "범죄에 대한 집합적 감정sentiments collectifs은, 무언가 명료한 특성에 의해 다른 감정과는 분명히 달라야 한다.……즉, 그 감정들은, 단지 단순하게 모든 의식에 새겨져 있을 뿐 아니라, 거기에 강하게 각인되어 있는 것이다. 그것은 피상적으로 스쳐가는 느낌이 아니라, 우리 안에 강하게 뿌리내린 정동이자 경향인 것이다."(Durkheim, 1893=1971, 79)[16] 집합의식 혹은 그 기저에 있는 집합적 감정은, 일시적인 것이 아니라 몸속 깊숙이 뿌리 내리고 있다. 뒤르켐에 의하면 사회질서의 구조나 변용에 이 집합의식이나 집합적 감정이 어떻게든 관련되어 파악된다. 그러나 또 한편으로 집합의식이나 집합적 감정이 법, 제도의 기저에서 그것을 지지하는 잠재적인 흐름을 이루는 경우와는 달리, 사람들의 의식에 직접 부상하고 체험되며, 사회에서 열광이나 흥분이 초래되는 경우가 있다는 것도 뒤르켐은 충분히 의식하고 있었다. 그것이 바로 '어떠한 통제도 벗어난 격정passion', '격렬한 초흥분 상태'라고 뒤르켐이 서술하는 집합적 비등의 상태이다.[17]

---

16. [옮긴이] 뒤르켐, 『사회분업론』, 125~126쪽.

17. 오노(大野, 2001)에 의하면 "집합적 비등은 고양된 집합적 감정'이면서 동시에 '강렬하고 격동적이고 지적인 힘" "능동적인 집합적 사고"의 측면을 갖고

사회구조의 배후 혹은 기저에서 갑자기 생성하는, 유동적이고 몰구조적인 집합적 감정의 흐름으로서의 집합적 비등……. 우리가 오늘날 경험하고 있는 것은 이런 집합적 비등의 현대적인 모습 아니겠는가. 미디어가 매개하는 혹은 미디어가 촉매가 된 집합적 감정이 성립하는 상황인 것이다. 뒤르켐은 "종교적인 관념이 생겨났다고 여겨지는 것은 비등한 사회환경 속에서, 그리고 비등 그 자체로부터다."라고 말했는데, 오늘날의 모습은 여기에서 '종교적 관념의 성립'이나 '성스러운 세계'와의 관련은 결여되어 있는 것 같다. 또한 현재의 경험에서 보자면, 텔레비전 영상을 소비하고 인터넷을 이용하는 경험은 너무도 평범하다. 일상의 단조로운 이 경험은, 서로의 신체를 포옹하며 흥분과 환희로 가득 찬 경기장에서의 '고양된 집합적 감정' 같은 현대의 집합적 비등의 경험과도 완전히 다르게 여겨진다. 그러나 어떤 영상을 보고 그 영상에 촉발되어, 유동적이고 일시적일지언정 '공감의 공동체'가 형성되는 모습. 나아가, 촉발된 정동을 곧바로 현실화하는 미디어가 촉매가 되어, 익명성 높은 '어떤 통제'도 무력해진 공간에서 문자를 '건드리고' 지나가 무수한 정동과 감정을 드러내는 정보가 넘나드는 모습.

있다. 그리고 "뒤르켐의 집합적 비등은, 그 자체가 몰구조적인 집합적 감정일 뿐 아니라, 그 속에 '구조화의 원리'로서의 의미작용을 포함하는, 구조화 가능한 비등이고, 능동적인 집합적 사고이기도 하다."라고 한다. 이는 본문의 논의에 많은 시사점을 주었다.

이런 모습들은, 결정화結晶化된 집합의식이 아니라 오히려 유동적이고 몰구조적인 집합적 감정의 흐름으로서 집합적 비등을 생성시킨다고 파악해야 할 것이다. 형용모순인지도 모르겠다. 하지만 감히 말하자면 '쿨한 집합적 비등'이라고도 할 만한 상황이 생겨나는 것이다.

나아가, 경기장이나 대면상황에서의 집합적 비등과는 분명히 다른, 네트워크에서의 집합적 비등의 특징도 있다. 타인의 얼굴을 볼 수 없어서 생기는 '쿨한 집합적 비등'의 경우, 유동적이고 몰구조적인 집합적 감정의 흐름이 현실화하는 '문맥'은 먼저 가시화되어 있지도 않고, 결코 전제로 놓여 있지도 않다. 시각, 청각, 촉각 등 모든 신체적 감각 속에서 유일하게 그 '문맥'을 판단할 실마리를 주는 것은, 컴퓨터 모니터의 글자, 텔레비전 속 '얼굴'과 '목소리'뿐이다. 그래서 '문맥'을 읽어 내는 것, 즉 '분위기=맥락'을 읽어 내는 것이 가장 중요해진다.

게다가 이 '분위기=맥락'은 위에서 말했듯 미리 주어진 것이 아니다. 몰구조적인 집합적 감정의 흐름이 현실화하는 과정에서 '맥락' 스스로가 구조화된다. 또한 동시에 '맥락'에 상응하여 몰구조적인 집합적 감정의 흐름이 현실화하는, '자기재귀적'이고 '자기언급적'인 순환 속에서 이 '분위기=맥락'이 성립하는 것이다. 그런 의미에서도 유동적, 몰구조적인 집합적 감정의 흐름이 현실화하는 과정은 아주 취약한 기반에서 작동하고 있다고 할 수 있다.

7. 소결론 — 율동적인 대립의 순간성

언제부턴가 세론, 여론이라는 개념을 대신하여 민의民意라는 말이 자주 사용되고 있다. 민의라는 말을 정의하는 것이 중요한 것은 아니지만, 잠시 말해 보자면 그것은 '맥락이 확정되지 않은 채, 유동적이고 몰구조적인 집합적 감정의 흐름이 현실화하는 프로세스'라고 할 수 있다. 그런데 이게 과연 타당한 정의일까. 그렇지 않다. 애매하다. 하지만 그렇더라도 여기에서 강조해 둘 것은, 현실화할 때의 맥락이 정해져 있는 것이 아니기 때문에 민의 역시 고정되어 있지 않고 기준점 없이 왼쪽-오른쪽, 오른쪽-왼쪽을 극단적이고 우발적으로 오가는 특징을 갖고 있다는 것이다. 민의는, 토의나 논의를 통해 달성된다(되어야 한다)고 여겨지는 '여론'이 아니다. 또한 대미감정이나 대북감정 같은 비교적 안정된, 그리고 그런 의미에서는 뒤르켐이 말하는 사회적 현실의 가장 깊은 차원에서 결정화된 집합의식(그 기반에 있는 집합적 감정)으로 구성되는(구성된다고 상정되는) '세론'과도 전혀 다른 위상을 갖고 있다. 말하자면 '민의'는 이 '여론'이나 '세론'과는 전혀 다른 커뮤니케이션 형태로 파악할 수 있다. '여론'이나 '세론'은, 확고한 주의주장을 가지는 개인, 명확한 감정의 벡터를 가지는 개인이, 메시지와 맥락을 준별하고 그 둘을 관련시킨 커뮤니케이션이 통상적이라고 상정해 온 근대주의적 커뮤니케이션관을 반영하는 말이다. 그런데 이제는 그와는 양상을 달리하는 커뮤니케이션이 성립하고 있고, 그것을 '민의'라는 개념을 통해 생각해 볼 수 있는 것이다. 뒤르켐이 기술하듯, 집합적 비등 상태에 있는 커뮤니케이션은 자기와 타자가 뒤섞이고 미분화된 상호신체적인 것이었음을 다시금 기억해 두자. 기계와 신체가 복합적으로 접합한 패러다임에서 만들어지는 자/타 미분화의 상태. 거기에서는 유동적이고 몰구조적인 집합적 감정의 흐름이 현실화한다.[18] 그 배경에는 여러 요인이 있다. 그러나 적어도 여기에서 말할 수 있는 것은, 현재의 정동을 촉발하고 그 현실화를 촉매하여 모든 영역에 파동을 미치는 텔레비전과 인터넷이라는 미디어가 존재하지 않는다면, 그리고 이 두 미디어 사이에서 공진관계가 발생하지 않는다면, 이 현상은 결코 생겨나지 않을 것이라는 사실이다.

정동은 폭력의 근원이기도 하면서 축제나 잔치의 근원이기도 하다. '잔치'가 '기원'이고 동시에 '다스림'政이기도 하다면, 그리고 '다스림'의 핵심에 '잔치'가 있다면, 이 장에서 분석한 사소한 에피소드들은, 정동과 미디어와 정치라는 친연성 있는 세 개의 항이 만들어 내는 '지금'을 생각하는 데에 중요한 실마리가 될지도 모른다.

18. 근대주의적 커뮤니케이션관과는 다른, 자기와 타자가 일체가 된 자/타 미분화의 커뮤니케이션을 마사무라(正村, 2001)는 '원초적 커뮤니케이션'이라 부른다. 커뮤니케이션을 통한 자기조직화가 현대사회에서 중요하게 되었다고 강조하는 점에서 그의 논의는 본문과 공통적인 인식을 보인다.

5장

글로벌화와 미디어 공간의 재편제

미디어 문화의 트랜스내셔널한 이동과 미디어 공공권

1. 미디어 스케이프의 변모

글로벌화를 '전지구적 규모에서의 상호의존관계의 긴밀화'라는 넓은 의미에서 파악한다면, 그 역사는 지금 시작된 것이 아니다. 하지만 현재 진행 중인 '전지구적 규모에서의 상호의존관계의 긴밀화'는 이전과는 전혀 다른 양상을 보이고 있다. 글로벌화라는 개념이 시민권을 획득한 사정도 이와 관련된다. 이번 장에서 대상으로 삼은 '정보, 미디어'의 영역도 예외가 아니다. 최근 수십 년 사이에 정보통신기술의 혁신이 일어나고 그 사회적 편제를 기반으로 하는 정보나 이미지가 전지구적 규모로 순식간에 이동했다. 이것은 자본, 사람, 물자의 글로벌한 이동을 가능케 한 사회적 생산의 기반이 되었고, 또한 그 자체가 글로벌화의 가장 중요한 추진력이 되고 있다.

20세기, 사회정보과정의 주요한 메커니즘을 조직한 신문, 라디오, 텔레비전 같은 매스미디어는 처음부터 글로벌화와 밀접한 관계를 가지면서 성립했다. 이 미디어들은 그 기술적 성격상, 지리적 제약을 받지 않는 정보전달의 가능성을 갖고 있었다. 하지만 국민국가라는 경계가 설정하는 공간적 제약 속에서 정보의 생산, 유통, 소비의 회로 역시 내셔널한 공간 내부에 갇혀있었다. 근대사회에 내포된 양면성(유럽이 아시아 아프리카 아메리카 대륙을 식민지화하는 과정으로서의 '전지구적 규모에서의 상호의존관계의 긴밀화' 측면과, 다른 한편으로 국민국가라는 지리적 영토적 경계에 한정된 근대사회의 측면)은, 신문, 라디오, 텔레비전이라는 기존 미디어의 사회적 성격을 구조적으로 규정했고, 탈영역적 가능성을 가진 테크놀로지는 국민국가의 영토적 제약 하에서 조직된 것이다.(Thompson, 1995; Hall, 1991) 특히 라디오와 텔레비전은 상업방송, 공공방송, 국영방송 어떤 형태든 간에, 국민국가 영토 안의 국민에게 수용되고 소비될 것을 전제로 하는 '내셔널 미디어'national media의 성격을 늘 부여받고 있었다.

특히 매스미디어는, 앤더슨의 논의처럼 '상상된 정치적 공동체'로서의 '국민국가'와 그 성원의 내셔널 아이덴티티를 형성, 유지하는 데 매우 중요한 역할을 해 왔다. 매스미디어를 통한 매개 작용이, 국민을 상상하고 국민국가라는 관념을 보급시키면서 결정적인 역할을 했다는 것(Anderson, 1983)은 주지의 사실이지만, 그 구도는 1960년대 초 위성을 통한 국제적 방송이 시작된 이후에도 기본적으로는 바뀌지 않았다. 해외의 텔레비전 방송국이 제작한 프로그램이 중계되고 해외 뉴스의 영상이 흐르기도 하지만 그것은 예외적인 것이지, 텔레비전 방송은 기본적으로 '자국' 방송국에서 '자국' 국민을 향해 발신하는 것이었기 때문이다. 이것이 결정적으로 전환된 것은, 방송위성, 통신위성을 통해 전송된 프로그램을 시청자가 직접 수신하거나, 케이블 텔레비전을 통해 수신하는 구조가 정비된 1980년대 후반이다.

1989년에 유럽에서 첫 위성방송이 시작되었고, 1991년에는 홍콩에 거점을 둔 스타TV가 통신위성 아시아 세트를 경유하여 아시아 전역을 영향권에 둔 국제위성방송 서비스를 시작했다. 또한 1990년대 중반에는 인터넷이 급속히 보급되었고, 컴퓨터 매개 커뮤니케이션computer mediated communication이 글로벌 네트워크를 구축하게 된다. 우리가 보고 있는 것은, 겨우 사반세기 만에 트랜스내셔널한 정보 이동으로 '정보흐름의 공유'가 재구조화한 장면이다. 달리 말하면 그것은 '미디어 스케이프'mediascape가 재구조화한 장면이고, 새로운 '미디어 랜드스케이프'media-landscape가 탄생한 장면이다.[1]

문화인류학, 사회학, 지리학, 커뮤니케이션 연구, 문화연구 등에서의 연구는, 테크놀로지의 혁신으로 인해 정보, 미디어가

---

1. 본 장에서는 아파두라이의 규정에 따라 '미디어 스케이프'를, 신문사나 출판사, 텔레비전 방송국, 영화제작회사에서부터 크고 작은 여러 전자정보 제공기업이나 개인적인 사이트에 이르기까지, 정보를 생산하고 배급하는 에이전트에 의한 정보와 이미지 흐름의 공간의 양상이라고 규정한다. 정보를 생산, 배급하는 에이전트의 능력에 따라 상정되는 오디언스가 로컬한 범위인지, 내셔널한 범위인지, 트랜스내셔널한 범위인지, 하드웨어의 종류가 전자매체인지 그 이전 매체인지, 정보의 종류가 오락인지 다른 정보인지 등, 다양한 정보흐름의 양상을 볼 수 있을 텐데, 중요한 것은 각 미디어에 의한 정보흐름의 총체로서의 미디어 스케이프가 '상상된 자기, 상상의 세계가 구축하는 새로운 자원과 규율을 부여하는' 기반이라는 것이다. 그에 비해 '미디어 랜드스케이프' 개념은, 역사적 맥락 속의 오디언스에 의해서 텔레비전이나 인터넷 등 상호연관된 복합적인 미디어 환경이 구축되는 양태를 가리킨다. 젠더 간 차이, 연령 차이, 인종 차이 등에 따라서 다양한 '미디어 랜드스케이프'가 조직되고 그들의 역할에 따라 다양한 자기 이미지나 세계 이미지가 상상된다.

글로벌하게 이동하면서 생긴 변화들에 주목했고, 지역이나 국가, 인종 등에 의해 구획된 문화의 변용에 관심을 기울였다. 미디어 연구도 이런 연구동향과 깊이 관련되면서 '내셔널 미디어'를 전제로 한 종래 연구의 시점을 근본적으로 반성하고 새로운 연구 필드를 만들어 냈다고 할 수 있다.

이번 장에서는 근래 미디어 연구에서 점점 중요해지고 있는 '트랜스내셔널 정보, 이미지, 문화의 이동과 그에 수반되는 아이덴티티의 변용 문제'에 초점을 맞춘다. 그것을 통해 '다문화사회에서 미디어의 공공성이란 무엇일까'라는 문제에 접근할 실마리를 얻고, 글로벌화를 구체적으로 분석할 방향성을 찾고자 한다. 그리고 이어서, 글로벌화에 대한 기존 접근방식을 정리하고, 개인적으로 대만에서 조사한 것들, 기타 여러 연구자에 의해 진척된 동아시아권에서의 트랜스내셔널한 문화이동 연구도 참고하면서 글로벌리제이션 환경에서의 미디어 연구의 과제를 고찰해 보겠다.[2]

2. 필자는 '이론' 혹은 '이론구축'이란, 분석대상 분야의 특성이나 상호관계, 변화의 모습 등에 관한 가설을 제시하고, 실증적으로 검증될 수 있는(검증되어야 할) '논점'을 기술하는 것이라고 생각한다. 니시하라(西原)의 정리에 따르면 본 장의 입장은 '중범위(中範囲) 이론' 속의 '개념 도식으로서의 이론'을 표방한다고 할 수 있다.(西原, 2006) 단, 본문에서도 강조했듯, 본 장의 목적은 '개념도식으로서의 이론' 구축을 위한 기초 작업을 수행하는 것일 뿐이다.

2. 트랜스내셔널한 분석 시각의 형성

글로벌한 정보흐름의 구조적 불균형과 새로운 흐름의 공간

오늘날 글로벌한 정보나 이미지의 이동 및 교통을 고찰할 때 참고할 만한 접근방식들이 몇 가지 있다. 여기에서는 그중에서 주요한 몇몇 시점과 그 배치관계를 정리하면서 미디어 연구의 진척과정과 배경을 밝혀보겠다.

1970년대 이후, 글로벌화에 대한 비판적 시점을 가장 먼저 펼친 것은 문화제국주의론이다. 그 대표적 논자인 쉴러Herbert Irving Schiller는, 미국의 패권이 경제뿐 아니라 정보 쪽 지배력에 의해 지지되고 있다고 인식했다. 그리하여 미국의 매스미디어 프로그램은 국내에서는 자국의 풍요로움을 표상하는 한편, 해외를 향해서는 '자유'·'풍요로움'과 같은 미국의 이미지를 유포했고, 종속적 위치에 놓인 문화에 파괴적인 영향을 미쳤다고 말했다.(Schiller, 1969, 1973) 자유무역주의와 함께 주장된 자유로운 정보유통은, 정보를 발신할 능력이 없는 개발도상국이나 제3세계에 미국의 생활양식에 대한 욕망이나 미국적 가치관이 침투하는 채널이 되었고, 그 사회의 문화가 자율적인 발전을 하지 못하도록 침해했다는 것이다.[3]

---

3. 문화제국주의론은, 근대화이론에 대한 비판으로 주목받고 지지를 얻은 종속이론의 관점에서 글로벌화 속의 미디어와 이데올로기 문제를 파악하고자 했다. 1970년대의 이런 연구 상황과 관련되어 유네스코가 1980년에 서구 이외

1970년대에 전개된 이런 논의는 바로 뒤에서 지적하겠지만 문화가 수용될 때의 다양한 맥락을 고려하지 않는 송신자 중심주의의 발상이다. 또한, 영향을 받는다고 여겨지는 개발도상국의 문화를 순수하고 고유한 것이라고 간주하는 문화의 본질주의적 이해에 사로잡혀 있다고 톰린슨 John Tomlinson 등의 문화연구 논자로부터 혹독한 비판을 받았다. "문화제국주의의 문제점은…… 문화적 상품이 존재한다는 단순한 사실에만 근거하여, 더 큰 문화적이고 이데올로기적인 영향력이 거기에 있다고 비약적인 추론"을 한 것이고, "확장하는 자본주의 시스템의 기능적 요구와, 텔레비전 프로그램이나 광고 같은 문화적 텍스트를 통해 표상되는 이데올로기를 솔기 없이 매끄럽게 연결한" 점에 있었다.(Tomlinson, 1999, 148) 이 이론은, 문화적·지리적 영역에서 이동이 일어날 때 필연적으로 문화상품이 해석, 번역, 변형되는 '재문맥화'에 대한 시점이 결여되어 있다.(Lull, 1995; Tomlinson, 1991) 이런 비판들은 충분히 설득적이고, 따라서 문화제국주의론은 과거의 논의로 간주할 수 있다.

그러나 글로벌화에 따르는 정보, 이미지 흐름이 구조적으로 불균등하며, 그에 따라 서구중심의 문화, 정치적 이데올로

의 지역통신사, 신문사의 발전과 정보발신을 촉구하는 '신정보질서'를 제창한 것도 기억해 두어야 할 것이다.

기가 공간적으로 확장되는 상황이 완전히 끝나지 않았다는 문제제기도 가능하다. 이런 의미에서는 문화제국주의론에서의 문제설정이 여전히 유효한 부분도 있다. 1990년대에 서구각국이 신자유주의에 기반하여 통신방송분야의 규제완화 정책을 실시하고, 나아가 서구 미디어 기업이 집중화, 거대화한 것은, 정보의 글로벌한 이동에 관련되는 구조적 불균형 문제가 재부상한 것으로 보아야 한다. 사이드Edward W. Said는, 문화제국주의론자였던 쉴러가, 뉴스 방송뿐 아니라 문화의 전 분야가 계속 확장중인 극소수의 사기업 집단에게 어떻게 침략당하고 포위되는지를 고찰했다고 재평가하면서, 서구중심의 미디어 시스템이 오늘날에도 글로벌하게 유통되어 주요 사회적 언설을 구성하는 현장에 주의를 촉구했다.(Said, 1993, 199)[4] 하지만 그가 지적한 정보 생산과 이동에 관련되는 불균형 문제는 지금도 전혀 해결되지 않고 있다.

이 점에 대해서는 별도의 글에서 논한 바 있기에 상세한 이야기는 피하겠지만(伊藤, 2005), 정보통신기술이 진화하면서 영화나 프로그램 등의 콘텐츠를 배급하는 회로가 다원화된 것은, 통신, 방송분야를 매력적인 거대시장으로 재편하여 거대미디어 그룹media conglomerate을 출현시켰다. 또한 규제완화와

---

4. [옮긴이] 에드워드 W. 사이드, 『문화와 제국주의』, 박홍규 옮김, 문예출판사, 2005, 581쪽.

같은 시장 경쟁원리의 강화는, 영화산업, 방송사업, 통신사업 같은 분야들의 융합과 집중화를 초래했고 시장 이론은 더욱 철저하게 강화되었다.(Artz & Kamalipour, 2003; Mohammadi 1997; Croteau & Hoynes, 1997; Blumler & Gurevitch, 1996) 글로벌한 정보이동에 있어서 중요한 영역을 차지하는 '뉴스, 정보' 분야에서도 비슷한 상황이 펼쳐지고 있다.

AOL 타임워너의 CNN, BBC 월드 와이드 뉴스 코퍼레이션의 BSkyB를 비롯하여 위성을 통한 글로벌한 뉴스 서비스가 뉴스 정보 분야에서 중요한 역할을 맡기 시작하면서 일견 뉴스가 다양화한 것처럼 보이고 있다. 그러나 실제로는 글로벌한 뉴스 배급이라는 점에서 볼 때, 냉전 종식 후 파이낸셜 정보로 급성장한 로이터를 비롯하여 AP통신사, AFP통신사 등 3사가 글로벌한 뉴스 배급을 사실상 콘트롤하고 있고, 이런 상황에서 뉴스 코퍼레이션, 베르텔스만, 비벤디, AOL 타임워너, 디즈니, 비아콤 등 6개 회사가 전 세계 주요 웹사이트, 상업 텔레비전, 케이블 텔레비전, 신문 등에 뉴스를 제공하는 구조가 형성되어 있다.(Boyd-Barrett & Rantanen 2004, 1998)

물론 다른 한편으로 알자지라로 대표되는 비서구 위성 채널이나 사회적 마이너리티를 주요 오디언스로 하는 다양한 온라인 뉴스채널도 생겨났고, 대안적 뉴스의 글로벌한 배급구조가 생겨나고 있는 것도 강조되어야 한다.(Atton, 2002; Boczkowski, 2005) 그 점에서 말하면 서구 미디어 산업에 의한 정보의 흐름은, 하나의 회로나 결절점에 불과하게 되었다. 하지만 이런 새로운 뉴스미디어도 대안적 미디어 환경을 손쉽게 만들어 낼 수 있는 것은 아니다. 거기에는 기존 미디어 산업의 압력이나 경제 경쟁의 높은 벽이 존재하고 있음을 결코 간과할 수 없다. 즉, 불균등한 정보의 흐름을 구조화하는 시스템과 새로운 네트워크 미디어 사이의 대항적 싸움이나 보완 관계 속에서 새로운 교통의 회로도 출현하고 있는데, 이런 복잡하고 유동적인 미디어 스케이프의 재(탈)질서화의 동태를 파악하는 것이 현재 미디어 연구의 중요한 과제로 제기되고 있다.

문화제국주의론의 가설을 그대로 답습할 수는 없다. 하지만 정보·이미지가 생산되고 유통되는 구조적인 측면에 주목해야 하고, 그 구조적인 불균형을 지적한 의의를 과소평가해서는 안 된다. 정보 및 이미지의 생산과 유통이라는 구체적인 과정 속에 있는 불균형을 문제화하는 시선은, '누가, 누구를 향해 발신하고 있는가', 그리고 '무엇이 거기에서 이야기되고, 어떻게 타자가 구축되는가'라는 표상의 정치에 관한 근본적인 문제를 제기하기 때문이다.

문화연구, 그리고 공간론적인 분석시점으로

한편, 문화연구 논자들은, 미국의 미디어 산업이나 다국적 기업이 만든 문화상품의 글로벌한 확산으로 전세계 문화의 획일화가 일어난다고 본 문화제국주의를 혹독히 비판했다. 가령,

문화연구 논자들은, 생산되고 유통되는 문화상품에 대해 미디어 산업이 그 소비나 수용의 방식을 규정할 수 없다고 본다. "상징적 사물의 유통에서 본질적인 부분인 해석학적 수용을 무시"(Thompson, 1995, 171)해서는 안 된다고 본 것이다. 문화연구 입장에서 오디언스는 오히려 문화상품을 전유하고 그것을 스스로의 문화실천으로 전용하는 잠재력을 지닌 능동적인 주체다. 즉, 톰린슨이나 문화연구 논자들은, 송신자 중심의 문화제국주의론의 접근방식이 아니라 수신자의 능동적 독해, 즉 아이덴티티나 생활방식을 표현하는 계기로서 문화상품을 다루며 소비자의 문화적 실천에 착목한 것이다.

또 한 예를 들면, 헵디지Dick Hebdige는 전후 영국 사회에서 저속하게 여겨진 미국 문화가 실제로 노동자 계급, 특히 젊은 이들에게 침투된 배경에는 영국의 지배적 문화에 대한 대항성이 존재했음을 밝혔다.(Hebdige, 1979) 즉, 그는 1950~60년대에 이미 확고한 지위를 확립한 유럽 디자인에 비해 당시 침투한 '모던'한 미국제 생산물의 스타일과 디자인이 일반적으로 '저속'하게 여겨졌음에도 실제로는 노동자 계급에게 실용적인 것의 상징으로 받아들여졌음을 이야기했다.(Hebdige, 1981) 나아가 앙Ien Ang은 1980년대에 세계적으로 대히트를 쳤던 미국의 텔레비전 프로그램 〈달라스〉가 왜 많은 여성들로부터 열광적 지지를 받았는지 고찰하면서, 그녀들이 결코 획일적으로 이 프로그램을 소비한 것이 아니라 자신들의 계층이나 학력에 따라 다양하게 독해했고, 그리고 그 과정에서 그녀들 스스로가 즐거움을 느꼈음을 밝혔다.(Ang, 1985) 즉, 글로벌화의 흐름 속에서 거대해진 문화산업이나 정보 네트워크가 큰 역할을 행하는 것은 분명하다. 그러나 글로벌한 문화상품이 각각의 맥락에서 다양한 모습으로 소비되고 전용되고 재문맥화 할 때, 그 대항과 교섭의 과정을 세밀하게 해명할 필요성이 문화연구에 의해 제기된 것이다. 그것은 문화의 트랜스내셔널한 이동과 소비의 문제를 생각할 때 문화제국주의론을 대체하는 중요한 시점을 제공했다.

그러나 한편, 글로벌한 정보와 이미지는, 내셔널한 공간편제를 넘어 유통되면서 다양하고 다각적인 공간의 오디언스를 포섭하는 역동적인 과정으로 나타나고 있다. 이 점을 고려한다면, 미디어 연구의 주제를 '문화적인 텍스트와 독해의 문제'로만 한정할 수 없다. 미디어와 오디언스의 상호관계의 변용 자체를 문제시하는 연구시점이 구축되어야 하는 것이다.

이 점을 고려하며 연구한 이들이 로빈스Kevin Robins와 몰리David Morley이다. 그들은, 문화인류학이나 지리학의 공간론을 비판적으로 수용하면서 '공간'·'랜드 스케이프' 같은 개념을 이론의 축으로 삼아, 미디어가 만드는 중층적인 공간편제를 가시화하는 시점을 새롭게 구축했다.[5]

---

5. 영국의 문화연구 혹은 미디어 연구가 '공간'의 문제를 자각하지 못한 것은 아

로빈스와 몰리가 무엇보다도 주목하는 것은 전자미디어에 매개된 새로운 정보와 이미지의 흐름이 '내셔널한 공간의 위기' the crises of national space라 할 만한 상황을 이끌어 내고 있다는 것이다. 정보기술과 시장의 변화는 세계시장의 출현을 가속화했다. 거대미디어 기업이나 광고 산업에 의해 트랜스내셔널한 정보의 이동·배급 시스템이 확대·일반화되었으며, 시청각 문화상품의 '탈영토화' deterriorialisation가 진행되었다.(Robins & Morley, 1995) 이것은 '내셔널 미디어'의 기존 틀이 사람들의 아이덴티티에 강력한 작용을 하고 있었지만 이제 그 힘은 상대적으로 약해졌고 '위기'라 할 만한 동요가 시작되었음을 의미한다.

또한 주목할 것은 '새로운 형태의 국지적이고 로컬한 활동' regional and local activity이 활발해졌다는 것이다. 예를 들면, 특

니다. 잘 알려져 있듯, 20세기의 미디어 경험을 '이동하는 사생활'이라 규정한 윌리엄즈(Williams)는 물론, 실버스톤(Silverstone, 1994), 몰리(Morley, 1980) 등도 모두, 텔레비전이 도미스틱(domestic) 미디어로서 '가정'이라는 공간을 구성하거나 또는 역으로 '가정'이라는 공간에 미디어가 다양한 모습으로 상정되었음을 주목했다. 또한 그들은, 그런 미디어 소비의 '도미스틱한 공간'이 다른 한편으로 '네이션의 공간'으로서 조직되어 온 것에 대해서도 논했다. 그러나 몰리가 1992년 저작의 마지막 장에서 강조하며 이야기했듯, 미디어 스케이프 전체의 편제가 그때까지의 텔레비전 방송같이 네이션 공간을 일원적으로 구성하는 미디어에서 글로벌·로컬한 경험을 단편적으로 조직하는 미디어로 이행하면서 '가정'이라는 공간이 글로벌하게 일관된 공간으로서 조직되었고, 이런 일상적 경험의 변용을 거대 권력의 편제 문제와 관련지어 파악하기 위해서는 텍스트의 소비나 해석 과정을 주목했던 미디어 문화연구의 시점에서 미디어 소비의 지정학적 탐구에 대한 시점으로 이동할 필요가 있었다.

정 인종(문화), 특정 종교, 특정 라이프스타일을 가지는 사람들을 대상으로 한 지역 신문의 확대, 혹은 케이블 텔레비전이나 위성을 통한 다채널 방송의 성립에서 그것을 논할 수 있다. 기존 매스미디어 시장은 세분화하고, 로컬한 수준에서 정보 생산과 소비가 확대되고 있는 것이다.

그런데 지금 지적한 '글로벌화'와 '로컬리즘'이라는 일견 상반되게 보이는 관계는 단순한 대립, 대항의 관계가 아니다. 예를 들면 어리John Urry가 지적했듯 관광산업과 같이 사람들의 글로벌한 이동경험이 확대되면서, 영국북서부 랭커스터 주위의 마을이나 도시가 '문화유산도시'로 지역재생을 꾀하는 과정은, 이 지역에만 국한된 일이 아니다. 이것은, 동원할 수 있는 모든 역사나 건조물의 이미지를 글로벌한 것으로 만드는 과정으로서, 다른 유럽 지역과의 (혹은 세계 각지와의) 지독한 경쟁을 불러일으키는 가혹한 과정이기도 했다.(Urry, 1995) '공간의 압축'이라 할 만한 상황이 진척되는 한편, 역으로 '공간적 차이'에 주목하면서 문화자본은 특정 도시, 지역의 사건이나 역사, 문화의 이미지를 유력한 문화상품으로 유통시킨다. 이처럼 글로벌화와 로컬한 공간이 상호교차하고 접합되는 것이다.

이런 접합의 방식은 유럽 각지에 거주하는 이민자나 디아스포라가 위성을 통해 직접적으로 정보나 프로그램을 소비하는 것에서도 드러난다. 새로운 정보흐름 시스템을 매개한 국경횡단적인 연결은, 로컬한 장에 살고 있는 그들과 모국의 관계,

그리고 그들 내부의 상호관계를 더욱 강화시켰다. 그리고 각각의 지역, 커뮤니티에 뿌리박은 독자적 문화를 펼쳐가게 했다. 글로벌화와 로컬리즘은 결코 반대되는 현상이 아니라 서로 긴밀하게 접속하고 있는 것이다.

로빈스와 몰리는 이런 변화에 주목하여, 미디어 텍스트의 기호학적 분석이나 오디언스 해석을 넘어서 새로운 분석 시각을 구축해야 한다고 보았다. 그리고 로컬하면서 글로벌한 정보의 흐름과 오디언스의 복잡한 연결을 파악하기 위해 '미디어 랜드스케이프'라는 새로운 개념을 미디어 연구에 도입한다.

그들은 이 공간론적인 시점에서 또 하나의 중요한 측면에 주목한다. 오늘날 미디어 스케이프의 변모를 규정하는 요소, 즉 범유럽적 시장과 오디언스를 구성하는 주요 수단으로 커뮤니케이션 테크놀로지의 역할을 중시하는 EU의 정책이다. EU는 유럽의 문화적 아이덴티티를 창조하는 중요한 수단의 하나로, 오디오 비주얼한 문화산업의 육성을 중시하고 다양한 프로젝트를 만들면서, 공통적 생활 스타일이나 미래를 향한 공통의 의식을 육성하기 위한 콘텐츠 생산에도 힘을 기울여왔다. 미국이나 일본의 미디어 그룹에 대항하는 통합적 미디어 시장 확립이라는 전략적 과제는, 유럽 공통의 문화적 아이덴티티 확립이라는 과제와 나란히 진행되고 있다.(Robins & Morley, 1995) 즉, 여기에서 확인할 것은, 정보흐름의 공간을 구축하는 과정에는 다국적 미디어 기업이나 국가를 넘어선 EU 같은 초국가적 행위체가 있고, 오디언스는 이런 다양한 행위체가 관여하는 '로컬하고 내셔널하고 트랜스내셔널한' 그리고 나아가 유럽이라는 국지적인 '미디어 스케이프'에 배치되고 있다는 사실이다.

그러나 EU의 이런 정책에는 여러 과제가 산적해 있다.[6] 첫째, 유럽 문화의 다양성 속 통일성이라는 요구에 많은 사람이 확신을 갖고 있지 않고, 오히려 '국경 없는 유럽' 같은 이념이라든지, 경계를 넘는 자유로운 정보흐름에 대한 불안이 커지고 있다는 점이다. 따라서 '국경을 넘는 방송'이 반드시 성공할 수 있는 것은 아니다. 둘째, 더 중요한 문제는, 이런 '유럽의 문화적 아이덴티티'European cultural identity의 구상이 대다수 이민이나 디아스포라의 공간을 거의 고려하지 않고 있다는 점이다. 터키나 파키스탄 등에서 온 이슬람계나 중국, 베트남 출신 사람들은 다양한 미디어를 통해 커뮤니티를 만들고 출신지역, 나라와 연결을 강화하고 있으나, EU의 커뮤니케이션 정책에는 이것이 충분히 고려되지 않고 있다. 오히려 '범유럽 인종주의'pan-

---

6. EU의 정책으로 The Media Programme, European Cinema and Television Year(1988), The Race and Audiovisual EUREKA Programmes 등을 들 수 있다. 이것들은 모두 '국경 없는 유럽'(Europe without frontiers) '국경 없는 텔레비전'(Television without frontiers)을 슬로건으로 유럽의 미디어 산업·시장이 미국과 일본의 미디어 그룹에 대항하여 '글로벌 플레이어'가 되는 것을 목표로 했다고 할 수 있다. 이 정책의 문제점에 대해서는 하나다(花田, 1999)가 다루고 있다.

European racism의 위험성을 지적할 수도 있다. 냉전 붕괴 후의 '동'쪽과 터키를 포함하는 '남'쪽을 포함하여, 유럽을 어떻게 구상해갈 것인가. 이 문제는 여전히 진행 중이다.

수준을 달리하는 '로컬하고 리저널하고 그리고 트랜스내셔널한' 정보의 흐름을 통해 미디어 스케이프가 편제되는 과정은, 지금까지의 논의에서도 언급되었지만, 아이덴티티를 둘러싼 정치의 문제와 깊이 관련되어 있다. 그렇다면 이런 새로운 국면 하에서 어떤 아이덴티티가 구축되고 있는 것일까.

로빈스와 몰리는 이를 두고 '내셔널 아이덴티티의 재에스닉화're-ethinicisation of national identity가 진행되고 있다고 말한다. 미국, 일본 같은 외부의 '타자'를 거울삼아 형성되는 '자기'의 아이덴티티는, 네이션의 영역을 넘은 '유럽'이라는 국지적 수준에서 설정되는 것이 아니다. 또 한편으로, 네이션 내부에 있는 이주노동자 '타자'와의 교류를 통해, 종래의 자민족 중심의 아이덴티티가 달라지는 방향으로 이동하는 것도 아니다. 미디어 스케이프를 차지하는 '내셔널 미디어'의 지위가 상대적으로 낮아지고 있음에도, 하지Ghassan Hage나 브루베이커Rogers Brubaker가 주장하듯 '자기'의 아이덴티티는 역으로 내셔널한 층위로 귀속을 강화하며 작동하고 있다. 나아가 거기에서는 '에스노 내셔널리즘'ethno-nationalism이라고도 할 수 있는, 국민국가로부터의 분리와 새로운 국가의 구축을 요구하는 문화지역주의의 움직임까지 나타나고 있다.

3. 미디어 공공권을 재질문한다

디아스포라 공공권의 가능성

잠시, 앞서 말한 로빈스와 몰리의 문화에 대한 지정학적 접근방식의 특징과 독창성을 확인해 두고 싶다. 우선, 이제까지의 문화연구는 각각의 미디어 소비, 특히 오디언스와 미디어를 해석하는 데 주력하는 경향이 강했다. 하지만 로빈스와 몰리는 여기에 공간의 개념을 개입시킴으로써, 정보와 이미지가 흐르는 공간의 다층화, 즉 정보의 수신자, 발신자가 된 시민들의 미디어 스케이프 변용을 총체적으로 통찰할 수 있는 시점을 제시했다.

둘째, 그들이 제기한 복잡한 공간이란, 로컬에서 내셔널이나 글로벌로 연속적으로 확장되지 않는다. 그 공간은, 각각 독자적인 논리를 갖고 상호 경쟁하거나 서로 포섭하는 등, 모순과 대립을 내포하는 공간이다. 이들의 논의는 그 비공약성을 부상시킬 필요성을 제기했다. 미디어 스케이프를 구성하는 에이전트는 글로벌한 시장과 오디언스의 확보를 목표로 하는 다국적 기업이고, 국지적인 공간구성을 욕망하는 초국가적 조직이며, 내셔널한 미디어 스케이프를 유지하고자 하는 내셔널 미디어이다. 또한, 정보와 이미지의 복합체를 소비, 수용하고 나아가 블로그나 트위터나 페이스북 같은 소셜 네트워크 서비스 SNS를 통해 스스로 정보를 발신하는 오디언스이기도 하다. 그 복수의 행위체가 가진 관심이나 이해가 인터페이스 상에서 교차하면서 각 정보흐름 사이에서 대항이나 포섭이나 접합이 나타나고, 그 과정에서 미디어 스케이프가 총체적으로 구축되는 것이므로, 그 접합과 포섭의 관계를 정치하게 분석할 필요가 있다.

셋째, 정보나 이미지를 소비하는 집합적 주체가 놓인 사회적 문맥의 중요성이 더욱 강조되었다는 점이다. 이제 일상적 미디어 소비의 공간은, 미디어 텍스트의 소비를 통해 내셔널한 공간이 성립되는 단순한 '장'이 아니다. 그것은 각 사회적 주체들에 상응하는 다양한 '미디어 랜드스케이프'로 나타나고 있다. 이주노동자나 디아스포라, 소수언어사용자, 그런 사회적 주체에게 어떤 '미디어 랜드스케이프'가 조직되는 것일까. 각 주체에게 글로벌화는 어떤 조건으로 놓여 있는가. 미디어 스케이프의 극적인 변용이란, 누구를 위해, 누구에게 있어서 가능성이나 조건으로 나타나는 것일까. 이후 매시Doreen Massey는 이 시점을 보다 구체적으로 전개하는데, 로빈스와 몰리는 미디어 공간의 정치성과 사회성을 문제의 초점으로 가장 먼저 부상시켰다. 바꿔 말하자면 '미디어 스케이프'·'미디어 랜드스케이프'라는 공간편제의 문제는 '지정학적'인 문제로 볼 수 있는 것이다.

로빈스와 몰리의 관점을, 보다 상세하게 미디어의 글로벌화와 사회관계의 변용에 관련되는 새로운 방법론적 지평으로 묘사한 이가, 두 사람의 논의에도 결정적인 영향을 미친 아파두라이Arjun Appadurai이다.

아파두라이에 의하면 전자미디어는 "매스미디어에 매개된 영역을 변용"시켰고 "상상된 자기, 상상된 세계를 구축하는 새로운 자원·규율을 부여하고 있다."(Appadurai, 1996, 19) 스스로가 정보를 생산하고 발신할 수 있는 전자미디어를 통해서 개인은 뉴스든 스펙터클한 영상·오락이든 혹은 그런 정보나 이미지에 관한 비평·비판이든, 그러한 것들을 적극적으로 가져와서 질문하고 상대화하며 매스미디어와는 다른 새로운 정보를 광범위하게 유통시킨다. 그것은 종래 매스미디어가 구축해온 세계와는 전혀 다른 세계를 매개하고 "세계 각지의 저항이나 아이러니, 선택성, 즉 행위성을 계속 환기한다." 로빈스와 몰리 이상으로 아파두라이는 사람들의 상상력의 움직임과 새로운 전자미디어의 관련성을 중요시했고 '미디어 랜드스케이프'의 가능성과 복잡성에 주목했다.

특히, 이동하고 월경하는 사람 혹은 글로벌하게 교통하는 정보와 이미지들이 만나는 지점에서 사회관계의 근본적 변동—그가 지적하는 전면적인 '절단'rupture—이 일어남을 밝히고, 거기에서 '디아스포라 공공권'diasporic public spheres이 창출될 가능성이 있다고 주장한다. 아파두라이는 "전자미디어가 매스미디어를 압도하고 생산자와 오디언스의 경계 없는 연결을 강화해가면서, 나아가 오디언스 사이에서 이동하는 자와 머무는 자가 새로운 대화를 시작하게 되면서, 디아스포라의 공공권 수는 증가한다."(Appadurai, 1996, 53)라고 말한다. 전자미디어는, 종래의 공적인 언설공간인 '시민적 공공권'을 변용시키고 단일한 '시민적 공공권'과는 다른, 복수의 '공공공간'을 성장시킬 가능성을 갖고 있다는 것이다.

그럼 실제로 국경을 넘어 이동하고 월경하는 사람의 '미디어 랜드스케이프'는 어떻게 구축되는가. 유럽에서 이민이나 디아스포라의 포섭/배제의 문제를 사회적 커뮤니케이션 측면의 '디아스포라 공공권' 문제로 분석한 조지오Myria Georgiou의 논의를 참조해 보자.

미디어에 매개된 트랜스내셔널리즘

조지오의 분석에 의하면, 미디어 커뮤니케이션의 발달에 따른 트랜스내셔널한 공간의 구성은 확실히 사람들의 생활이 국민국가의 틀에 덜 구속되게 하고, 다른 정치, 문화, 사회 공간으로의 편입을 용이하게 했으며, 그 과정에서 더욱 복잡한 생활문화를 만들어 내었다. 인터넷카페 같은 로컬한 공간은 전세계에 흩어져 있는 디아스포라 커뮤니티나 출신국(지역)의 가교가 되는 장인 동시에, 로컬한 지역의 상호행위가 이루어지는 공간, 또한 국민국가 내에서의 의견표명이나 정치적 참여가 제약을 받을 때 그에 도전하는 새로운 공간이기도 하다.(Georgiou, 2005) 인터넷카페나 비디오 오피스 같은 커뮤니케이션 센터가, 다른 에스닉한 사람들과 교류하는 '상호 에스닉한 공공공간'inter-ethnic public space 또는 '공공공간에서의 에스닉 아이덴티티 퍼포먼스ethnic identity performance의 새로운 차원'으로 기능하는 경우도 있다. 또한 이런 에스닉 상호간의 공생관계나, 길거리 같은 공적인 공간에서의 퍼포먼스가 도시 공간 전체에서 가시화되면서 공동으로 작업하는 미디어 프로젝트도 전개되었고, 복합문화적인 프로그램이 마이너리티나 메이저리티를 불문하고 문화적 배경이 다른 사람들에게 소비되는 상황도 생겼다. "이들 미디어에 매개된 공간은 대부분의 내셔널 미디어가 성공시키지 못한, 유럽을 횡단하는 복합인종적인 공간을 반영·표현하고 있으며, 현재 유럽의 미디어 스케이프의 중요한 요소를 이루고 있다."(Georgiou, 2005, 39~41) 조지오가 지적하는 이런 상황은 확실히 아파두라이가 논하는 '디아스포라 공공권'의 현실적 가능성을 시사하고 있고, 글로벌화의 적극적 측면을 보여 주고 있다.[7]

그러나 한편 조지오는, 이런 다양성, 이질성은 도시 공간 경험의 단면을 반영하는 것에 지나지 않는다고 한다. 왜냐하면 '미디어 매개적인 트랜스내셔널리즘'mediated trans-nationalism 현상

7. 이런 미디어 실천에 관해서는 예를 들면 Couleur Lacal, Belgium; Radio Multikulti, Berlin, Radio OneWorld, Ireland; Colorful Radio, The Netherlands; Sesam, Sweden 등 라디오가 중심이지만, Muslim News(http://www.muslimnews.co.uk), The Arab internet Media Network(http://www.amin.org), the Arab Press Freedom Watch(http://www.apfwatch.org/en) 등의 전자 네트워크도 퍼져 있다.

도 일어나고 있기 때문이다. 국경횡단적인 미디어를 이동하는 정보와 이미지의 고속화·고밀도화는, 종교나 문화 그리고 에스니시티를 공유하는(공유한다고 상상되는) 집단의 내적 응집력을 높인다. 그리고 아파두라이가 '내파적implosive 상황'이라고 개념화한 것인데, 수 만 킬로 떨어진 사람들 사이의 대립과 항쟁이 순식간에 전파되고 공간을 넘어 재현되는 상황도 발생한다. '디아스포라적 공공권'의 가능성이 확장되고, 또 그와는 상반되는 '미디어 매개적인 트랜스내셔널리즘'이 발생하는 상황들. 즉, 현대사회는, 전자미디어 네트워크가 만들어 내는 불확실하면서 때로는 상반되는 움직임에 직면해 있는 것이다.

4. 글로벌화하는 공간과 역사적인 비동일적 장소성의 교차

지금까지 문화제국주의론, 그것을 비판한 문화연구의 관점, 그리고 나아가 문화인류학이나 새로운 지리학에서 공간론을 매개로 형성된 미디어 문화연구의 공간론적, 지정학적인 관점을 살펴보았고, 트랜스내셔널한 정보의 이동 현상에 접근하는 개념틀이 어떻게 만들어졌는지를 살폈다. 현재의 유동적인 상황에 대해 과도한 이론의 추상화, 일반화는 피해야 할 것이다. 필요한 것은 이 불확실한 움직임 자체를 주목하면서 이후 진행할 실증적 연구에서의 논점을 명확히 하는 것이다.

이제 그것을 위해 세 가지 구체적 과제를 제기하고 싶다. 첫째는, 개방성과 폐쇄성의 관점에서 미디어 스케이프의 동태를 파악하는 것이 필요하다. 다음으로는, 미디어 스케이프를 조형할 때 국가의 역할을 다시 생각해 보아야 한다. 그리고 셋째는, '미디어 랜드스케이프'와 역사적 비동일성의 장소들이 교차하는 것을 주목해야 한다.

미디어 스케이프 간의 중층적인 접합

현대는 트랜스내셔널한 정보의 이동이 일반화되었다. 또한 미디어 편제 역시, 기존 텔레비전 방송처럼 네이션 공간을 일원적으로 조직하는 미디어에서, 글로벌하면서 로컬한, 복잡한 미디어 스케이프로 이행하고 있다. 정보의 흐름이 중층적으로 겹치고 교차하는 현대적인 상황에서 중요한 것은, 복수의 미디어가 접합하면서 생성되는 미디어 스케이프 전체의 재(탈)질서화 과정을 입체적으로 분석하는 것이다.

예를 들어 트랜스내셔널 미디어에 대해 말하자면, CNN이나 Fox로 대표되는 미국의 글로벌 미디어는 특히 9·11 이후에 저널리즘, 보도기관의 성격을 현격히 변화시켰고 미국의 이해에 대립하는 집단이나 세력의 목소리를 전하지 않았다는 냉정한 지적이 있다.(Kellner, 2005; Sreberney & Paterson, 2004) 로빈스와 몰리의 지적으로 돌아가 보면, 트랜스내셔널 미디어 시스템 및 거대 미디어 그룹의 실천은, 글로벌화에 대응한 정치문화의 창조에 적대적이었고, 오히려 탈정치화와 사생활주의를 강화할 가능성마저 있다고 한다.(Robins & Morley, 1995) 트랜스내셔널한 미디어, 즉 국경을 넘는 정보나 이미지의 전달이, 내셔널한 이해관계를 넘어 다양한 주장을 '포섭'한 '개방성'의 공간 구축을 직접적으로 의미하는 것은 아니다.

지금 말한 것은 내셔널 미디어에 대해서도 마찬가지로 이야기할 수 있다. 여전히 많은 미디어는 내셔널한 맥락에 놓여 있고, 그 맥락을 지속적으로 재구조화하고 있기도 하다. 하지만 이제까지 내셔널 미디어에 의해 마이너리티로 표상되어 온 에스닉 마이너리티나 성적 소수자, 혹은 소수언어 사용자나 장애인 같은 사회적 주체가 이에 대해 문제제기를 하고 있다. 또한 BBC의 경우처럼, 그런 상황과 관련하여 마이너리티가 참여하여 자기표현의 기회를 넓히고 자국중심주의적인 내셔널 아이덴티티의 재검토를 꾀하는 움직임도 나타나고 있다.(小川, 2006) 따라서 보다 개방적인 미디어 공간 구성을 목표로 하는 내셔널 미디어의 변화에 대해서도 주시할 필요가 있는 것이다.

전자미디어에 대해서는 보다 신중한 고찰이 필요하다. 어리Urry는 현대 사회생활의 중요한 특징의 하나로 이동성을 들었고, 공간적인 근접성 내지는 커뮤니티를 만들 수 있는 전자적인 장소성에 대해 이야기한다.(Urry, 2000, 73~74) 문제는 이 전자 커뮤니티의 특성이다. 지금까지는 그 특성에 대한 두 가지

상반된 견해가 있었다. 우선, 사회관계를 조직하는 수단으로서 지리적 근접성의 의의가 감소하면서 전자 커뮤니티는 사회적 유대의 유지나 지원, 사회적 아이덴티티를 제공하는 네트워크로 기능하리라 기대되었다. 그런데 그것은 기존 관계를 지지할 수는 있지만, 지속적으로 새로운 관계를 만들어 내기는 어렵다는 주장도 있다.(Calhorn, 1998; Delanty, 2003) 칼훈Craig Calhoun이나 디런티Gerard Delanty가 지적하듯, 전자메일은 대부분, 가족이나 친구, 동료, 서클 멤버 사이에서 오가고 있다. "그 결과 인터넷의 확대가, 공통의 끈에 기반하는 기존 사회관계를 강화하며 거기에 새로운 표현의 가능성을 부여하고 거리에 적응할 수 있게 한다는 의미에서는 그 임팩트에 의해서 재전통화가 진행된다."(Delanty, 2003, 205) 전자 네트워크는 "많은 분야의 사람들을 서로 연결시키는 네트워크라기보다도, 단일한 관심사의 공유를 기반으로 하는 커뮤니티일 가능성이 높다."라는 것이다. 한편, 전자 네트워크가 다양한 사람들의 새로운 연결을 만들어 내고 그들의 사회적 관계에 새로운 측면을 부여하는 기능이 있음을 중시하는 주장도 있다. 전자미디어 이외의 다른 방법으로는 공통성을 가지지 못했던, 매우 개인화된 개인들로 이루어진 네트워크의 가능성이 확장되었다는 것이다. 카스텔Manuel Castells은 이것을 '개인화된 커뮤니티'의 네트워크라고 지적했다.(Castells, 2001)

두 주장의 옳고 그름을 지금 성급히 판단해서는 안 될 것이다. 아파두라이는, 전자미디어를 통한 정보의 글로벌한 흐름과 사람들의 이동 모두가, 동시적이고 이접적이며 유동적이기 때문에 문화 생성의 장은 불규칙성을 띤다고 말했다. 즉, 앞서 언급한 '디아스포라 공공권' 논의에서도 시사되었듯, 전자 네트워크의 가능성은 어느 방향으로나 열려 있고, 특정한 맥락을 염두에 두고 사고해야 하는 것이다.

미디어 스케이프의 구성과 국가의 역할

이때 지적하고 싶은 것은, 미디어 스케이프를 구조화하는 요인의 하나로서 국민국가 혹은 정부의 역할과 기능이다. 아파두라이는 "국민국가가 상상계 측면에서도 국가장치 측면에서도 혹은 양자를 연결시키는 하이픈의 강도 측면에서도" 그 자명성을 잃고 있다고 했다.(Appadurai, 1996, 47) Nation(민족, 국민)과 State(국가)의 괴리, 그리고 이 조건 하에서 국가의 기능이 약화되었다는 것이다. 이것은, '국민'과 '국가'가 유일무이한 관계이자 지정학적 실체로서 융합되어 온 상태가 종언을 맞았다는 디런티의 논의에서도 볼 수 있듯, 확실히 현재 변화들의 중요한 측면을 포착하는 발언이다. 그러나 한편, 오늘날 미디어의 글로벌화를 볼 때, 국민-국가의 자명성이 흔들리고 있음을 강조하는 이런 논의는 글로벌화 속에서 미디어 스케이프를 조형할 때의 국가의 역할과 그 변용을 충분히 고려했다고 보기는 어렵다. 국가의 역할이나 기능은 사라진 것이 아니다.

중요한 것은 글로벌화한 세계에서 미디어 스케이프 구성에 관련되는 국가의 역할이 전환, 변화했다는 점이다.

동아시아 지역에 한정해서 말해 보자. 가령, 일본의 대중문화는 대만에서는 1996년, 한국에서는 1998년의 개방정책에 의해 공식 수입되었지만 그 이전에도 비합법적으로 널리 소비된 바 있다. 즉, 본래부터 국가의 관리나 규제는 만능이 아니었고, 이후에도 정보나 이미지는 더욱 국민국가의 규제를 빠져나가며 이동하고 소비될 것이다. 하지만 미디어 스케이프의 구체적인 모습은 여전히 내셔널한 맥락에 의해 규정되고 있다. 위성방송이나 CATV 사업에 대한 외자 도입이 부분적으로 완화되기는 했지만, 지상파 방송에 대한 외자 도입을 전면적으로 금지하고 있는 일본도 예외는 아니다. 또한 글로벌하면서도 독자적 스타일을 가진 문화상품 생산이 가능한 영화, 애니메이션 산업 육성을 위해 정부가 적극적으로 나서는 한국으로 대표되듯, 많은 나라에서는 '문화정책'의 중요성을 부각시키고 있고, 내셔널리티의 브랜드화 같은 새로운 동향도 나타나고 있다.(岩淵, 2004) 이때 정부의 적극적인 홍보 활동도 간과할 수 없다. 정보흐름의 다원화는 대중적인 합의에 대한 국가의 욕망을 훨씬 확장시켰고, 전쟁보도에서 전형적으로 볼 수 있듯 국가는 정보의 관리와 통제를 강화시킨다.(Cottle, 2003; Louw, 2001, 2005)

강조하지만, 글로벌한 정보나 이미지의 이동은 결코 단순한 공간적 확대로 이야기할 수 없고, 일방적인 탈영토적 월경도 불가능하다. 그것은 시장의 논리에 주도된 다국적 미디어 기업은 물론, 정보의 흐름을 관리하고 적극적으로 정보흐름을 조직하려는 국가 등, 복수의 법이나 기관이라는 복합적 힘들에 의해 감시되고 평가되는 것이다.

정보·이미지를 소비하는 장의 역사적 규정성

전자미디어가 글로벌하며 로컬하게 중층화하면서 공간은 여러 번 굴절되고 유동한다. 이 공간의 문제를 고찰할 때 간과할 수 없는 것은 오디언스가 정보나 이미지를 수용하고 재문맥화하는 장의 역사적 규정성이다. 가령, 대만에서 1990년대에 일본의 문화상품이 해금되고 일본 붐이 나타나는 과정에는 이전부터 일본음악의 커버곡이나 영상/음악의 해적판(음반)이 유통되던 역사가 이미 있었다.(伊藤, 2004) 1990년대 들어 갑자기 대만사회에서 일본문화가 소비되기 시작한 것이 아니다. 식민지 시대에의 '노스탤지어'와도 관련된 일본문화의 복잡한 수용 맥락이 있고, 그것이 신체화·기억화되는 중층적인 과정이 있으며, 일본 붐은 그 후에 일어난 것이다. 또한 보다 넓은 문맥에서 보자면 일본 붐의 기저에는 국민당 정권 하에서 강력하게 추진되던 '중국화' 정책에 대한 불만과 저항, 그리고 민정당 정부의 '대만화' 정책 및 대만시장의 민주화 요구의 고조가 있었으며, 또한 그때까지 문화의 발신이나 수용의 주요한 에이전트가 되지 못했던 여성(특히 10대, 20대 젊은 여성의 자기주장의 고조)이 부상하는 정치적·문화적인 구조의 변화가 놓여 있다. 즉, 대만에서의 일본 붐은, 50여 년 동안의 식민지화, 전후 포스트콜로니얼한 역사가 배경이 된 대만의 문화적 맥락, 그리고 1980~90년대에 발생한 복잡한 정치·문화적인 변화가 연동되어 있다.

한국에서도 공적인 유통회로가 없었던 과거 수십 년 간, 일본의 만화나 소설, 레코드가 '해적판'이나 '비합법상품'의 형태로 유통되었던 역사가 있다. 그러나 1980년대 중반까지는 식민지 경험의 기억이나 한국정부의 민족주의, 반일 이데올로기가 강력했기 때문에, 일본의 대중문화는 '수준 낮은 문화'·'천박한 문화'로 간주되었고 대중성을 얻지는 못했다.(김현미, 2004) 이런 상황이 변화하기 시작한 것이 1980년대 후반이다. CD나 영화, 드라마의 비디오테이프가 비합법적으로 대만이나 일본에서 이입되면서 새로운 수용층이 생겼고 현재는 인터넷을 매개로 일본문화를 향유하는 다수의 동호회도 생겼다. 그들은 대만과 문화적·사회적 문맥은 다르지만, 주류 한국문화의 오디언스와 비교할 때 스스로의 문화적 기호를 공적인 공간에서 적극적으로 표출하기 어려운 존재이기도 했다. 이런 역사적 중층성과 문화소비의 계층성 하에서, '정치적 이데올로기와 문화적 기호를 분리하는' 오디언스들이 등장한 것이다.

이 일련의 연구들은, 트랜스내셔널한 미디어와 문화의 이동 및 소비의 복잡한 관계를 단지 현재의 국면에서만 이해할 수 없다는 점을 잘 보여 준다. 우리는 새로운 미디어 스케이프의 형성, 그리고 그 상황에서 다양하게 편제되는 '미디어 랜드스케이프'를 통한 문화수용의 다각적 의미를, 역사적 규정성을 가진 비동일적 장소에 놓고 살필 필요가 있는 것이다.

소결론

문화제국주의 비판의 이론을 내재적으로 비판한 문화연구의 미디어 연구, 또한 미디어 연구의 트랜스내셔널한 관점은, 새로운 지리학이나 문화인류학의 관심사와도 연동하면서 지정학적 접근방식을 비판적으로 섭취해 왔다. 이 관점의 연구는, 종래의 내셔널 미디어에 의해 규정된 미디어 기능의 이해에 그치지 않고 로컬·내셔널·트랜스내셔널·리저널한 공간이 복잡하게 얽혀서 계속 변화하는 복합적인 과정이라는 것에 주목했고, 이 새로운 공간의 정치성이나 사회성을 해명하는 데에 초점을 맞췄다.

글로벌화는 누구에게, 어떤 조건으로, 어떤 가능성으로 나타나고 있는 것일까. 특히 이제까지 정치참여나 공공공간으로의 접근 기회가 막혀 있던 사회적 마이너리티에게 정보나 이미지의 글로벌한 교통은 어떤 역사적 의의를 갖는 것일까. 트랜스내셔널한 시점은 이런 문제에 주목하고 있다. 또한 한편으로 미디어의 공간편제와 소비에 주목하는 공간론적 연구의 시점은, 이제까지 대립적으로 이야기되던 정치경제학적 분석이나 문화연구의 '불모'적인 이항대립 도식을 극복하면서, 정보의 생산과 이동 그리고 소비가 교차하는 '교차점'을 해명하는 데 기여하고 있다.

그러나 다른 입장에서 보면, 우리는 이 새로운 '미디어 스케이프'와 '미디어 랜드스케이프'의 윤곽을 해명하기 위한 한 걸음을 내디딘 것에 불과하다. 이제 각 미디어에 특화된 연구에 매몰되지 않으면서도 거기에 내재해야 한다. 또한, 글로벌리즘에 의해 규정된 미디어 스케이프의 거시적 질서와, 트랜스내셔널한 정보·이미지의 소비 수준이 교차하는 곳의 정치성을 묻는 비판적 사회이론을 만들어가야 한다. 그것을 위해서라도 트랜스내셔널한 시점에 입각한 실증적인 연구는 더욱 진척되어야 할 것이다.

6장

이민·이동과 공공공간의 디자인

'FM와이와이'의 미디어 실천

시작하며

글로벌화가 급격하게 진행되면서 내셔널 아이덴티티와 문화 다양성의 관계는 많은 논의를 불러일으켰다. 국가는, 이민이나 피식민자의 '동화'나 '통합'을 강요하거나 '하나의 나라에 하나의 문화'라는 '근대주의적' 자기이해에 갇혀 있었지만, 1970년대 이후부터 본격화한 대량이민으로 민족적·문화적 다양성이 급증하는 것을 막지 못했다. 또한, 그동안 억압되거나 비가시적이었던 마이너리티의 문제가 두드러지면서, 오늘날은 문화의 다양성에 대해 깊이 있는 인식이 요구되는 시대가 되었다. 문화적 다양성을 승인하는 것은, 그것을 바란다/바라지 않는다의 문제가 아니라, 현대사회의 피할 수 없는 과제가 된 것이다. 그러나 문제는 그것을 어떻게 실현할 것인지이다. 이런 상황 속에서 미디어는 어떤 역할을 할 수 있을까. 이 장에서는 이런 문제와 관련해 한 작은 방송국의 미디어 실천에 대해 살펴보고자 한다.

1. 작은 방송국의 시작

다언어의 목소리가 거리에 울려 퍼지다

야마모토 사치오山本幸男, 60세. 고베神戸 나가타 구長田区 나가타 신사 앞 상점가에 있는 '기쿠스이菊水 센베이'의 4대째 주인이다. 고베에서 태어나 상업고등학교를 졸업한 후 교토에서 일하다가 고베로 돌아온 후 '기쿠스이 센베이'가의 사위가 되어 '센베이 만드는' 기술을 전수받았다. 그의 가게에서 만드는 고베의 명물 '가와라 센베이'는 아주 유명하다. 그는 10여 년 전부터 상점가의 부이사장직을 맡고 있는데 '야마모토 씨에게 부탁하면 뭐든 들어 준다'는 말이 오갈 정도로 회원들로부터의 신망이 두텁고, 본업인 '센베이 만드는' 시간을 쪼개어 상점가 아케이드의 누수 상담이나 형광등 수리 같은 자질구레한 일들도 하고 있다. 어릴 때부터 기계를 좋아해서 라디오 수신기를 손수 제작하며, 오랫동안 아마추어 무선 일도 했다고 한다. 특히 라디오를 좋아해서 리퀘스트 프로는 물론, 오사카에서 열리는 공개방송이나 위성스튜디오 방송에도 나간 일들이 있다. "방송에 나와 이야기하고 있는 사람이 어떻게 생겼는지 직접 얼굴 좀 보고 싶었다."고 한다. 당시에 그는 만담가들이었던 쇼후쿠테 니카쿠笑福亭仁鶴와 가미누마 에미코上沼惠美子의 팬이었다. 그들의 이야기를 듣는 것이 그에겐 일종의 '두뇌체조'였다고 한다. 야마모토 씨의 이야기를 듣고 필자도 야마가타山形의 시골에서 보내던 중학생 시절에 오사카 마이니치 방송에서 나온 '노래해! MBC 영타운'이라는 프로의 가쓰라산 와자桂三技의 재담에 반해, 학교 아이들과 그 이야기를 신나게 했던 일이 문득 떠올랐다. 1970년대는 심야 라디오 청취가 젊은이의 일종의 서브컬처였고 라디오가 큰 비중을 차지할 때였다.

무선이나 라디오를 좋아해서 별로 밖에 돌아다니지 않는 성격이었던 야마모토 씨가 바깥출입을 시작한 것은 불과 10년 전이다. 나가타 구에 사는 사람들과의 교류를 시작했고, 지역 축제에서는 거대 로봇이나 괴수를 만들어서 아이들을 즐겁게 했다. "부기나 주산보다는 기계 만지는 쪽이 좋았는데 왜 공업고등학교에 안 갔는지 아쉬워요."라고 말하는 야마모토 씨. 이런 그가 매주 다니는 곳이 있다. 그의 오토바이로 5, 6분 거리에 있는 'FM와이와이'다.

언제부터 'FM와이와이'에 다니게 되었는지는 확실치 않지만, 어쨌든 나가타 구에 라디오 방송국이 있다는 얘기를 들은 이후부터였다. 젊었을 때부터 라디오를 좋아했던 것도 이유의 하나일 것이다. 이후 야마모토 씨는 'FM와이와이'의 부이사장 직을 맡았고, 나가타 신사 앞 상점가에 'FM와이와이' 방송을 내보내기로 했다. 옛날부터 이어져 온 상점가에 한국·조선어나 베트남어, 타이어 등이 오가고, 그 소리가 흐르는 광경을 상상해 보자. 듣는 이는 그 언어를 이해할 수 없을 것이다. 또한 진지하게 귀를 기울여 들을 리도 없을 것이다. 하지만 그렇더라도 자기 바로 옆에, 다른 문화를 배경으로 하여 살다가 지금은 일본에 정주해서 살고자 하는 사람들이 있다는 사실을, 라디오의 소리는 확실히 환기한다. 그것은 하나의 국가에는 하나의 언어밖에 없다든가, 하나의 언어밖에 필요하지 않다는 환상에 사로잡혀 있던 일본사회와 미디어 공간의 획일성으로부터 분명 우리를 해방시켜 주는 것이다.

다언어 커뮤니티 FM 방송국 'FM와이와이'의 탄생

FM와이와이는 미디어 연구자 사이에서는 꽤 알려져 있지만 이 책의 독자 중에는 모르는 분이 많을 것이다. 베트남어, 타갈로그어, 영어, 한국·조선어, 포르투갈어, 스페인어, 타이어, 중국어, 아이누어 그리고 일본어를 합쳐 10여개 언어로 방송되고 있고 일본에서는 몇 안 되는 다언어 커뮤니티 FM방송국이다. 그 설립 과정에는 상상초월의 고생의 드라마가 있었다.

1995년 1월 17일, 한신 아와지阪神淡路에서 대지진이 일어난다. 사망자 6천명이 넘는(정확하게는 6,434명이라고 한다) 대참사였다. 'FM와이와이'가 있는 나가타 지역은 목조 가옥이 밀집해 있는데다가 많은 민가나 건물이 화재를 입어서 고베 시 전체에서도 가장 피해가 컸던 지역이다. 피난 장소의 하나였던 미나미코마에南駒栄 공원에는 지진과 화재로 집을 잃은 사람들이 모여서 피난 생활을 시작한다. 그 수가 약 290명 정도였다고 한다. 그 290명 중 190명이 베트남인, 나머지 100명 중에서 30명이 재일한국·조선인이었다. 당시 인구가 10만 명이 넘었던 나가타 구에는 그중의 10%, 즉 1만 명 가까운 정주 외국인이 생활하고 있었다. 그들 역시 일자리를 잃고 공원으로 피신했다. 이 미나미코마에 공원 이외에도 다카도리鷹取 중학교, 효고兵庫 고등학교 등 여러 장소에, 살 곳을 잃은 재일외국인이 모였다. 그런데 이 피난생활에서 여러 문제가 생겼다. 우선 무엇보다도 290명의 사람들이 전혀 의사소통이 되지 않았다. 지진 피해상황이나 구조정보도 상대적으로 한국·조선인이나 베트남인에게는 원활히 전해지지 않았다.[1]

지진 전에는 재일한국·조선인이나 일본인이 경영하는 신발 공장[2]에 많은 베트남 사람들이 일하고 있었다. 따라서 오랫동안 이 지구의 신발 공장이나 산업을 지지해 온 한국·조선인, 일본인, 베트남인 사이에서 연결선을 가진 이들은 상당수 존재했다. 하지만 그들이 함께 사는 지역주민으로서 서로 관계하는 일은 매우 적었다. 출신국이 다르고 문화가 다른 사람들이 같은 지역에 살고 있다는 것을 알고는 있었지만 서로 얼굴을 맞대고 커뮤니케이션을 할 상황은 아니었던 것이다. 그랬던 그들이 긴급피난 장소에 모여 공동생활을 하게 되었다고 해서 갑자기 커뮤니케이션이 가능해질리는 없었다. 매우 심각했다. 거기에는 '언어의 벽' 그리고 '마음의 벽'이 있었다. 또한 차별감정

---

1. 본 장은 2009년 3월 5일~6일(村上桂太郎, 山本幸男 씨), 4월 11일~12일(大城ロクサナ, 金千秋 씨), 5월 29일~30일(大城ロクサナ, 金宣吉 씨), 7월 25일~26일(吉富志津代, ハ·ディ·タン·ガ 씨), 10월 21일(日比野純一 씨)의 인터뷰를 바탕으로 쓰여졌다. 장시간 인터뷰에 협조해 주신 모든 분들께 감사드린다.
2. [옮긴이] 2차 세계대전 종결 후, 고베에서는 전전(戰前)에 융성했던 고무공업 대신, 원료를 확보하기 쉬운 폴리염화 비닐을 사용한 합성피혁 신발 생산 공장이 증가했다. '케미컬슈즈'라고 불리는 나가타 구의 합성피혁 신발 산업은 일본의 고도 경제성장기에 동반 성장했고 종래의 고무공업에 종사하던 많은 재일한국·조선인이 하청을 맡아서 일을 했다.

도 생기게 되었다. 예를 들면 사소하지만 식문화가 다른 것도 대립이나 차별적 감정을 유발하는 요인이 되었다. 베트남 사람들은 식품을 한꺼번에 사서 저장해 두는 것이 지극히 일상적이다. 베트남전쟁을 겪으며 언제 참화에 휩쓸릴지 모르는 상황에서 살아온 베트남 사람들에게는, 식료품을 대량 보존해 두는 것이 '생존' 자체와 직결되는 일이기 때문이다. 그 때문에 지진 직후, 그들은 무너진 자기 집 냉장고를 찾아가 식료품을 갖고 나와 공원에서 음식을 해먹곤 했다. 그러자 '저것들 어디에서 음식을 훔친 거야' 하며 주변에서 웅성거리기 시작했고 이를 둘러싼 대립이 표면화했다. 또한 단수가 이어지면서 식수 확보가 어려워지자 그와 관련된 갈등도 생겼다. 그런데 아이러니하게도 이런 갈등이나 대립이 잦아드는 것은 식료품을 분배하는 공동작업 같은 것을 통해서였다. 어쨌든 지진으로 인해 비로소 일본인이나 베트남인이나 서로의 다름을 피부로 느끼면서 서로 접촉하고 소통할 필요성에 직면했던 것이다.

재일외국인과 일본인이 혼재하는 텐트생활이나 학교, 공민관에서의 공동생활은 쉽지 않은 일이었다. 이때 지역 교회조직이나 자원봉사자가 '피해 베트남인 원조 연락회'를 조직하고 원조 및 번역작업을 시작한 것이 1월 28일, 지진 발생 11일 후의 일이다. 또한 그 직후에는 오사카 이쿠노生野 구의 재일한국인이 운영해 온 미니 FM인 'FM사랑'의 스탭들이 왔고, 재일한국·조선인에게 피해원조정보를 전하기 위해 라디오 방송 'FM여보세요'를 시작했다. 이것은 1월 30일의 일이다. 정확한 정보, 필요한 생활정보가 '언어의 벽'에 가로막혀 있던 상황을 타개하기 위한 모색이었다. 그리고 'FM여보세요'와 'FM사랑'의 협력으로 가톨릭 다카도리鷹取 교회를 거점으로 하는 자원봉사 구조기지(당시 정식명칭은 '다카도리 교회 구조기지')에, 베트남인 대상 방송국 'FM유멘'이 개국한 것이 4월 16일의 일이다. '유멘'이란 베트남어로 '우애'를 의미한다. 베트남인 대상의 방송이었지만, 베트남어뿐 아니라 필리핀인을 대상으로 한 타갈로그어라든지 스페인어, 영어, 일본어 등 5개 언어로 방송하는 다언어 방송이었다. 이 방송국 설립에 관여한 이가, 현재 'FM와이와이'의 대표로 있는 히비노 준이치日比野純一 씨이다. 구조 활동이나 식료품 배급 정보, 병원이나 의료 활동 정보를 전했고, 또한 이런 긴급한 구조 정보 이외에도, 고달픈 생활을 위로하기 위해 각국의 음악을 흘려보냈다고 한다. 아마추어에 의한 수작업 방송이었던 셈이다. 현재 'FM와이와이'의 종합 프로듀서를 맡고 있는 김치아키金千秋 씨는 당시 상황을 이런 식으로 이야기했다.

일본인과 정주외국인이 감정적으로 대립했고, 때로는 '베트남인이 음식을 훔치고 있다'는 루머가 돌아 차별감정이 생겨나기도 했다. "하지만 사람은 누구나 다른 사람을 돕기 마련이에요." 이것이, 지진을 체험하면서 그녀가 얻은 솔직한 감상이다.

정주외국인이 많은 나가타 구에는 지진 직후부터 오사카

의 민단 사람들이나 유학생들도 급히 와서 구조작업이나 식사 공급 등의 원조활동에 참여했다. 한국에서 온 TV 촬영진도 고베 지진의 비참한 상황을 전했고 그 덕택에 한국에서도 많은 지원물자가 도착했다. 대립이나 갈등 속에서도 일본인과 재일 외국인들 사이에 협력관계가 생겼다. 이런 상황에서 자원봉사자 몇 명이 교대하며 시작한 'FM여보세요'에는 '외국인이 외국인을 위해서 방송한다'라는 의식은 전혀 없었다고 한다. 동포를 향한 한국·조선어 방송이었지만 때로는 일본어도 오갔고, 피해 입은 나가타 구 커뮤니티의 전체 구성원을 향한 방송이었기 때문이다. 'FM유멘'도 5개 언어로 방송되었듯 하나의 특정 민족을 향한 방송이 아니었다. 민족의 경계를 넘은, 지역사회의 피해 주민들을 향한, 그리고 피해 주민 스스로가 서로 격려하고 용기를 북돋워주는 미디어로서 시작한 것이다. 그리고 이런 모습을 김치아키 씨는 "사람은 누구나 다른 사람을 돕기 마련이에요."라는 말로 표현한 것이다.

'FM와이와이'는 이 'FM여보세요'와 'FM유멘'이라는 두 개의 작은 방송국을 하나로 합친 것이다. 앞서 말한 나가타 구 원조활동 거점의 하나였던 '가톨릭 다카도리 교회' 부지에 가설 라디오 방송국을 설치했고 지진이 발생한 지 약 반년 후인 1995년 7월 17일에 방송을 시작한다. 설립 이념은, 마이너리티 스스로가 주체적으로 참여하고 관여함으로써 지역 사회에서 다민족, 다문화 공생의 실현을 목표로 하는 커뮤니티 라디오 방송국이다. 대지진이라는 미증유의 사태가 만들어 낸 무허가 '해적방송', 작은 방송국이 탄생한 것이다.

이것은 나가타 구라는 동서 3킬로, 남북 5킬로의 작은 지역에서의 사건이었다. 매일 정해진 시간에 한국어나 베트남어를 비롯한 여러 언어가 오가며 음악이 흐르는 미디어 공간이 열린 것이다. 이것은 아주 작은 사건이었지만, 일본에서의 이제까지의 미디어 공간에 새로운 페이지를 연 획기적인 사건이었다고 할 수 있다.

2. 나가타 구 안의 커뮤니티 FM 방송국

나가타 구라는 거리의 특징

고베는 요코하마와 함께 '국제도시'의 화려한 이미지를 갖고 있는 도시이다. 모토마치元町에 있는 난킨마치南京町에는 차이나타운이 있고, 산노미야三宮는 간사이關西에서도 유명한 번화가이며, 고지대인 기타노北野는 '이진칸'異人館이라 불리는 서양건물이 늘어서 있는 관광지이다. 이 중심부에서 전철로 15분 정도 서쪽으로 가면 나가타 구가 있다. 북쪽 고지대에는 나가타 신사가 있고, 남쪽 해안에는 메이지, 다이쇼기부터 번성했던 상점가가 지금도 늘어서 있다. 이 나가타 구에는 특히 재일한국인이 많이 거주하고 있었고, 1980년대에는 베트남인의 정주가 늘

어났다. 여기에는 물론 이유가 있다. 이 지역에는 본래 항만 노동자들이 많았고, 종업원 수가 '4~9명'·'10~19명'에 불과한 영세한 '고무 제조업' 공장이 집중해 있었다. 즉, 이 지역은 집값이 쌌고, 재일한국인이 일자리를 찾아 살기에 좋은 장소였던 것이다. 또한, 전전부터 전후에 이르기까지 이 지역에는 아마미 제도奄美諸島나 오키나와에서 온 많은 사람이 거주하고 있었다는 것도 기억해야 한다. 패전 때에는 약 20만 명이 넘는 사람들이 소위 '국내이민'을 했고 본토의 각지에서 흩어지게 되었다. 그중에서도 간사이 지방에서 온 사람들 다수가 이 나가타 지구에 정착했던 것이다. 아마미·오키나와가 미국 점령 하에 들어가기 전부터 그들은 '밀항'하여 본토로 넘어왔고, 집세가 싼 이 지역에 정착한 것이다. 난민으로 일본에 건너온 베트남 사람에게도, 아마미나 오키나와에서 온 사람에게도, 나가타는 그들의 생활을 가능케 한 중요한 공간이었던 것이다.

현재 고베에 사는 재일외국인의 수는 43,651명 정도이다.(2007년 시점) 출신국에 따라 거주하는 지역도 다르다. 국적별로 보면 가장 많은 등록 외국인은 '한국 또는 조선인'이고, 그 수가 22,032명이며, 그중에서도 나가타 구에 거주하는 사람들 중에서는 가장 많은 6,017명을 차지하고 있다. '베트남인'도 1,334명, 그중 과반수를 넘는 970명이 나가타 구에 살고 있다. 또한, 주오中央 구에는 '중국'이나 '인도' 국적을 가진 사람이 많고, 히가시나다東灘 구에는 '브라질'(603명 중 342명), '페루'(208

명 중 93명) 국적인이 많다.[3] 나가타 구의 특징을 여기에서도 잘 알 수 있다. 지진이 일어난 1995년에도 대략 이와 비슷했다. 1995년 시점에서 베트남 국적의 사람은 985명, '한국 또는 조선' 사람은 25,380명, 그 대부분이 나가타 구에 살고 있었기 때문이다. 'FM여보세요'와 'FM유멘'이 개국하고, 그 후에 'FM와이와이'가 설립되는 배경에는, 나가타가 옛날부터 저임금 노동자가 거주하는 지역이었다는 사실이 놓여 있다. 그리고 아마미나 오키나와에서 온 사람들과, 많은 재일한국·조선인이 함께 사는 거리로 변화하다가, 그 후에는 영세한 신발 공장에서 일하게 된 베트남 사람들의 거주지로 변모한, 즉 전전부터 전후에 이르는 나가타의 역사가 깊이 관련되어 있다. 이런 역사의 층위에 1980년대 이후 일본사회가 직면한 글로벌화가 겹쳐져서 현재의 나가타 구의 지역적 특징이 만들어진 것이다.

동남아시아, 중동, 남미에서 일본으로 건너와 일하는 노동자가 급증하면서 도쿄의 오쿠보 지역이나 이케부쿠로, 또는 군마 현의 오타 시나 시즈오카의 요코마츠 시 등에서도 그렇듯, 고베에서도 외국인이라는 이유로 집을 빌릴 수 없는 경우가 많았다. 그 때문에 많은 베트남 사람들은 공영 아파트라든지 간신히 입주가 허락된 민간 아파트에 여러 세대가 함께 모여 살곤 했다. 이런 환경 속에서 베트남 사람들은, 일본인과 교류도

---

3. 神戸市(2009), 『平成二十年度版 第八十五回神戸市統計書』를 참조.

거의 하지 못했고 일본어를 배울 수도 없었으며, 또한 배울 필요성도 느끼지 못하고 살아 왔던 것이다. 일터에서 일할 때를 제외하면 그들이 일상적으로 교류할 수 있는 공간은 교회뿐이었다고 한다. 지진이 발생했을 때는, 베트남인이 난민으로 일본에 들어온 지도 15년여가 흘렀을 때였다. 2세가 탄생하고 그 아이들이 초등학교에 다니게 된 무렵이었다. 하지만 지진을 겪고 나서야 난생 처음으로 일본인과 베트남인이 같은 지역의 같은 커뮤니티에서 생활을 공유하는 이웃으로 만나게 된 것이다. 그리고 이런 상황에서 'FM와이와이'가 생겨난 것이다.

다민족·다문화 공생의 실현을 목표로

'FM 와이와이'가 개국했을 때 스탭은 겨우 세 명이었다. 부흥을 향한 첫걸음이 비로소 시작된 것인데, 정주외국인과 함께 이 지역에 사는 일본인에게도 필요한 정보를 전하겠다는, '확실히 믿을 만한' 정보와 음악을 전하겠다는 의지로 시작했다. 하지만 아무리 긴급시라 해도 '해적방송'을 계속할 수는 없었다. 그렇다고, 방송을 필요로 하는 사람들이 있는데 방송을 그만둘 수도 없었다. 이런 딜레마와 고민이 거듭될 때, 구 우정성[郵政省]의 오스미[大隅] 씨가 방문했다. 그가 고베에 왔을 때 사람들은 그가 '무허가 방송을 중단하라'고 할 것이라 생각했다. 하지만 그는 '1년 뒤 라디오 방송국 개설에 앞서 면허 신청을 먼저 내라'고 조언을 했다. 당시에는 방송 사업을 하려면 주식회사를 설립해야 했고 최저 1천만 엔의 자금이 필요했다. 지금은 교토의 커뮤니티 FM '교토 산조三条 라디오 카페' 같은 비영리 조직이 방송사업의 주체가 되어 FM 방송국도 설립할 수 있게 되었지만, 1996년에는 주식회사로 갈 수밖에 없었다. 1천만 엔을 마련하는 데 말할 수 없는 고생을 했다. 그리고 지진이 일어난 지 딱 1년 후인 1996년 1월 17일에 '주식회사 FM와이와이'를 정식 발족시켰다.(2010년 7월 3일에는 특정 비영리 활동법인 FM와이와이가 되었다)

당시에는 그때까지 없었던 형태의 라디오 방송국으로 주목받았지만 후원도 적었고 자금조달이 어려웠다. 그 후의 행보도 순조로웠던 것은 아니다. 앞서 소개한 김치아키 씨에 의하면 지진 후 3~4년 지났을 때에는 구조 활동에 집중하던 방송국의 역할이 다시금 질문되던 시기이기도 했다. 긴급 구조 역할의 비중이 줄어들면서 '무엇을 위해 방송을 하는지', '단지 외국어 방송이라는 것만 생각하고 가도 되는지', 이런 근본적인 질문 앞에 서게 되었다. 이 과정에서, 정주외국인이 참여하는 다언어·다문화 방송국을 근간으로 삼으면서도, 신체장애가 있는 사람이나 노인들을 포함하여, 지역의 여러 마이너리티의 목소리를 전하는 미디어의 중요성을 다시금 인식하게 되었다고 한다. 그것은 문화나 민족을 달리하는 사람들이 모이는 일의 즐거움이나 힘을 전파하는 것이기도 했다. 또는 장애나 투병생활의 경험을 일반 사람들의 시야에 보이게 하는 것이기도 했다.

이런 넓은 의미에서의 마이너리티, 즉 자기 옆에 있는 평범한, 그러나 좀처럼 목소리를 낼 수 없던 마이너리티의 의견을 전하는 것, 커뮤니티 FM은 이런 점에 의의가 있음을 재인식한 것이다.

그렇다고는 해도 주식회사의 형태로 가는 한, 청자를 늘리고 후원자를 확보하는 일이 중요했다. 그 때문에 음악 프로그램이 증가했고, 다른 FM 방송국과의 차이가 희미해져서 정체성과 관련된 문제를 겪은 때도 있었다. 2003년 무렵의 일이다. 그때는 사태를 타개하기 위한 재건 위원회가 조직되었고 격렬한 논의가 오갔다고 한다. 그 결과 1)정주외국인을 지지하는 방송국, 2)시민이 참여하는 방송국, 그리고 3)나가타 구 시민의 다문화공생을 위한 커뮤니티의 형성·유지에 이바지하는 방송국, 즉 'FM와이와이'가 설립 때부터 내건 세 가지 원점으로 돌아가 재출발하는 것이었다. 현재의 방송국 특성이나 프로그램의 기본은 이런 과정을 거쳐 만들어져 온 것이다.

다문화 프로큐브pro-cube의 전략

그런데 자본금 1천만 엔으로 출발한 FM 방송국이 어떻게 이렇게 오랫동안 경영을 유지할 수 있었을까. 그것도 10만 명도 안 되는 나가타 구에서, 10개의 언어를 사용하는 방송국이 어떻게 운영 가능한 것이었을까. 전국의 많은 커뮤니티 FM 방송국은 지금도 경영 상태가 매우 열악하다. 시민에게 열린 방송국을 목표로 하지만 스탭 수도 적고 제작비 문제도 있으며, 그리고 프로그램 제작 기술의 미숙함 등이 얽혀서 자체 프로그램 제작도 어려울 때가 많다. 이런 상황에서 이 다언어 방송국은 200명 가까운 자원봉사자와 전속 스탭을 두고 자기만의 프로그램을 만들어 내면서 활기찬 활동을 이어가는 것이다. 그 동력은 어디에 있는 것일까.

가장 큰 동력은, 지진 구호활동에서 시작한 여러 조직이나 단체 사람들과의 다층적인 네트워크를 기반으로 하여 방송사업을 하고 있다는 점에 있다. 그 네트워크의 핵심이 바로 '커뮤니티 방송국 FM와이와이'·'다언어 센터-FACIL'·'월드 키즈 커뮤니티'·'AMARC일본협의회'라는 네 개의 단체로 이루어진 '다문화 프로큐브'라는 그룹이다.[4] 바꿔 말해 '커뮤니티 FM와이와이'는 이런 단체와 긴밀한 네트워크를 형성하면서 단체들끼리 지혜와 인재를 서로 제공하며 활동하고 있다. 'FM와이와이'의 활력이나 높은 잠재성은 이 네트워크의 긴밀함에서 생기는 것이다.

그룹에서 중요한 역할을 하는 '월드 키즈 커뮤니티'는 1998년 4월부터 활동을 시작했고 페루, 베트남, 브라질, 한국 등 정주외국인 가정에 그 나라 언어가 가능한 가정교사를 파견하

---

4. 실제로는 'FM와이와이'·'다언어센터-FACIL'·'월드 키즈 커뮤니티'·'AMARC 일본협의회'로 이루어진 '다문화Pro3(프로큐브)'는 '리후그린'(リーフグリーン) 'NGO베트남 in KOBE'·'아시아 여성자립 프로젝트'·'효우곤텍크'(ひょうごんテック) 같은 단체와 함께 '특정비영리활동법인 다카도리 커뮤니티센터'를 구성한다. 몇 개 그룹이나 단체가 네트워크를 이루어 활동하는 것이다.

는 '학습지원 프로그램 〈망고〉' 활동이나, 언어나 문화, 국적 등이 다른 아이들이 자기 나름의 표현활동을 익히도록 하는 '표현활동 〈Re:C〉'의 활동, 나아가 스페인어권 커뮤니티의 자립을 지원하면서 스페인어 정보지 『무헤르 라티나』*Mujer Latina*를 발행(격월간 무가지)하는 활동 등을 하고 있다. 팜플렛에는 다음 같은 소개 기사가 쓰여 있다.

> 일본에 이주해 사는 이들이 많아지고 다양한 배경을 가지는 아이들이 증가하는 오늘날, 일본의 교육현장에서 이런 아이들에 대한 대응은 아직 부족합니다. 아이들이 '다름'을 두려워하지 않고 자기의 아이덴티티를 확립할 수 있는 환경을 만드는 것이 필요합니다. 다양한 언어적·문화적·사회적 배경을 지니는 아이들 한 명 한 명에게 진실되게 대응함으로써 아이와 그 부모와 가족이, 일본사회에 남아 있는 단일민족적 사고를 변화시키고, 다민족·다문화 공생사회를 구축해 줄 것을 기대하며, 우리는 활동을 계속할 것입니다.

정주외국인의 아이들에게 일본어 교육은 빼놓을 수 없다. 하지만 이 아이들에게는 모어 교육도 그에 못지않게 중요하다. 가정에서 부모와의 풍부한 대화를 위해서도, 모국 문화를 알기 위해서도, 그리고 스스로의 아이덴티티의 소재를 다시 묻기 위해서도 그렇다. '월드 키즈 커뮤니티'는 이런 사고에 입각하여 활동하고 있는 것이다.

그룹의 또 하나의 단체인 '다언어 센터-FACIL'은 1998년 6월에 다언어 통역·번역 및 기획을 업무를 주로 하는 커뮤니티 비즈니스 조직에서 시작된 단체이다. 이 단체의 활동도, 지진으로 생활기반을 잃은 약 8만 명의 외국인 지진 피해자에게 다언어로 정보를 제공하거나 상담을 하는 자원봉사 활동에서 시작했다. 그 후에는 이 경험을 되살려 다언어로 생활정보를 번역하거나 재해용 데이터베이스를 구축하는 활동을 했고, 현재는 정주외국인이나 전국의 행정기관, 의료기관, 그리고 일반 기업 등에서 다언어 번역이나 통역 의뢰를 맡는 커뮤니티 비즈니스 사업을 하고 있다. 이 단체에 등록된 통번역자 수는 566명을 웃돈다. 이런 많은 사람이 앞서 말한 '월드 키즈 커뮤니티' 활동이나 'FM와이와이' 운영에도 참여하고 있고, 각 단체들을 지지하고 있는 것이다.

'FM와이와이'가 단독으로 방송 사업을 하는 것이 아니라, 여러 조직이나 단체 사람들과 맺은 다층적인 네트워크를 기반으로 사업을 하고 있다고 한 것은, 이런 유기적 인적 관계가 'FM와이와이'의 활동을 지지하고 있다는 말이다. 그리고 역으로 커뮤니티 FM이 존재함으로써 '월드 키즈 커뮤니티'나 '다언어센터-FACIL'에 참여하는 사람들이 정보를 교환하고 서로의 활동을 평가하며 여러 계획이나 지혜를 주고받는 장이 형성된다. 바꿔 말하면 'FM와이와이'는, 다언어 정보를 발신하는 커뮤니티 FM 방송국인 동시에, 정주외국인과 일본인이 함께 활동하는 단체나 조직이 겹치고 만나 마이너리티의 목소리를 전파하는 하나의 커뮤니티, 다문화공생을 실천하는 커뮤니티의 성격도 갖고 있는 것이다.

3. 정주외국인의 미디어 실천과 아이덴티티

'정주하는 것' 과 '정주해 버리는 것' 의 경계선

그럼 나가타 구를 기반으로 한 'FM와이와이'나 '월드 키즈 커뮤니티' 그리고 '다언어 센터-FACIL'의 활동이, 정주외국인의 생활이나 삶에 어떻게 연결되고 어떤 변화를 만들어 내고 있는 것일까. 여기에서는 두 사람의 사례를 통해 생각해 보겠다. 우선, 한 사람은 페루에서 온 록산느 씨이다.

그녀는 1991년 3월 6일에 일본에 왔다. 그 날짜를 그녀는 지금도 분명히 기억한다. 일본의 땅을 밟는다는 것은 이전부터 그녀에게 아주 불안하면서도 기대에 찬 일이었기 때문이다. '기대에 찬' 것은, 그녀의 할아버지가 일본인이었다는 사실과 관련 있다. 그녀의 할아버지는 오키나와 출신으로 고베에서 살다가 페루로 건너갔다. 일본인 아버지와 페루인 어머니 사이에서 태어난 딸이 록산느 씨의 어머니이다. 할아버지는 록산느 씨의 어머니가 어렸을 때 돌아가셨고, 그 후 어머니는 일본인 커뮤니티를 떠나 살게 되었기 때문에 록산느 씨는 일본어를 거의 할 수 없었다. 그래도 그녀는 어머니에게 할아버지 이야기를 들으며 자랐고 초등학교 때 '중국인'이라고 놀림받고 따돌림 당할 때에는 "나는 중국인이 아니라 일본인이야."라고 대꾸할 정도로 얼굴도 모르는 할아버지를 늘 생각하며 살았다. 그리고 언젠가는 할아버지가 살던 일본에 가고 싶었다고 한다. 그 생각이 현실로 이루어진 날이 1991년 3월 6일이었던 것이다.

마침 1991년은 일본에 일자리를 찾아온 일본계 페루인이 가장 많았던 해이다. 1990년에 일본의 입국관리법이 개정되었고, 마침 이 시기 페루 경제는 매우 심각한 상황을 맞았다. 이 때 그녀도 페루에서의 생활이 어렵다고 판단하여 관광비자로 친척 14명과 함께 일본에 왔다. 일본에 온 후, 일본어를 거의 할 수 없던 상태에서 곧바로 야마나시山梨의 이사와石和 온천에서 일하기 시작했다고 한다. 처음 7개월 동안은 말도 안 통하고 손님들로부터 시달림도 당했고 문화나 아비투스 차이로 큰 스트레스를 받으면서 건강도 나빠졌다. 그 후, 페루인 동료의 소개로 군마의 스바루 자동차 공장에서 남편과 함께 일하게 된다. 힘든 나날이 이어지던 와중에 남편은 병까지 얻어, 결국 반 년 만에 자동차 공장 일을 그만두고 고베로 왔다. 그 날이 1992년 6월 18일이다. 그리고 친구에게서 소개받은 고무제품제조 공장에서 일을 하기 시작했다. 그 공장에는 이미 세 명의 페루인이 일하고 있었다. 당시에는 공장에서 일하는 시간에, 일 관련

일본어만 조금 할 수 있게 된 정도였다고 한다. 1994년에 아들 출산 문제로 페루로 잠시 귀국했다가 일본에 돌아온 것이 그 해 10월, 그리고 그 직후에 지진을 만난 것이다.

지진을 겪고는 '그냥 페루로 돌아가고 싶다'는 생각을 많이 했다고 한다. 두 달 정도, 중학교 교정에서 갓난아이를 안고 텐트생활을 했다. 서로 말이 통하지 않는 불편함 속에서, 조금이나마 일본어를 할 수 있던 록산느 씨는 스페인어권 사람들과 일본인 사이에서 통역 자원봉사 일을 하기 시작했다. 'FM와이와이' 일과 관계를 맺게 된 것은 이런 과정을 겪으면서였다. 힘든 생활에도 불구하고 페루로 돌아가지 않았던 것은 고베의 스마須磨 구에 있는 공장에서 일하는 생활이 조금씩 안정되어 갔기 때문이다. 몇 년만 더 일하고 페루로 돌아가야겠다는 생각이 바뀌어 '일본에서 살자'고 마음먹게 된 것도 지진 후의 일이다.

1992년에 고베에 온 후 벌써 17년이 흘렀다. 록산느 씨는 아들이 초등학교에 들어갔을 때 공장을 그만두었다. 그리고 'FM와이와이'와 오사카의 FM 방송국 'FM COCOLO'의 진행자 일을 시작했고, '효고 라틴 커뮤니티'의 활동이나 스페인어 무가지 『무헤르 라티나』의 발행 일을 하며 바쁘게 지냈다.[5] 남

---

5. 이 정보지를 보면, 일본과 페루의 저가항공표를 취급하는 여행대리점, 법률 문제에 관해 상담하는 도쿄, 오사카, 고베의 변호사 사무소의 광고가 눈에 띈다. 여기에서도 정주 관련 문제가 많다는 것을 엿볼 수 있다.

편은 계속 공장에서 일을 하면서 일본어를 조금씩 할 수 있게 되었고, 중학교에 다니는 아들은 일본어에 전혀 문제가 없다고 한다. 그런데 집에서는 스페인어를 쓰기 때문에 아들에게는 스페인어 인터넷 교육을 받게 하고 있다. 둘째 아이는 일본에서 태어나 지금 3살 반인데, 보육원에서는 일본어, 집에서는 스페인어를 쓰며 지낸다. 그러나 많은 페루인 가족은 부모가 일 때문에 바빠서 아이의 언어 환경에 관심을 가질 여유가 없다. 그리고 그런 경우 아이들은 5~6세가 되어도 스페인어, 일본어 모두 잘 못하는데 그것을 알아차리지 못하는 경우가 많다고 한다. 이런 상황에 대해 록산느 씨는 심각하게 생각하며, 자기 아이에게나 다른 가족의 아이들에게나 일본어와 스페인어 모두 잘 할 수 있게끔 어떻게든 도움이 되고 싶다는 생각을 한다. 아이들의 교육이 가장 염려되어 자원봉사활동을 하고 있는 것이다.

솔직히 말해 "이민은 권하고 싶지 않다."고 록산느 씨는 말한다. 말을 모르고 문화가 다르다는 것이 얼마나 힘든지 절감했기 때문이다. 그래도 아이가 성장하고 일본 생활에도 익숙해진 지금은 "아이가 일본에서 일할지 페루에서 일할지는 스스로 결정하도록 할 것이고, 그때까지는 일본에서 살 것"이라고 그녀는 말한다. 그리고 일본에서 지내는 한, 라틴계 커뮤니티를 확실히 자리매김하는 일이 필요하다고 생각하고 있다. 그 때문에 그녀는 'FM와이와이'와 라틴 커뮤니티 일에 매진하는 중이다. 'FM와이와이' 주변 사람들이 구축한 네트워크 커뮤니티에 대한 귀속의식, 혹은 'FM와이와이'의 진행자로서 매주 한 번, 맡고 있는 프로그램에서 활동하는 것이, 그녀의 아이덴티티의 분명한 한 부분을 만들어 내고 있는 것이다.

NGO베트남 in KOBE

가 씨는 1981년에 일본에 온 베트남 난민이다. 아버지는 북부 출신의 가톨릭교도인데 베트남이 남북으로 나뉘었을 때 남쪽에 이주하여 사업을 했고, 가족의 생활은 안정된 편이었다. 전쟁 때에도 굶주리지는 않았다. 베트남 전쟁이 끝났을 때 가 씨는 14세였다. 전쟁 후의 사회주의 체제에 적응하지 못한 가 씨의 가족은, 아버지의 결정으로 베트남을 떠나게 된다. 아버지는 1980년에 둘째아들을, 81년에 첫째아들과 가 씨를, 그리고 다음해에는 그 밑의 세 명의 아이를 보트피플로 내보냈다. 그 후 아버지는 돌아가셨고 형제 아홉 명 중 세 명은 미국으로, 세 명은 일본으로 갔으며, 나머지 세 명과 어머니는 베트남에 남았다.

덧붙이자면 보트피플이란 1975년부터 1980년대에 베트남에서 신체제를 탈출하기 위해 소형 배로 비합법적으로 출국한 사람들이다. 그들 대부분이 동지나해를 표류했고, 항해하던 유조선이나 화물선에 구조되어 난민으로 제3국에 도착했다. 해적의 습격을 받거나 악천후에 목숨을 잃는 경우도 많았다. 가 씨의 경우는 형제와 함께 47명이 탄 소형 배에서 3일간 표류하다가 구조되었고, 첫 기항지였던 가가와香川 현 고마쓰시마小松島에 난민으로 상륙했다. 가 씨는 아버지 덕분에 형제의 탈출이 성공할 수 있었다고 한다. 보통, 선주는 돈 때문에 50명 정원인 배에 80명 넘게 태우고 물도 음식도 잔뜩 실었다고 한다. 그래서 아버지는, 자기와 친족도 직접 탈출 계획이 있는 선주를 찾아서 아이들을 태웠다. 자기가 탈출할 배의 선주라면 믿을 만하다고 생각했기 때문이다. 그렇게 가 씨의 형제는 흩어져서 보트피플로 베트남을 떠났고 미국과 일본에서 살게 된 것이다.

고마쓰시마에 내린 후 가 씨는 나가사키長崎 현의 적십자 임시 캠프로 보내졌다. 처음에 가 씨와 형제들은 미국에 가기를 희망했고 여러 번 신청했으나 거부당했다. 가 씨에 의하면, 일본은 국제적인 비난 여론 속에 1978년이 되어서야 난민을 받아들이기로 결정했고 1년에 500명, 3년에 1,500명을 받아들일 계획을 세워 놓았기 때문에 난민을 다른 나라로 보내지 않고, 되도록 일본에 정주시키려 했던 것 아닌가 한다. 어쨌든 일본 생활은 그녀의 희망과는 무관하게 시작된 것이다. 1년 반 동안 나가사키에서 임시 캠프 생활을 하면서 그녀는 일본에서 결혼한 후, 일본 정주를 결심한다. 히메지姫路 정주 촉진 센터에서 3개월간 일본어를 배웠고, 첫째 딸을 낳은 후 직업을 소개 받았다. 남편은 시코쿠四国의 마루가메丸亀에서 선박 수리 일을 했고, 가 씨는 청제품 봉제 일을 하게 되었다. 1983년 9월의 일이다.

아무리 열심히 일해도 당시 급여는 시급 350엔이 안 되었다. 그것으로는 생활이 어려웠다. 그래서 베트남인 네트워크의 소개로 그녀 가족은 1984년에 고베로 이주했다. 나가타 구의 신발 공장에서 일하게 되었는데, 여기에서도 사회보험이나 실업보험은 없었고 시급은 550엔이었다. 이때부터 지진 때까지 11년간 많은 일이 있었다. 1985년에는 둘째 아이가, 1988년에는 셋째 아이가, 1991년에는 넷째 아이가 태어났고, 부부는 일본어를 배울 시간도 없이 육아와 일 그리고 친척 돌보는 일 등에 치여 힘들게 살았다. 그들에게 유일한 구원은 일요일마다 교회에 가는 것이었다.

그런 생활을 하다가 대지진을 만난 것이다. 지진 후 4개월 동안, 중학교 건물에서 생활했다. "집은 엉망진창이 되었고, 가족 6명이 공원에 그냥 쭈그리고 앉아 다 같이 이불을 뒤집어쓰고 지냈어요. 아무도 우리에게 말을 걸지 않았죠."라고 한다. 가 씨 가족은 피난소가 있는 줄도 몰랐다. 가 씨 가족이 할 수 있는 일본어는 짧았다. 그때까지 거의 일본인과 대화할 기회가 없었던 베트남인들이 바로 커뮤니케이션할 수 있을 리 없었다. 그래서 그녀는 다니던 교회로 갔고, 거기에서야 겨우 베트남인이 많이 모인 피난소를 찾을 수 있게 되었다. 앞서 말했듯이 피난생활을 하는 동안에 일본인과의 대립이 표면화된다. 가 씨를 비롯하여 베트남인들에게도 지진 이후는 아주 힘들었다. 그녀·그들은, 집이 무너지고 불에 타고 구호물자가 뭔지도 모르는 상황이었지만, 그래도 '살아서 다행'이라는 감격이 슬픔보다 훨씬 컸다. "피난생활을 시작할 때, 무너진 저희 집을 찾아갔어요. 냉장고를 뒤져 야채, 냉동된 고기, 생선 같은 것을 가져와서 아이들에게 음식을 해 먹였죠. 전쟁을 겪은 베트남인들은 뭔가가 있으면 바로 아이들에게 먹이려 해요. 폭탄이 떨어져도 살아야 하니까요. 우리는 고기를 먹을 수 있는 게 다행이어서 좋았어요. 살아남았는데도 일본사람들은 왜 저렇게 괴로운 표정인지 궁금하기도 했고요."라고도 말했다. 피난생활에서 잊을 수 없는 또 하나의 기억은, 난생 처음 구호물자로 나온 일본 음식을 먹었던 일이다. 베트남인들은 일본에 있으면서도 일본에서의 일반적인 생활과는 무관한, 독립된 생활을 해 왔기 때문이다. '얼굴이 보이지 않는 〈이웃〉'이라는 관계성, 이 베일에 휩싸인 관계성에 비로소 균열이 생겼고, 타자를 자기의 타자로서 마주할 수밖에 없게 된 관계가 대지진이라는 미증유의 상황 속에서 생겨난 것이다.

이런 생활을 했던 베트남인(정주 베트남인 759명, 이재민은 137세대, 484명)에 대해, 가톨릭 다카도리鷹取 교회나 인도차이나 난민사업본부, 일본 베트남 우호협회 등 많은 단체가 지원활동을 한다. 그리고 구호활동을 일원화하기 위해, 앞서 말한 '피해 베트남인 구호 연락회'가 1월 28일에 결성된다. 피해자 상황파악, 지진 정보의 번역, 식사 제공, 고베 시에 외국인 지원 설명회의 요청 같은 일을 했고, 또한 임시거처가 생기고부터는 생활습관이나 문화의 차이로 인해 생기는 문제를 해결하는 일이나 주민 자체 회의를 조정하는 일 등 많은 일을 한다. 그리고 1995년 4월에는 '효고 현 정주외국인 생활부흥센터'(이하 '생활부흥센터'로 줄임)가 활동을 시작한다. '생활부흥센터'의 리플릿에는 '일본사회에서 부당한 편견이나 몰이해 속에서도 마을의 발전을 밑바닥에서부터 지지해 온 외국인 주민이, 마을의 부흥과 관련된 취직이나 입주 등의 생활재건의 장에서 차별받지 말아야 한다'고 쓰여 있다. 긴급 구호활동에서 시작하여, 정주외국인이 생활재건에서 소외되지 않도록 상담을 하는 지원활동으로 확장된 것이다. 가 씨가 이런 활동에 참여하게 된 것은 이때부터다.

앞서 이야기했지만 당시 가 씨는 서툰 일본어로 그럭저럭 일상회화가 가능할 정도였고, 재해나 의료와 관련된 전문용어는 전혀 몰랐다. 그런 상황에서, 건강 상담이나 의료 상담이나 식사 등, 피난소나 텐트촌의 관리·운영을 지원하거나, 베트남어로 지진 뉴스를 발행하며 통역 일을 했고, 'FM 유멘'의 방송, 신청서를 원조했으며, 가설주택 자치회나 이웃과의 조정 일 등, 엄청난 활동을 하게 된다. 바쁜 날들이었다. 하지만 "일본어가 서투르지만 이 일들을 계기로 제대로 일본어를 배워야겠다고 했죠. 그래서 전문용어나 경어표현들을 집중 공부했고, 하루하루가 신선한 사건의 연속이었어요."라고 가 씨는 회고한다. '공장에서와는 전혀 다른 'NGO 사회'에, 베트남인과 일본인 사이의 우호적 관계를 구축하는 활동에, 완전히 몰두했던 것이다. 그 후 '피해 베트남인 구호 연락회'와 '효고 현 정주외국인 생활부흥센터'는 1997년 2월에 통합하여 '고베 정주외국인 지원 센터[KFC]'가 설립된다. 가 씨는 베트남어를 하는 외국인 스탭으로 활동해달라는 권유를 받는다. 당시에는 그 일이 그때까지의 일과 너무 달라서 매우 고민했다고 한다. 그러나 고민 끝에 그녀는 전임 스탭으로 일하기로 했다. 그 후 2001년에는 베트남인 지원을 위한 NGO조직인 'NGO베트남 in KOBE'로 독립, 'FM와이와이'가 있는 가톨릭 다카도리 교회에 사무실을 냈고, '다언어 센터-FACIL'·'월드 키즈 커뮤니티'의 스탭과 자주 교류를 하면서 활동을 했고, 2003년부터는 대표 일을 맡고 있다.

가 씨의 큰 딸은 결혼하여 아이를 낳았다. 정주 베트남인 3세의 탄생인 것이다. 집에서는 베트남어와 일본어가 함께 오간다. 가 씨 부부는 베트남어로 이야기하고, 아이들은 베트남어를 알아듣긴 하지만 '베트남어로 얘기하고 싶지 않다'며 일본어로 이야기한다. 하지만 1989년부터 아이들과 함께 세 번 정도 베트남에 갈 기회가 있었는데, 이때 아이들은 할머니와 베트남어로 대화한 일을 추억으로 갖고 있다. 결혼한 첫째 딸도 부모님과 함께 살 때는 일본어로 소통했지만 자기 아이와는 베트남어로 이야기 나눈다고 한다. 가 씨는 '일본에서 태어나 일본에서 자라도 역시 베트남인'이라고 생각한다.

그들이 일본에 온 지 벌써 30년 정도가 흘렀고 2세가 사회에 진출했고, 3세가 태어나고 있다. 고베에서 태어난 2세의 대다수는 고베에 남았고(가 씨의 이야기로는 약 80% 정도), 20% 정도의 사람들이 다른 도시에서 살고 있다. 고베에 남은 2세 중에는 일반 기업의 사무직 일을 하는 사람도 있지만, 여전히 대부분은 부모 세대처럼 신발 공장이나 고무 제품 제조업 일을 하는 경우가 많다. 대학에 갈 수 있는 이는 20명에 한 명 꼴이라고 한다. 큰 가능성을 품고 있으나 그 가능성이 여전히 발휘되지 않는, 발휘될 수 없는 환경을 일본사회가 만들고 있다고 가 씨는 생각한다. 그렇다고 해도 전국적으로 상담하며 느끼는 것은 고베는 그나마 괜찮은 편이라는 것이다.

상담 내용도, 가 씨가 이런 활동을 시작한 1996~97년 전후인 10년 전과 비교하면 크게 달라졌다. 10년 전에는 입주거부, 임금체불, 해고된 베트남인에 대한 부당 보험료 징수 문제, 가설주택 이웃과의 마찰 등에 대한 교섭이나 상담이 많았다. 물론 지금도 입주거부 문제가 많긴 하지만, 신용카드 취득 문제나 주택대출 상환 문제 그리고 아이들 교육 문제 등 일본의 시스템 속에서 일어나는, 즉 정주생활이 오래되면서 생기는 문제로 확장하고 있다. 일본인 가정에서도 문제인 가정폭력 관련 상담도 있다. 또한 2008년 금융위기 이후에는 임금 체불이나 삭감, 해고나 고용 중단 관련 문제도 증가하고 있다. 가 씨의 체감으로는 지금 30~40%의 베트남인이 생활보호를 받고 있다. 이런 상황에서 가 씨는, 고베에 사는 약 200세대의 베트남인 가족 대상 상담이나 다른 도시 사람들의 상담을 포함하여 하루에 40건 안팎의 다양한 상담을 한다고 한다.

가 씨가 이제까지 활동을 지탱해 오는 데 중요한 역할을 한 계기가 하나 있다. 1998년 10월에 열흘 동안 미국에서, 미국의 베트남인 자립지원단체(VIVO나 IRCC), 베트남인 고령자를 위한 지원조직(VAC), 인도차이나계 주민을 위한 낮은 임대료 주택 제공 단체 등의 활동을 견학한 일이다. 그것이 이제까지 그녀가 계속 활동하는 데 힘이 되었다고 가 씨는 느끼고 있다. 미국식 지원이나 베트남식의 지원 등 다양한 지원 방식과 자립을 위한 활동을 실제로 접하고는 '일본에 사는 베트남인은 아무 서비스도 못 받고 있다. 부럽다. 언젠가는 이렇게 될 수 있을 것이다'라는 생각을 했다고 한다. 미국에서 받은 그 느낌과 생각이, 지금까지의 활동에 힘이 된 것이다.

4. 다문화 '공생'이란

다문화주의 이후

서두에서 말했듯 글로벌화가 급속히 진행된 현대사회는, 이제까지 '1민족=1언어=1국가'라는 견고한 자기이해 위에 구축된 근대국가와 국민(적) 아이덴티티가, 이민에 의한 민족적·문화적 다양성의 증대로 인해 더 이상 자명할 수 없는 상황을 맞고 있다. 그 속에서 다른 배경을 가진 사람들의 공생이나 다문화 사이의 대화를 도모하는 움직임도 물론 있다. 그러나 여전히 각종 대립이나 차별 그리고 관리의 움직임도 강화되고 있다. 이런 상황 속에서 우리는 어떤 이념과 구체적인 해결책을 생각해 볼 수 있을까.

1960년대에 '동화정책'이나 '통합정책'을 공식적으로 끝내고, 다문화주의 정책을 도입하며 문화적 다양성을 존중하는 것이 국가의 아이덴티티임을 선언한 것은 호주다. 그런데 하워드John W. Howard가 정권을 획득한 2006년 이후, 호주는 그때까지의 다문화주의 정책을 변경한다. '다양성의 가치는 우리를 하나로 연결시키는 공통의 가치가 되지 못했다'는 이유 때문이었다. 그리고 그것에 대신하여 '호주인이라는 사실이 어떤 의미인지 잘 이해하는 것, 우리가 공유할 가치에 보다 주력해야 한다는 것'이 중요하게 되었다. '다문화주의'에서 '통합'으로의 정책 전환이었다. 이것은 비단 호주만의 문제가 아니라 정도차가 있지만 '다문화주의'를 추진해 온 서구에서도 공통적으로 보이는 동향이다. 그러나 이런 분위기에 대해서는 연구자 사이에서도, 그것이 마이너리티 문화나 주류의 문화를 불변의 것으로 간주하는 본질주의적인 이해라고 이야기되고 있다. 나아가, 기존의 '본질주의적인 다문화주의'는 다양한 문화의 상호이해나 대화의 가능성을 닫아버릴 수도 있다는 비판과 함께, 심지어 '다문화주의'의 종언까지 이야기되는 상황이다.

그런데 호주 연구자 이엔 앙Ien Ang은 호주의 이런 정책 전환에 대해, 단순히 종래의 민족차별주의자가 주장해 온 '통합'으로 회귀한 것이 아니라, 21세기에 등장한 '새로운 통합'의 언설이라고 본다. 결코 이 경향을 가볍게 생각해서는 안 되는 것이다. 그녀에 따르면 '통합'과 '다문화주의'를 이항대립으로 이해하는 것은, 현재 일어나고 있는 사태를 정확하게 이해하는 데 방해가 된다. 그녀는 '복수의 단일문화주의'와 동일시되어 온 '다문화주의'의 문제점을 극복하기 위해서라도, 서로 다른 복수의 문화가 교차하고, 문화들끼리 상호작용-상호행동 하는 계기로서 '통합'을 생각할 필요가 있다고 한다. 그녀는 자기의 이런 입장을 '코스모폴리탄 멀티 컬처리즘'이라고 부른다.[6]

이런 다문화주의나 그것이 실제로 실행되어 온 상황에 대한 논의를 생각할 때, 일본 상황의 심각성을 생각하지 않을 수 없다. 재일한국·조선인에 대한 제도적·문화적 차별을 방치하면서, 1980년대부터 급증한 외국인 노동자나 정주외국인이 직면한 여러 문제에 거의 신경을 쓰지 않았기 때문이다. 일본정부가 무거운 몸을 일으켜 드디어 '다문화공생'을 내건 것이 2005년의 일이다. 따라서 그 시기부터 정부의 슬로건으로 사용되기 시작한 '공생'이란 말에 위화감을 느낀 사람도 많을 것이다.

---

6. 2009년 5월에 〈와세다 대학 미디어 시티즌 심포 연구소〉 주최로 개최된 국제 심포지엄에서 발언(Ang, 2009)한 것이다.

그러나 그런 정부의 대응이나 '공생'같은 말의 행정적인 용법과는 별개로, 문화적으로 다른 배경을 가진 사람들이 그 다름을 인정하면서 차별 없이 함께 살아가는 사회를 만든다는 의미에서의 '공생'의 과제는 피할 수 없다. 다문화주의의 어려움을 피하면서도 편협한 '동화'나 '통합'으로 귀결되지 않고, 어떻게 새로운 길을 만들어 낼 수 있을까.[7] 이제까지 살핀 고베의 정주외국인 그리고 일본인이 함께 꾀하는 미디어 실천의 프로젝트는 그 점에서 많은 시사점을 주고 있다.

커뮤니티를 만드는 미디어

'FM와이와이'의 미디어 실천의 중요성은 두 가지 측면에서 살필 수 있을 것이다.

우선, 'FM와이와이'는, 앞서 이야기했듯 자기 주위에, 자기의 바로 옆에, 다른 문화를 배경으로 살다가 일본에 정주해서 살기로 한 사람들이 있음을 메이저리티인 일본인에게 확실히 환기시키고 있다. 반복하지만, 한국·조선어나 베트남어, 타이어로 이야기되는 내용과 언어를 대부분의 청취자는 아마 이해할 수 없을 것이다. 또한 진지하게 귀 기울여 듣는 이도 별로 없을

---

7. 이 점은 하라 도모아키(原知章, 2010)의 논문에서 언급되었는데, 2005년 이후의 정부의 대응이 이후 2007년의 개정 고용 대책법과 개정출입국 관리·난민 인정법 시행, 외국인 관리와 통제를 강화하고 그것을 강요하는 쪽으로 흐른 것에 주목하고 싶다.

것이다. 그러나 그렇다 해도 라디오에서의 소리는, 하나의 국가에는 하나의 언어밖에 없다(혹은 하나의 언어밖에 필요 없다)는 환상에 들려 있던 일본사회와 미디어 공간의 획일성으로부터 우리를 해방시킬 것이다.

여기에서 떠오르는 것은 아렌트Hannah Arendt의 다음과 같은 말이다.

> '사적'이라는 말은 본래 '박탈'이라는 의미를 갖고 있었다. 이 '사적'이라는 말은 공적 영역의 다양한 의미와 관련되면서 중요해졌다. 완전히 사적인 생활을 한다는 것은, 무엇보다도 우선 진정한 인간적인 삶에서 본질적인 것이 박탈되고 있음을 의미한다. 즉, 타자에게 보이고, 들릴 수 있는 경험에서 생기는 리얼리티를 박탈당하고 있음을 의미한다. 사적인 삶에서 박탈당하는 것은 타자의 존재다. 타자의 시점에서 본다면 사적인 삶을 사는 사람은 나타나지 않을 것이고, 그러므로 그는 존재하지 않는 것처럼 될 것이다. (Arendt, 1958=1995, 87~88)[8]

"타자에게 보이고 들릴 수 있는 경험에서 생기는 리얼리티를 박탈당하고 있다."라는 문장에서 아렌트가 묘사하는 것은,

---

8. [옮긴이] 한나 아렌트, 『인간의 조건』, 이진우 옮김, 한길사, 2002, 112쪽 참조.

사이토 준이치齋藤純一가 말했듯 전전에 '장소 없는 자들'이라 불린 사람들, 예를 들면 '유대인'이라는 집합적 표상의 폭력에 의해 강제수용소에 보내진 사람들이다. 하지만 이런 '장소 없는 자들'은 그저 과거의 존재가 아니다. 타자로 인지되지도 않고 '마치 존재하지 않는 듯' 살아가는 것이 어쩔 수 없다고 여겨지는 사람들은 현재에도 있다. 장애인, 동성애자, 아이누, 피차별 부락출신자……. 그리고 일본사회에서 사는 가 씨나 록산느 씨가 이야기했듯, 이웃과의 교류도 없이 '타자에게 보이고 들리는 경험'을 박탈당한, 일본이라는 타지에서 사는 외국인도 생각해야 할 것이다.

대지진을 만나기 이전 오랫동안, '마치 존재하지 않았던 것처럼' 살아가는 것이 당연했던 사람들의 목소리를 전달하고 '내가 타자 앞에 나타나고 타자가 내 앞에 나타나는 공간'을 만들어 내는 문화 장치로서 'FM와이와이'가 있다.

또한 여기에서 중요한 두 번째는, 이 작은 커뮤니티 FM 방송국이 단순한 방송국에 머물지 않고, 지역사회의 다문화 커뮤니티 구축을 위한 결절점의 기능을 수행하고 있다는 점이다. 그것은 외국인과 일본인의 경계를 극복한 커뮤니티의 구성과, 다문화 미디어가 교차하는 도전적인 필드를 'FM와이와이'가 개척하고 있다는 것을 의미한다. 'FM와이와이'는 단순한 에스닉 미디어나 '다언어주의' 미디어가 아니다. 하나하나의 언어를 존중하면서 각 언어들 사이에 다리를 놓고, 거기에서 '대화'를 성립시키는 미디어=촉매, 그리고 리얼한 일상생활 속에서 다문화 커뮤니티를 구축하는 미디어=촉매인 것이다. 'FM와이와이'가 개척할 미래, 거기에 일본의 미디어의 가능성이 내포되어 있는 것은 아닐까.

:: 참조인용문헌 일람

프롤로그

Clough, Patricia Ticineto and Halley, Jean eds. (2007) *The Affective Turn: Theorizing the Social*, Duke University Press.

Gregg, Melissa and Seigworth, Gregory J. eds. (2010) *The Affect Theory Reader*, Duke University [멜리사 그레그·그레고리 J. 시그워스, 『정동 이론』, 최성희·김지영·박혜정 옮김, 갈무리, 2015].

Krause, Sharon R. (2008) *Civil Passions: Moral Sentiment and Democratic Deliberation*, Princeton University Press.

Massumi, Brian (2002) *Parables for the Virtual: Movement, Affect, Sensation*, Duke University Press [브라이언 마수미, 『가상계』, 조성훈 옮김, 갈무리, 2011].

伊藤守 (2007)「運動, 情動, 身体ーメディア研究の方法論的転換に向けた一試論」『テレビジョン解体 新記号論叢書 [セミオトポス4]』日本記号学会編, 慶應義塾大学出版会.

1장 정보와 정동

Deleuze, Gilles & Guattari (1980) *Mille Plateaux: Capitalisme et schizophrénie*, Les Editions de Minuit.(=1994 宇野邦一, 小沢秋広, 田中敏彦, 豊崎光一, 宮林寛, 守中高明訳 『千のプラトー:資本主義と分裂症』 河出書房新社) [질 들뢰즈·펠릭스 가타리, 『천 개의 고원』, 김재인 옮김, 새물결, 2001].

Deleuze, Gilles (1968) *Différence et Répétition*, Presses Universitaires de France. (=1992 財津理訳 『差異と反復』 河出書房新社) [질 들뢰즈, 『차이와 반복』, 김상환 옮김, 민음사, 2004].

Deleuze, Gilles & Guattari (1972) *L'ANTI-ŒDIPE: Capitalisme et schizophrénie*, Les Editions de Minuit.(=2006 宇野邦一訳 『アンチ·オイディプス:資本主義と分裂症』 河出書房新社, 河出文庫) [질 들뢰즈·펠릭스 과타리, 『안티 오이디푸스』, 김재인 옮김, 민음사, 2014].

Deleuze, Gilles (1988) *Le Pli: Leibniz et le baroque*, Les Editions de Minuit.(=1998 宇野邦一訳『襞:ライプニッツとバロック』河出書房新社) [질 들뢰즈, 『주름, 라이프니츠와 바로크』, 이찬웅 옮김, 문학과지성사, 2004].

Lacan, Jacques (1966) *ECRITS*, Editions du Seuil.(=1972 宮本忠雄·竹内迪也·高橋徹·佐々木孝次訳『エクリI』弘文堂)

Leibniz, G.W. (1714) 'Principes de la Philosophie ou Monadologie'in Principes de la nature et la grace fondesen raison/*Principes de la Philosophie ou Monadologie*, PUF 1954.(=1989 西谷裕作訳「モナドロジー:哲学の原理」『ライプニッツ著作集9』工作舎) [라이프니츠, 『모나드론 외』, 배선복 옮김, 책세상, 2013].

Le Bon, Gustave (1895) *Psychologie des foules*.(=1993 櫻井成夫訳『群集心理』講談社学術文庫) [귀스타브 르 봉, 『군중심리』, 이재형 옮김, 문예출판사, 2013].

Maturana, Humberto & Varela, Francisco (1983) *EL ARBOLDEL CONOCIMIENTO*. (=1987 管啓次郎訳『知恵の樹』朝日出版社[=1997『知恵の樹』ちくま学芸文庫所収]) [움베르또 마뚜라나·프란시스코 바렐라, 『앎의 나무』, 최호영 옮김, 갈무리, 2007].

Maturana, Humberto & Varela, Francisco (1980) *Autopoiesis and Cognition: The Realization of the Living*, D.Reidel Publishing Company(=1991『オートポイエーシス:生命システムとは何か』国文社)

Tarde, Jean-Gabriel (1898) *Les Lois Sociales: Esquisse d'une Sociolagie*, Félix Alcan. (=2008 村澤真保呂·信友建志訳「社会法則」『社会法則/モナド論と社会学』河出書房新社) [가브리엘 타르드, 『사회법칙 – 모방과 발명의 사회학』, 이상률 옮김, 아카넷, 2013].

Tarde, Jean-Gabriel (1895) Monadologie et Sociologie in *Essais et mélanges Sociologiques*, Lyon-Paris, Storck et Masson.(=2008「モナド論と社会学」『社会法則/モナド論と社会学』河出書房新社) [가브리엘 타르드, 『모나돌로지와 사회학 – 모나돌로지에서 신모나돌로지로』, 이상률 옮김, 이책, 2015].

Tarde, Jean-Gabriel (1890) *Les Lois de l'imitation: étude sociologique*.(=2007 池田祥英·村澤真保呂訳『模倣の法則』河出書房新社) [가브리엘 타르드, 『모방의 법칙 – 사회는 모방이며 모방은 일종의 몽유 상태다』, 이상률 옮김, 문예출판사, 2012].

Tarde, Jean-Gabriel (1901) *L'Opinion et la Foule*.(=1964 稲葉三千男訳『世論と群集』未来社) [가브리엘 타르드, 『여론과 군중 – SNS는 군중의 세계인가 공중의 세계인가?』, 이상률 옮김, 이책, 2015].

伊藤守 (2012)「タルドのコミュニケーション論再考」『コミュニケーション理論の再構築』正村俊之編 勁草書房

伊藤守 (2002)「情報」『岩波小辞典 社会学』所収

河本英夫 (1995)『オートポイエーシス:第三世代システム』青土社

坂部恵 (1997)『ヨーロッパ精神史入門:カロリング·ルネサンスの残光』岩波書店
田中一 (1997)「情報と情報過程の層序」『社会情報学研究』No.1 創刊号
田中一 (2006)「情報の複文定義」『社会情報学研究』Vol.11, No.2
西垣通 (2004)「基礎情報学 生命から社会へ」NTT出版
正村俊之 (2000)『情報空間論』勁草書房
山内志朗 (2012)「情報, 身体, 情念」『コミュニケーション理論の再構築』正村俊之編 勁草書房
吉田民人 (1967=1990)「情報科学の構想」『自己組織性の情報科学』新曜社
吉田民人 (1974=1990)「社会科学における情報論的視座」『情報と自己組織性の理論』東京大学出版会

2장 타르드의 커뮤니케이션론 재고

Deleuze, Gilles & Guattari (1980) *Mille Plateaux:Capitalisme et schizophrénie*, Les Editions de Minuit.(=1994 宇野邦一, 小沢秋広, 田中敏彦, 豊崎光一, 宮林寛, 守中高明訳『千のプラト:資本主義と分裂症』河出書房新社) [질 들뢰즈·펠릭스 가타리,『천 개의 고원』, 김재인 옮김, 새물결, 2001].
Deleuze, Gilles (1968) *Différence et Répétition*, Presses Universitaires de France. (=1992 財津理訳『差異と反復』河出書房新社) [질 들뢰즈,『차이와 반복』, 김상환 옮김, 민음사, 2004].
Deleuze, Gilles & Guattari (1972) *L'ANTI-ŒDIPE:Capitalisme et schizophrénie*, Les Editions de Minuit.(=2006 宇野邦一訳『アンチ·オイディプス:資本主義と分裂症』河出書房新社, 河出文庫) [질 들뢰즈·펠릭스 과타리,『안티 오이디푸스』, 김재인 옮김, 민음사, 2014].
Deleuze, Gilles (1988) *Le Pli:Leibniz et le baroque*, Les Editions de Minuit.(=1998 宇野邦一訳『襞:ライプニッツとバロック』河出書房新社) [질 들뢰즈,『주름, 라이프니츠와 바로크』, 이찬웅 옮김, 문학과지성사, 2004].
Hardt, Michael & Negri, Antonio (2004) *Multitude:War and Democracy in the Age of Empire*, Penguin Press.(=2005 幾島幸子訳, 水嶋一憲, 市田良彦監修『マルチチュード:〈帝国〉時代の戦争と民主主義』(上·下)NHKブックス) [안토니오 네그리·마이클 하트,『다중』, 조정환 외 옮김, 세종서적, 2008].
Hardt, Michael & Negri, Antonio (2009) *Commonwealth*. (2012 幾島幸子, 古賀祥子訳, 水嶋一憲監修『コモンウェルス:〈帝国〉を超える革命論』(上·下) NHKブックス) [안토니오 네그리·마이클 하트,『공통체』, 정남영·윤영광 옮김, 사월의책, 2014].

Lefebvre, Georges (1934) *Foules Révolutionnaires*.(=2007 二宮宏之訳, 『革命的群衆』岩波文庫)

Leibniz, G.W. (1714) 'Principes de la Philosophie ou Monadologie'in Principes de la nature et la grace fondesen raison/*Principes de la Philosophie ou Monadologie*, PUF 1954.(=1989 西谷裕作訳「モナドロジー:哲学の原理」『ライプニッツ著作集9』工作舎) [라이프니츠, 『모나드론 외』, 배선복 옮김, 책세상, 2013].

Le Bon, Gustave (1895) *Psychologie des foules*.(=1993 櫻井成夫訳『群集心理』講談社学術文庫) [귀스타브 르 봉, 『군중심리』, 이재형 옮김, 문예출판사, 2013].

Tarde, Jean-Gabriel (1898) *Les Lois Sociales:Esquisse d'une Sociolagie*, Félix Alcan.(=2008 村澤真保呂·信友建志訳「社会法則」『社会法則/モナド論と社会学』河出書房新社) [가브리엘 타르드, 『사회법칙 — 모방과 발명의 사회학』, 이상률 옮김, 아카넷, 2013].

Tarde, Jean-Gabriel (1895) Monadologie et Sociologie in *Essais et Mélanges Sociologiques*, Lyon-Paris, Storck et Masson.(=2008「モナド論と社会学」『社会法則/モナド論と社会学』河出書房新社) [가브리엘 타르드, 『모나돌로지와 사회학 — 모나돌로지에서 신모나돌로지로』, 이상률 옮김, 이책, 2015].

Tarde, Jean-Gabriel (1890) *Les Lois de l'imitation:étude sociologique*.(=2007 池田祥英·村澤真保呂訳『模倣の法則』河出書房新社) [가브리엘 타르드, 『모방의 법칙 — 사회는 모방이며 모방은 일종의 몽유 상태다』, 이상률 옮김, 문예출판사, 2012].

Tarde, Jean-Gabriel (1901) *L'Opinion et la Foule*.(=1964 稲葉三千男訳『世論と群集』未来社) [가브리엘 타르드, 『여론과 군중 — SNS는 군중의 세계인가 공중의 세계인가?』, 이상률 옮김, 이책, 2015].

山内志朗 (2003)『ライプニッツ:なぜ私は世界にひとりしかいないのか』NHK出版

3장 미디어와 신체의 관계, 그리고 정동의 정치학

Bergson, Henri (1896) *Matière et Mémoire*, Presses Universitaires de France.(=1999 田島節夫訳『物質と記憶』白水社) [앙리 베르그손, 『물질과 기억』, 박종원 옮김, 아카넷, 2005].

Deleuze, Gilles (1981) *Spinoza:Philosophie pratique*, Minuit.(=1994 鈴木雅大訳『スピノザ:実践の哲学』平凡社) [질 들뢰즈, 『스피노자의 철학』, 박기순 옮김, 민음사, 1999].

James, William (1884) What is an emotion?, in *Mind9*(=1956 今田恵訳「情緒とはなにか」『世界大思想全集 ウィリアム·ジェームズの心理思想と哲学』河出書房).

Leibniz, Gottfried Wilhelm (1714) *Principes de la philosophie ou Monadologie*. (=1990 西谷裕作訳「モナドロジ-：存在の原理」「ライブニッツ著作集 後期哲学」工作社)

Massumi, Brian (2002) *Parables for the Virtual:Movement, Affection and Sensation*, Duke University Press [브라이언 마수미, 『가상계』, 조성훈 옮김, 갈무리, 2011].

Massumi, Brian (2005) "Fear:The Spectrum Said," in *East Asia Cultures Critique*, Vol.13, no.1.

Merleau-Ponty, Maurice (1945) *Phénoménologie de la Perception*, Gallimard.(=1976 竹内芳郎·小木貞孝訳『知覚の現象学』みすず書房) [모리스 메를로 퐁티, 『지각의 현상학』, 류의근 옮김, 문학과지성사, 2002].

4장 미디어 상호의 공진과 사회의 집합적 비등

Deleuze, Gilles (1990) *Pourparlers*, Minuit.(=1992 宮林寛訳『記号と事件:1972~1990年の対話』河出書房新社) [질 들뢰즈, 『대담:1972~1990』, 김종호 옮김, 솔, 1993].

Durkheim, Emile (1893) *De la division du travail social*, 7 ed., PUF.(=1971 田原音和訳『社会分業論』青木書店) [에밀 뒤르켐, 『사회분업론』, 민문홍 옮김, 아카넷, 2012].

Durkheim, Emile (1912) *Les Formes élémentaires de la vie relogieuse*, 4 ed., PUF. 1960.(=1975 古野清人訳『宗教生活の原初形態』(上,下) 岩波書店) [에밀 뒤르켐, 『종교 생활의 원초적 형태』, 민혜숙 옮김, 민영사, 1992].

Tarde, Jean. Gabriel (1890) *Les lois de l'imitation:étude sociologique*, Alcan.(=2007 池田祥英, 村澤真保呂訳『模倣の法則』河出書房新社 [가브리엘 타르드, 『모방의 법칙 — 사회는 모방이며 모방은 일종의 몽유 상태다』, 이상률 옮김, 문예출판사, 2012].

正村俊之 (2001)『コミュニケーション·メディア:分離と結合の力学』世界思想社

宮島喬 (1979)「フランス社会学派と集合意識論:歴史における「心性」の問題にふれて」『思想』No.663.

大野道邦 (2001)「集合意識·集合表象·集合的沸騰」『奈良女子大学文学部年報』No.45.

5장 글로벌화와 미디어 공간의 재편제

Artz, Lee and Kamalipour, Yahya R., eds. (2003) *The Globalization of Coporate*

Media Hegemony, New York : State University of New York Press.

Anderson, Benedict (1983) *Imagined Communities : reflections of the origin and spread of nationalism*, London : Verso.(=1987 白石隆, 白石さや訳『想像の共同体 : ナショナリズムの起源と流行』リブロポート) [베네딕트 앤더슨, 『상상의 공동체』, 윤형숙 옮김, 나남출판, 2003].

Appadurai, Arjun (1996) *Modernity at Large : cultural dimensions of globalization*, Minnesota : The University of Minnesota.(=2004 門田健一訳『さまよえる近代 : グローバル化の文化研究』平凡社) [아르준 아파두라이, 『고삐 풀린 현대성』, 채호석·차원현·배개화 옮김, 현실문화, 2004].

Appadurai, Arjun (2003) "Grassroots Globalization and the Research Imagination", Arjun Appadurai ed., *Globalization*, Duke University Press.

Appadurai, Arjun (2006) *Fear of Small Numbers : an essay on the geography of anger*, Duke University Press [아르준 아파두라이, 『소수에 대한 두려움』, 장희권 옮김, 에코리브르, 2011].

Blumler, Jay,G., and Gurevitch, Michael (1996) "Media Change and Social Change : linkages and junctures", James Curran and Michael Gurevitch, eds., *Mass Media and Society*, Arnold.

Boczkowski, Pablo, J. (2005) *Digitizing the News*, Cambridge : The MIT Press.

Boyd-Barrett, Oliver, and Rantanen, Terhi (1998) *The Globalization of News*, Sage.

Boyd-Barrett, Oliver, and Rantanen, Terhi (2004) "News Agencies as News Sources : a re-evaluation", Paterson, Chris, and Sreberny, Annabelle, eds., *A International News in the Twenty-First Century*, John Libbery Publishing.

Brubaker, Rogers (1996) *Nationalism Reframed : nationhood and the national question in the New Europe*, Cambridge University Press.

Calhoun, C. (1998) "Community without Propinquity Revisited : Communication Technology and the Transformation of the Urban Public Sphere", *Sociological Inquiry*, 68(3).

Castells, Manuel (2001) *The Internet Galaxy : reflections on the internet, Business and Society*, Oxford University Press [마누엘 카스텔, 『인터넷 갤럭시』, 박행웅 옮김, 한울, 2004].

Cottle, Simon, ed. (2003) *Media Organization and Production*, Sage.

Cottle, Simon (2003) *News, Public Relations and Power*, Sage.

Croteau, David, and Hoynes, William (1997) *Media/Society : industries, images and audiences*, Pine Forge Press [데이비드 크로토우·윌리엄 호인스, 『미디어 소사이

어티』, 전석호 옮김, 사계절, 2001].

Delanty, Gerard (2003) *Community*, Routledge. (=2006 山之内靖, 伊藤茂訳『コミュニティ:グローバル化と社会理論の変容』NTT出版)

Georgiou, Myria (2005) "Mapping Diasporic Media Cultures:a Trananational cultural approach to exclusion", Silverstone, Roger, ed., 2005, *Media, Technology and Everyday Life in Europe:from information to communication*, Ashgate.

Hage, Ghassan (1998) *Fantasies of White Supremacy in a Multicultural Society*, Sydney:Pluto Press. (=2003 保苅実·塩原良和訳『ホワイト·ネイション:ネオ·ナショナリズム批判』平凡社)

Hall, Stuart (1986) "Popular Culture and the State", Tony Bennett, Colin Mercer and Janet Woollacott, eds. *Popular Culture and Social Relations*, Open University Press.

Hall, Stuart (1991) "The Local and the Global:globalization and Ethnicity", King, Anthony D., ed., *Culture, Globalization and the World-System*, Hampshire and London:Macmillan. (=1999 山中弘·安藤充·保呂篤彦訳『文化とグローバル化』玉川大学出版部)

Kellner, Douglas (2005) *Media Spectacle and Crisis of Democracy:terrorism war & election battles*, Paradigm Publishers.

キム·ヒョンミ (2004)「韓国における日本大衆文化の受容と『ファン』の形成」毛利嘉孝編『日式韓流』せりか書房

Louw, Eric (2001) *The Media and Cultural Production*, Sage.

Louw, Eric (2005) *The Media and Political Process*, Sage.

Lull, James (1995) *Media, Communication, Culture:a global approach*, Polity Press.

Massey, Doreen (1993) "Power-Geometry and a Progresstive sense of Place", Curtis, Barry, Bird, Jhon, Putnam, Tim, and Robertson, George, eds., *Mapping the Futures:local cultures, global change*, Routledge (=2002 加藤政洋訳「権力の幾何学と進歩的な場所感覚」『思想』No.933.).

Massey, Doreen (2005) *For Space*, Sage.

Mohammadi, Ali, ed., (1997) *International Communication and Globalization*, Sage.

Morley, David and Robins, Kevin (1995) *Spaces of Identity:global media, electronic landscapes and cultural boundaries*, Routledge [데이비드 몰리·케빈 로빈스, 『방송의 세계화와 문화정체성』, 마동훈·남궁협 옮김, 한울, 1999].

Morley, David (1992) *Television, Audience and Cultural Studies*, Routledge.

Morley, David (2000) *Home Territories: media, mobility and identity*, Routledge.

Said, Edward, W. (1993) *Culture and Imperialism*, Alfred A. Knopf. (=2001 大橋洋一訳『文化と帝国主義』みすず書房) [에드워드 W. 사이드, 『문화와 제국주의』, 박홍규 옮김, 문예출판사, 2005].

Schiller, Herbert I. (1969) *Mass Communication and American Empire*, West View Press.

Schiller, Herbert I. (1973) *The Mind Managers*, Beacon Press.

Schiller, Herbert I. (1989) *Culture Inc: the corporate takeover of public expresstion*, Oxford University Press [허버트 실러, 『문화(株)－공공의사표현의 사유화』, 양기석 옮김, 나남출판, 1995].

Silverstone, Roger (1994) *Television and everyday Life*, Routledge.

Silverstone, Roger, ed. (2005) *Media, Technology and Everyday Life in Europe: from information to communication*, Ashgate.

Sreberny, Annabelle and Paterson, Chris (2005) "Shouting from the Rooftops: reflection on international news in the 21 century", Sreberny, Annabelle and Paterson, Chris, eds., *A International News in the Twenty-First Century*, John Libbery Publishing.

Thompson, John, B. (1995) *The Media and Modernity: a social theory of the media*, Polity Press [존 B. 톰슨, 『미디어와 현대성』, 이원태 옮김, 이음, 2010].

Tomlinson, John (1999) *Globalization and Culture*, Cambridge: Polity Press. (=2000 片岡信訳『グローバリゼーション:文化帝国主義を超えて』青土社)

Urry, John (1995) *Consuming Places*, London: Routledge. (=2003 吉原直樹, 大澤善信訳『場所を消費する』法政大学出版局)

Urry, John (2003) *Global Complexity*, Cambridge: Polity Press.

伊藤守 (2004)「『日本偶像劇』と錯綜するアイデンティティ：台湾における日本製テレビドラマの消費」岩淵功一編『越える文化, 交錯する境界』山川出版社

伊藤守 (2005)『記憶·暴力·システム』法政大学出版局

伊藤守 (2006)『テレビニュースの社会学：マルチモダリティ分析の実践』世界思想社

岩淵功一 (2001)『トランスナショナル·ジャパン』岩波書店

岩淵功一 (2004)「スペクタクル化される『ナショナル』の饗宴：メディアにおける『普通の外国人』の商品化」テツサ·モーリス＝スズキ·吉見俊哉編『グローバリゼーションの文化商品』平凡社

小川明子 (2006)「デジタル·ストーリーテリングの可能性:BBC/Capture Walesを例に」『社会情報学研究』Vol.10, No.2. 日本社会情報学会

西原和久 (2006)「グローバル化時代の社会学理論とアジア：理論と実践への問いから」『コロキウム：現代社会学理論·新地平』創刊号 東京社会学インステイチュート

花田達朗 (1999)『メディアと公共圏のポリティクス』東京大学出版会

毛利嘉孝編 (2004)『日式韓流:「冬のソナタ」と日韓大衆文化の現在』せりか書房

6장 이민·이동과 공공공간의 디자인

Ang, Ien (2009) *Toward a Cosmopolitan Multiculturalism* (2009년 5월 와세다대학 미디어 시티즌십 연구소 주최로 열린 국제 심포지엄의 기조발제문)

Cunningham, Stuart & Sinclair, John (2001) *Floating Lives: the media and asian diasporas*, Rowman&Littlefield.

Bailey, Olga, Georgiou, Myria and Harindranath, Ramaswami(ed.) (2007) *Transnational Lives and the Media*, Palgrave Macmillan.

Karim, karim H (ed.) (2003) *The Media of Diaspora*, Routledge.

Hannah, Arendt (1958) *The Human Conditon*, University of Chicago Press. (=1994 志水速雄訳『人間の条件』ちくま学芸文庫) [한나 아렌트, 『인간의 조건』, 이진우 옮김, 한길사, 2002].

Silverstone, Roger (2005) *Media, Technology and Everyday Life in Europe*, Aahgate.

神戸定住外国人支援センター(KFC)編 (2007)『10周年記念誌 かぜ』

『ヒューライツ大阪』(2003) 7月

神戸市 (2009)『平成二十年度版 第八十五回神戸市統計書』

伊藤守 (2006)「グローバル化とメディア空間の再編制:メディア文化のトランスナショナルな移動と消費の諸問題」『社会学評論』57(4)

梶田孝道·丹野清人·樋口直人 (2005)『顔の見えない定住化:日系ブラジル人と国家·市場·ネットワーク』名古屋大学出版会

齋藤純一 (2000)『公共性』岩波書店 [사이토 준이치, 『민주적 공공성』, 류수연·윤미란 옮김, 이음, 2009].

庄司博史 (2009)「ことばに仕事を与える:多言語センターFACIL」『月刊みんぱく』2009年4月号

原知章 (2010)「『多文化共生』の議論で, 『文化』をどう語るのか?」『多文化社会の〈文化〉を問う』岩渕功一編, 青弓社

吉富志津代 (2008)『多文化共生社会と外国人コミュニティの力』現代人文社

:: 지은이 후기

이 책의 글들은 다음과 같은 형태로 처음 발표되었다.

1장 「情報概念について—主知主義的フレームから解き放つために」『社会情報学』 第1권1호, 社会情報学会, 2012

2장 「タルドのコミュニケーション論再考—コンピュータと接続したモナドの時代に」 正村俊之編『コミュニケーション論の再構築』 勁草書房, 2012

3장 「メディアと身体の共振関係と情動の政治学」『現代思想』 35권 14호, 2007

4장 「メディア相互の共振と社会の集合的沸騰」『現代思想』 36권 1호, 2008

5장 「グローバル化とメディア空間の再編制–メディア文化のトランスナショナルな移動とメディア公共圏」『社会学評論』 vol.57 no.4, 2007

6장 「移民·移動と公共空間のデザイン」 岩渕功一編『多文化社会の〈文化〉を問う』 青弓社, 2010

이 출처를 통해서도 알 수 있지만 각 글들은 종합잡지, 학

회지, 단행본 등, 여러 매체에서 각각 다른 독자를 대상으로 쓴 것이기에 문체나 스타일이 다르다. 하지만 2007년부터 2010년 사이에 집중적으로 집필한 이 글들은 '프롤로그'에도 썼듯 새로운 미디어 환경이 조형되는 가운데 미디어와 신체, 신체와 정치라는 세 항의 배치관계를 재고하고, 그 관계성에서 부상하는 '정동'과 '운동'의 문제계를 주제화한다는 일관된 문제의식을 갖고 있다. 명확한 결론이나 실증적 견해가 도출되는 글들은 아니다. 하지만 이제까지와는 다른 물음을 던지는 것, 그것을 통해 연구영역을 확대하고 심화시키는 것이 목적이었다. 그 시도가 독자들에게 조금이라도 자극을 줄 수 있다면 대단히 기쁠 것이다.

특별재외연구를 위해 2005년 4월부터 다음 해 3월까지 1년간 런던의 LSE London School of Economics and Political Science에서 지낸 경험이, 이 주제와 관련하여 직접적인 계기가 되었다. 영국의 미디어 연구, 문화연구, 비판적 담론 분석이나 학제Multimodality 분석의 동향을 파악하는 것이 재외연구의 주된 목적이었지만, 기존의 미디어 환경이 크게 변용하는 흐름 속에서 기존 미디어와 인터넷의 관계, 그리고 오디언스의 변화를 분석할 방법론적 틀 역시 고민하고 싶었다. 그런 막연한 나의 문제의식에 직접적으로 공명한 것이 브라이언 마수미의 작업이었다. 2005년 6월이었다고 기억되는데, 오야마 신지大山真司씨(현재 런던대 버벡컬리지)의 권유를 받아 런던대학의 골드스미스 컬리지에서 개최된 국제심포지엄에서 마수미와 만났던 일이 그 후 나의 연구에 큰 영향을 주었다. 들뢰즈의 책 번역을 통해 영어권에서 들뢰즈 소개자로 알려졌고, 또한 문화와 정치, 신체와 문화와 관련되는 문제를 아주 추상도 높은 개념을 구사하면서 논의하는 그의 사고를 접하지 못했다면 이 책의 논의를 진전시키는 것은 불가능했을 것이다. 학부시절에 공부한 타르드의 『여론과 군중』을 다시 읽고, 라이프니츠의 「모나드론」을 정독한 것은 그의 저작의 영향 덕분이다. 마수미 씨에게 감사하고 싶고, 그와의 중간에서 역할을 해 준 오야마 씨에게는 진심으로 감사드린다. 또한 귀국 후에 난해한 마수미의 『가상계』*Parables for the Virtual*(Duke University Press)를 함께 강독한 와세다대학 대학원 문학연구과 학생들과 교육학연구과 이토伊藤 세미나 학생들에게도 감사하고 싶다.

또 하나 덧붙일 것은 3장의 글을 발표한 후에 몇 분이 그것에 대해 논평해 주셨는데, 내가 기술한 내용은 마수미가 기술한 내용과 동일하지 않다. 그는 메를로-퐁티를 언급하지 않았으며 '정치인'과 운동선수를 접합시킨 바도 없다. 그렇기에 내가 서술한 것은 마수미에 대한 '오독' 혹은 내 식의 상상력의 산물에 지나지 않을지도 모른다.

이 책의 5장과 6장도 재외연구의 성과라고 할 수 있다. LSE에 체재한 것은 로저 실버스톤 씨의 배려 덕분이었다. 유럽에서의 미디어 글로벌화의 진전과 그것을 조망하는 연구 시각의 혁신은 5장에서 논했는데, 실버스톤은 글로벌리제이션의 문제를 오디언스 혹은 디지털미디어를 활용하는 사람들의 일상성이나 실제생활에 착목해서 생각해야 한다고 일관되게 주장했다. 유럽 여러 지역의 사람들이 위성방송이나 인터넷이나 케이블텔레비전 등 여러 미디어에 접근하면서 어떻게 각각의 '미디어 랜드스케이프'를 구조화시키는 것인지를 확인한다는 것이었다. 미디어와 오디언스의 관계를 단순한 텍스트 해석의 문제로서 파악하는 것이 아니라, 텔레비전이 구비된 '가정'이나 '교외' 같은 공간과의 관련 속에서 미디어와 오디언스의 관계를 파악하는 실버스톤의 관점이 이 장에도 참고가 되었다. EU의 미디어 정책과 관련하여 그 정책적인 의미뿐 아니라 실제로 정책적으로 조형되는 미디어 환경을 시야에 넣으면서도, 그것만으로 개개의 미디어 커뮤니케이션이 만들어지는 것이 아니라 새로운 테크놀로지를 구사하는 집합적 주체의 커뮤니케이션 행위의 특징을 해명하는 것이 필요하다는 것이 실버스톤의 관점이었다. 미디어가 글로벌화하는 것의 현실적인 의미는 그 지평에서 측정되어야 한다. 학과장을 맡은 그의 이런 연구관심에 기초하여 LSE의 커뮤니케이션 학과에서는 영국이나 독일 등 유럽 각지에서 국경을 넘어 온 이민이나 외국적外國籍 정주자의 미디어 실천이 주요 연구과제로 주목받았고 다양한 데이터베이스가 구축되었다. 본문에서 인용, 언급한 조지오Myria Georgiou의 글이나 '디아스포라 공공권'에 관한 논의도 그런 구체적인 데이터에 근거하고 있다.

글로벌화에 대한 나의 관심이나 시점도 이런 실버스톤의 시점에서 큰 영향을 받았다. 6장에서 논한 고베의 'FM와이와이'의 미디어 실천에 관한 연구보고는 실버스톤의 작업을 일본의 문맥에서 검증한 것이라 볼 수 있다. 5장과 6장 역시 LSE 재외연구 성과의 하나라고 할 수 있다.

이 책은 2010년 무렵에 거의 모든 원고가 정리되어 출판할 예정이었으나 개인적 사정과 출판사 사정이 겹쳐서 이제서야 출판이 되었다. 오랫동안 연구를 지켜봐준 세리카 쇼보의 후나바시 준이치로船橋純一郎 씨에게 진심으로 감사드리고, 출판사정이 어려운데 책 간행까지 힘써 주신 것에 후나바시船橋 씨와 함께 다케 히데키武秀樹 씨에게도 감사드린다.

또한 최근 연구회에 초대해 논의의 장을 제공해 준 이와부치 고이치岩渕功一 씨, 모리 다카요시毛利嘉孝 씨, 다나카 야스히로田仲康博 씨, 그리고 마사무라 도시유키 씨에게는 특별히 감사드린다.

수록된 글의 대부분은 야마가타山形와 도쿄東京를 오가는 신칸센 안에서 쓰여진 것이다. 다시 만날 수 없게 되었지만, 2006년 3월에 다시 만나자고 하며 그의 연구실에서 헤어진 실버스톤도 그로부터 몇 달 후에 타계했다. 그 후 벌써 7년이 지났다. 시간이 흘렀지만 다시금 신세진 모든 분들께 감사드린다.

2013년 1월 7일

지은이

『정동의 힘』과 새로운 유물론적 조건에 대한 단상

1. 제목에 관해 ― '정동'affect과 '권력·힘'power

사회현상을 다루는 기존의 문화연구(혹은 미디어연구)가 주로 분석대상으로 삼아온 것은 기호나 표상 및 그 의미작용이었다. 하지만 이 책의 저자 이토 마모루는 기호와 표상에 초점을 맞추는 관점만으로는 해명할 수 없게 된 오늘날의 테크놀로지와 인간의 변화에 착목하고 있다. 그런 맥락에서, 기호와 표상을 대신하여 이 책에서 새로운 문제계로 부상하는 것은 '운동'과 '정동'이다. 이 '운동'과 '정동'의 관점에서 볼 때, 오늘날 커뮤니케이션의 조건은 재편되고 새롭게 형성되는 양상을 넘어, 커뮤니케이션하는 인간의 말과 신체까지 변화시키고 있다. 디지털 네트워크와 접속하고 있는 우리 스스로의 현재를 떠올려 볼 때 이것은 전혀 관념적인 수준의 이야기가 아니다.

최근 '정동' 개념은 영어권의 미디어·문화연구에서 정동적 전회affective turn라는 표현이 사용될 만큼[1] 주목을 받고 있다. 애초에 '정동'affectus, affect은, 스피노자 윤리학에서 제기된 문제였고, 그것을 해석하는 들뢰즈는[2] '정동'을 힘의 획득이나 소유의 문제라기보다 힘의 증대와 감소에 관한 것으로 보았다.

그간 역어 선택에 다소 혼동과 차이가 존재해 왔지만[3], '정동'은 재현되고 개념화되기 이전에 신체 수준에서 작동하는 강렬도이다. 나아가 신체의 일정한 상태와 사유의 일정한 양태를 함께 표현한다. 즉, 이 정동은 타자에 의한 촉발과 그것에 의한 생성변화devenir를 가능하게 하는 것이다. 따라서 정동은 정서의 증대와 감소를 수반하는 모든 사회적 관계들 속에서 흐르고 발현되는 것으로 이해되어 왔다. 정치, 사회, 경제, 미디어, 담

---

1. Clough, P. T. ed, *The Affective Turn: Theorizing the Social*, Duke University Press, 2007. 스피노자, 베르그손을 경유한 들뢰즈, 가타리의 'affect' 개념을 토대로 하여 사회학, 여성연구, 문화연구 영역에서 제출된 에세이를 수록했고, 마이클 하트가 서문을 썼다.
2. 질 들뢰즈, 「정동이란 무엇인가?」, 『비물질노동과 다중』, 조정환 외 옮김, 갈무리, 2005 참조.
3. 특히 역자 입장에서 이 문제와 관련해서 스피노자–들뢰즈의 정동이론, 영어권에서의 정동연구(사), 일본 내에서 정동연구(사), 한국에서의 최근 정동연구를 비교·검토하는 과정에서, 비서구어로 서구이론을 사유하고 번역해야 하는 것의 근본적인 난경을 다시금 절감했다. 저자와도 교신을 나누면서 서로 확인한 바이지만, 보편어가 될 수 없는 언어를 도구로 삼아야 하는 운명임에도 불구하고, 보편학문의 가능성의 믿음에 비끄러매어져 있는 조건에 대해 이 책의 내용과는 별도로 다시금 진지하게 생각, 확인할 수밖에 없었다.

론장 모든 상이한 영역들과 인간 개개인의 신체 수준에서 횡단하고 교류하는 힘의 관계이기도 한 것이고, 그런 의미에서 정치적 정동의 구성은 네그리-하트에게 견인되는 주요 주제이기도 하다.

또한 마수미는 정동을, 객관적 실재인 무언가를 재현하는 관념idea과는 달리, 재현될 수 없는 사유양식이며, 일종의 내적 에너지가 연속적으로 변이함으로써만 포착될 수 있는 것이라고 했다. 정동은 "지각 이전의 직관적 지각"이며, "이 지각의 의식적 상태에 연결되어 있는 육체적 반응, 자율적 반응"인 것이다.[4] 즉, 정동은 의식적 지각이나 언어, 감정으로부터 자율성을 갖고 있고, 그렇기에 이 자율적 반응은 언제나 예측과 통제의 범위를 넘어서 있다.

이 책은 이러한 최근의 정동론의 관점을 토대로 급변하고 있는 커뮤니케이션의 조건을 검토하고 사회현상을 분석하고 있다. 이 책에서는 예각화되지 않았지만 저자 이토 마모루는 다른 저작에서 '정동'을 '감정'emotion과 구별하며 이렇게 설명한다.[5] "우리가 길을 걸을 때 뒤에서 끽! 하는 소리가 들리면, 보통 사람들은 엄청난 위협을 느끼면서 그 상황을 피한다. 그때 그

---

4. 브라이언 마수미, 『가상계』, 조성훈 옮김, 갈무리, 2011 (Brian Massumi, *Parables for the Virtual: Movement, Affect, Sensation*, Durham, Duke University Press, 2002 참조.
5. 伊藤守 인터뷰, 「地すべりするコミュニケーション」, 『談』 103호, 2015.7.

소리가 자동차 급발진 소리라고는 미처 생각하지 못한 채, 인지하지도 못한 채 행동하는 셈이다. 즉 '경험의 내용'은 없고 그 순간의 소리는 '경험의 강도'로만 느껴진다. 그리고 시간이 지나 의식이 돌아오고 그것이 자동차의 급발진 소리라는 것을 알고는 그제서야 '무서웠다'라는 감정emotion이 환기된다."

즉, 감정은 '슬프다'·'기쁘다'·'괴롭다'라고 표현할 수 있는 의식화된 마음의 상태이다. 하지만 정동은 의식을 매개할 시간적 여유 없이 바깥의 자극이나 정보가 다이렉트하게 신체를 촉발시킨다. 마수미는 이를 '내장적 감각'visceral sensibility이라는 표현을 통해 설명한 바 있다.

그럼에도 불구하고 본문에서 언급되는 '정동'은 affect와 affection 양자를 지칭하고 있어서, 그간 한국에서의 '정동' 논의를 접해 온 독자에게 혼돈의 여지를 주는 것도 사실이다. 여기에는 고려해야 할 사정이 두 가지 있는데, 앞서 이야기와 다소 중복되는 점이 있더라도 다시 자세히 기술해 본다.

우선은 통상적으로 스피노자-들뢰즈의 맥락에서 이야기되어 온 '정동'의 철학의 문제이다. 일찍이 들뢰즈가 해석한 스피노자의 affection(affectio)은 어떤 사물이나 사건이 내게 남긴 일종의 신체적 이미지나 흔적에 해당한다. 흔히 감정이라고 부르는 것이 이 affection의 관념에 해당한다. 반면 스피노자-들뢰즈에게 affect(affectus)는 하나의 affection에서 다른 affection으로의 이행을 의미한다. 이런 이행을 통해서 우리의 신체는 더 큰 능력 혹은 더 작은 능력을 지닐 수 있고, 그런 한 affect는 행위 능력의 증대나 감소를 의미한다. 즉, 이런 맥락에서는 affect=정동, affection=정서, 감정, 감응으로 이해하는 것이 옳다. 또한 이것을 구분하지 않으면, 스피노자, 니체, 베르그손, 들뢰즈, 네그리 등에 의해 발전되어 온 잠재성virtuality의 사유를 온전히 이해하기 어렵다는 점도 기억해야 한다.[6]

한편, 두 번째로 고려할 것은 저자의 의도이다. 일본에서 스피노자-들뢰즈의 affect(affectus)는 일반적으로 '정념'(최근에는 '정동')으로 번역되는 경우가 많았고 '양태적 변양'樣態的變樣 으로 설명되곤 했다. 또한 affection(affectio)은 '촉발'로 번역되면서 '연속적 변이'連續的變移라고 설명되곤 했다.

저자가 이 문제에 대해 역자와 교신하는 과정에서 밝힌 입장은 이렇다. 저자가 볼 때 영어권에서는 affect와 affection 개념을 엄밀히 구별하지 않는다. (저자의 입장은 영어권 정동이론의 입장에 보다 친연성을 갖고 있다고 할 수 있다.) 하지만 affect(affectus)와 affection(affectio)은 관계성의 개념이기 때문에 어느 한쪽을 결여하고 정동情動을 생각할 수는 없다. 그런 의미에서 저자는 affect와 affection 모두 '정동'으로 번역되어도 전혀 상관없다고 보는 입장이다. 단, 저자는 affection(affectio)

6. 질 들뢰즈 외, 『비물질노동과 다중』, 갈무리, 2005, 그리고 고병권·이진경 외, 『코뮨주의 선언』, 교양인, 2007 참조.

이 '변이' 내지 '추이' 같은 시간적 계기를 중시하는 것을 무시할 수 없기에 굳이 엄밀성을 갖고 말해야 한다면 '정동작용=affection'으로 번역되는 것이 적절하다는 생각을 갖고 있다.

이런 두 가지 사정을 감안한다면, 이 책에 대한 비판적 독해의 지점 혹은 독해 이후의 과제가 새롭게 부상한다. 오늘날 영미권의 정동 이론과 앞서 언급한 잠재성virtuality의 사유 사이에 어떤 연속/불연속의 지점이 있는지, 그리고 그 지점의 차이(혹은 충돌)가 세계를 바라보는 시점에 있어서 다시 어떤 차이를 낳는지 등이다.

한편, 이 책의 본래 표제는 '정동의 권력'이다. 이때의 '권력'은 영어 'power'의 번역어로 사용된 것인데, 이것을 한국어판에서는 '힘'으로 번역했다. 여기에도 약간의 설명이 필요하겠다. '권력'은 한국어 용법상 종종 협소한 의미의 정치적 힘과 등치되거나, 힘들 사이의 '고정된' 관계를 강하게 환기시키거나, 지배적이고 억압적인 힘의 행사로 이해되곤 했다. 하지만 이 책에서 말하는 '권력=power'는 선vs악이나, 고정된 지배vs피지배 이전의 '힘'power이라는 함의를 지닌다. 한편 그간 영어권에서 유럽철학을 번역할 때 사용한 'power'는, '능력·활력·잠재성'에 대응하는 Macht(독), puissance(프)와, '권력·현실성'에 대응하는 Gewalt(독), pouvoir(프)의 차이를 감안하지 않은 번역어로 여겨지곤 했다. 이 책의 표제어 'power'역시 '정동'과 마찬가지로 본문에서는 단 하나의 의미로 규정되는 것이 아니라 현실성과 잠재성 두 차원을 가지는 것으로서 암시되고 있다. 따라서 저자가 말하는 'power'도 앞의 용어쌍 모두를 고려하여 읽어 내야 한다는 판단에 (여전히 미진함은 남지만) '권력'보다는 개념적 규정성이 덜한 '힘'으로 번역했다.

지금 이 책이 근거하는 이론적 지점 혹은 표제어(키워드)에 대해 다소 길게 서술하기는 했으나, 이 책은 결코 이론서가 아니다. 저자 이토 마모루에게 이론은 어디까지나 실제 현상에 대한 분석의 도구이자 학문적 실천의 개념틀이다. 『정동의 힘』은 이러한 입장을 토대로, 자신의 학문 영역인 문화연구, 미디어연구의 관점에서 새롭게 관측되는 오늘날 사회의 변화를 분석하고 있다.

저자 스스로 본문에서 간략히 소개를 했으나, 이 책의 논의들이 쓰여진 시점과 현재의 시차를 감안하여, 각 내용을 역자 입장에서 잠시 소개하고 코멘트를 덧붙일까 한다.

2. 각 장의 구성과 내용

이 책 전체를 관통하는 내용은, 포스트포디즘적 산업구조를 배경으로 하여 변동을 거듭해 온 커뮤니케이션의 새로운 조건과 양상들이다. 그 분석의 핵심적 개념은 앞서도 내내 이야기했듯 '운동'과 '정동'이다. 이것은, 특히 기존의 문화연구, 미디어연구에서 의미작용(표상)을 특권시해 온 시점을 재고하게 하는 중요한 개념들이다.[7] 이것은 본문에서도 언급되지만, 스튜어트 홀로 대표되는 해석 모델(인코딩-디코딩 모델)이 여전히 주·객체, 능동·수동의 구분과 누빔점으로서의 주체를 상정하는 측면이 강하다면, 이 '운동'과 '정동'의 관점은 그 구도를 통해 온전히 이해할 수 없는 오늘날의 커뮤니케이션 현상을 파악하는 데에 유용한 관점을 제공한다. 즉, 표상 차원 이면에 숨겨진 정동을 부상시키고자 하는 방법론적 전회를 이론적, 역사적으로 설명하기 위해 저자는 1장에서 일종의 연구사 검토를 하고 있다.

1장에서는 '정보' 개념에 대한 이론적, 역사적 검토가 이루어진다. 일반 독자에게 이 '정보'라는 말과 개념은, 기계·전산 계통의 기술적 측면을 강하게 환기시킬지 모른다. 하지만 이 장에서 다루는 '정보'는 모든 생물·무생물 차원을 통틀어 커뮤니케이션 과정에서 유통되리라고 상정된 어떤 메시지, 의미로 바꿔 읽으면 좋을 것 같다. 그럴 때 1장에서 우리는, '정보'가 반드시 명료한 인식, 지각, 인지 수준에서만 파악될 수 있는 것이 아니라, 비인지적 수준에서의 믿음이나 정열, 의욕, 감정, 정동

---

7. 이것은 역자의 필드이기도 한 한국문학 연구장에서도 비슷하게 말할 수 있을 것 같다. 한국 근현대 문학 연구장에서는 1990년대 후반 이후 문화연구 관점이 적극 도입되고 그 경향이 가속화하면서 연구장의 질적 변화까지 진행시킨 측면이 있는데, 그 기본적인 관심은 표상(의미작용)의 기호구조의 해독과 관련되었다고 할 수 있다.

등도 새롭게 정보개념으로 파악될 수 있다는 점을 알 수 있을 것이다. 저자는 이것을 '주지주의적' 모델이 더 이상 유효하지 않게 된 상황으로 설명한다.

또한 이때의 '정보'란 오토포이에스 시스템의 원리와 유사하게, 오로지 바깥에서 주어진 것이라기보다 바깥 자극에 의해 안에서 생성될 수 있다는 관점이 설명되고 있다. 정보의 흐름 과정에 전제되어 있는 주·객체, 내·외부의 분절은 애초부터 주어진 것이 아니라, 사후적으로 구성 또는 발견된다는 설명이 가능해진다. '분명한 형태를 갖지 않는' 잠재성의 영역을 '정보'의 새로운 개념, 현상으로서 사유해야 한다는 저자의 주장이 연구사적 맥락 속에서 정합성을 갖고 설명되는 장이다.

2장에서 저자는 타르드의 19세기 말, 20세기 초 저서들을 재독해하면서 커뮤니케이션을 유동적이고 불규칙하며 예측 불가능한 경로를 거치는 믿음과 욕망의 흐름으로, 그리고 '차이화하는' 반복으로 파악한다. 이러한 커뮤니케이션 과정에서 어떤 정보는 의도나 의지와 상관없이 증폭되고, 제어되지 않는 독자적 자율성과 리얼리티를 획득해 간다는 것이다.

이 장이 특히 중요한 것은, 잊혀졌던 사회학자 가브리엘 타르드의 커뮤니케이션론을 재평가하는 독창성 때문이다. 타르드에 대한 재평가는 일찍이 『차이와 반복』(1968), 『천 개의 고원』(1980)을 통해 들뢰즈에 의해 이루어진 적 있으나, 전세계적으로 재조명되기 시작한 것은 2000년대 이후이다. 이 2장은 이

책 전체의 내용, 구도와는 별도로 현재 한국에서의 타르드 독해와 이해에 활력을 보태줄 내용이라고 확신한다.

저자가 타르드를 재평가하는 것은 단지 자신의 이론적 정합성을 위해서만은 아니다. 저자는, 타르드가 살았던 19세기 후반 유럽의 변동 상황과 오늘날의 상황이 '구조적인' 유사성을 공유하고 있다고 본다. 실제로 타르드가 오늘날 다시금 재조명을 받고 있는 이유는, 그의 '공중'le public 개념이 (당시 새로운 집합적 주체의 형성을 '군중'foules, crowd이라는 부정적 개념으로 파악하던 것과 달리) 미디어 매개적인 존재의 양가성을 포착했기 때문이다. 즉, 타르드가 말한 '공중'은 오늘날 '공론장'public sphere 개념과 세트를 이루는 공중 개념에 온전히 포괄되지 않는 측면을 갖고 있었다. 통상적인 의미에서의 합리적 공중과 구별되는 독자성이 타르드의 '공중'에 놓여 있는 것이다. 현재 미디어에 접속되어 커뮤니케이션한다는 공통성에 주목하는 한국에서의 타르드 이해에서도 이 점은 특히 의식되어야 할 것이다. 당시의 '공중'·'군중' 개념으로 포괄될 수 없는 존재를 타르드의 '공중' 개념이 포착하고 있었다는, 이론의 역사적 맥락 말이다.

이 책의 저자가 19세기와 21세기를 겹쳐 읽는 작업도 바로 그 부분이다. 저자가 본 19세기의 '공중'·'군중' 등의 존재들은, 한참 제도화와 시스템 구축이 진행되던 당시에 어느 영역에도 온전히 포섭될 수 없던 주체였고, 오늘날 디지털 네트워크 상의 존재들도 기존의 익숙한 틀 안에서 파악되지 않는다.[8] 이런 공통점에 기반을 둔 저자의 관점은, 이전 시대와 달리 주로 미디어를 매개로 하여 변형되거나 새롭게 형성되고 있는 '집합적 주체성'을 생각할 때 중요한 참고가 된다.

주체의 문제를 생각할 때, 자연스레 유물론적인 범주에서의 '존재'에 대한 사유를 거쳐가지 않을 수 없다. 타르드는 속성이라는 안정된 요소가 아니라, 소유라는 가변적 요소를 통해 '존재'를 파악한 바 있다. 존재에 대한 들뢰즈의 관점도 이런 타르드의 관점에서 착안한 것이다. 그리하여 저자는 오늘날 새롭게 등장하는 집합적 주체의 흐름을 타르드가 말한 '율동적 대립'이나, 들뢰즈가 말한 '분자적 미립자 상태의 흐름'으로 설명하고자 한다. 일찍이 타르드의 '공중'은 포스트포디즘적 삶정치와 주체를 사유하는 단초로서 원용되어 재해석된 바도 있는데[9] 이 2장의 연장선상에서 함께 독해해도 좋을 듯하다.

3장은 인터넷과 텔레비전의 정보가 복잡하게 결합하면서 어떻게 정치적 신체가 만들어지는지 분석하는 장이다. 이 장은

---

8. 이것은 최근 저자의 작업들 속에서 집중적으로 논의되고 있다. 伊藤守, 毛利嘉孝編, 「オーディエンス概念からの離陸ー群衆からマルチチュードへ, 移動経験の理論に向けて」, 『アフター·テレビジョン·スタディーズ』, せりか書房, 2014 참조.

9. 마우리찌오 랏짜라또, 「'삶정치' 개념의 재정의를 위하여」, 『자율평론』 11호, 양창렬 옮김, 2005.1. (초출은 *Futur Antérieur*, 39~40호, 1997.9). 웹상에서 확인가능하다. http://waam.net/xe/autonomous_review/91272

오늘날 정치적 합의모델이 '미디어'·'신체'·'정치'라는 세 항의 관계성 속에서 달라지고 있음을 주목한다. 뉴미디어가 급속히 확산되기 이전의 글(2007년)이기 때문에 본문에서는 인터넷과 텔레비전의 관계성이 주로 언급되고 있지만, 오늘날 소셜미디어에 의한 소위 '민중적인 전환'demotic turn의 사례들(이것은 저자의 한국어판 서문에서도 언급되었듯 2010년대 이후 전세계적인 민중적 결집의 주요 매개로서 소셜미디어와 정동을 생각할 수 있다)뿐 아니라, 최근의 혐오발화와 증오의 연쇄적 촉발 등의 문제도 마찬가지 맥락에서 생각할 수 있다. 즉, 오늘날 새로운 미디어 환경에서는 이제까지의 정치적 합의 모델과 다른 메커니즘에 의해 정치적 감각과 흐름이 형성되고 있는데, 이 3장은 이런 변화를 사고하는 데 중요한 실마리를 제공한다.

또한 3장은 최근 널리 읽혀온 마수미의 논의를 메를로-퐁티의 현상학과 적극 겹쳐 읽는 이론적 독창성에도 주목해야 한다. 마수미와 메를로-퐁티의 관계는 역자가 아는 한 결코 서지적으로 확인되지 않는다. 하지만 마수미의 정동 이론과 메를로-퐁티의 현상학을 공명시키는 분석들은 새삼 20세기 철학과 21세기 이론(철학) 사이의 (불)연속을 환기한다는 점에서 흥미롭다.

4장은 역시 2007년의 글로서, 3장의 연속선장에서 읽을 수 있다. 스포츠 산업과 여러 미디어들이 연동된 일본 내 실제 사례 속에서 어떻게 집합적 사회현상과 정동이 발생되는지 구체적으로 다룬 장이다. 다른 장보다 속도감 있게 읽을 수 있는 장일 것이다. 여기에서의 논의 역시 3장과 마찬가지로 오늘날은 더욱 확실하게 체감할 수 있게 되었다. 한편, 최근 뉴미디어(트위터, 페이스북, 라인 등)와 관련된 사정과 그 분석에 대해서는 저자의 다른 글들을 참고하면 도움이 될 듯하다.[10]

5장은 1970년대 이후 최근까지의 영국 문화연구의 구체적 동향을 개괄하고 있는 장이다. 구체적으로 말해 문화제국주의론과 그것을 비판, 극복하고자 한 문화연구의 관점을 비교하고, 그 이후 현재까지의 문화연구의 변화와 특징을 서술하고 있다. 나아가 이 5장은 공간의 역동성과 글로벌한 이동경험이 어떻게 전지구적 자본주의로 회수되지 않을 수 있을지 고민하며 읽게 하는 장이기도 하다. 특히 트랜스내셔널해졌지만, 다시 새롭게 내셔널한 구획이 견고해지는 상황들 속에서 국가의 역할이나 기능은 사라진 것이 아니고, 그렇기에 이민이나 디아스포라의 공간을 고려하는 적극적 사유가 더욱 요청된다는 것은 저자가 힘주어 역설하는 바다.

6장은 고베神戸라는 특정 장소에 축적된 역사적인 지층이 어떻게 현재의 일상을 구성하고 있는지, 그리고 미디어 공공권이라는 이념이 어떻게 구현되는지 구체적으로 소개하고 있다. 5장에서 다룬 디아스포라 공간으로서의 장소, 그리고 그 특정

10. 저자 약력 및 본문의 옮긴이 주 참조.

공간에 내재된 역사성과 현재 그 공간에 사는 이들의 구체적 삶의 연관관계를 보여 준다. 또한 나아가, 미디어에 의해 매개될수록 타자가 사라져가는 듯 보이는 오늘날 세계에의 비관을 상쇄시키는 내용을 담고 있기도 하다. 그러므로 6장은 이 책 전체에서 가장 눈 밝혀 읽어야 할 장이라고 생각한다. 다음 장에서 이 6장에서 시사받은 점을 조금 더 이야기해 볼까 한다. 역자로서의 본분을 조금 넘어서는 이야기가 될지도 모르겠다.

3. 재전유해야 할 것 — 타자에 대한 감각의 회로, 말, 신체가 달라지고 있는 최근의 사태와 관련하여

미디어는 우리를 가깝다고 착각하게 하거나, 우리가 서로 멀리 떨어져 있음에도 서로를 잘 보이지 않게 하는 면도 분명 가지고 있다. 타자와의 대면접촉과는 달리 미디어가 매개가 될 때, 타자에 대한 거리나 감각의 질이 분명 달라지는 것이다. 이것은 단순히 타자와의 거리를 가깝고 멀게 느끼게 한다는 수준의 문제가 아니라, 타자에 대한 감각을 구성하는 회로가 미디어마다 다르다는 점과도 관련지어 생각할 수 있다.

가령 프랑코 베라르디 '비포'는 오늘날 디지털 환경 속에서 우리의 공감능력이 감소하고 있다고 이야기했다.[11] 그는, 유기체로서의 인간의 신체가 온 신경을 곤두서게 만드는 자극들에 계속 노출되어 온 역사를 이야기하면서, 오늘날 신경자극의 가속화와 강화가 인지적 막으로서의 '감수성'을 얇아지게 만들었다고 진단한다. 기호자본주의 시대('비포'는 오늘날 디지털 정보테크놀로지에 기반을 둔 자본주의를 이렇게 명명한다)에, 우리는 스스로의 인지, 행위, 운동의 반응 속도를 높여야 하고, 신경자극에 반응하는 데 쓸 수 있는 시간이 급격히 줄어드는 조건 속에 놓여 있다는 것이다.

즉, '비포'가 말하는 공감능력의 감소는 다른 사람의 몸이라는 존재를 제때 지각하는 일이 점점 더 어려워지는 사태를 함축한다. 그의 말을 인용해서 다시 말하자면 "다른 사람을 감각적 몸으로 경험하려면 시간이 필요하다. 어루만지고 냄새를 맡을 시간, 자극의 강렬해짐에 따라 공감을 위한 시간도 점점 부족해진다. 언어화될 수 없는 것, 코드화된 기호로 환원될 수 없는 것을 이해하게 해 주는 감각의 막이 사라지고 있는 것은 정보영역의 확장(자극과 신경유인의 가속화, 인지적 반응 리듬의 가속화)과 관련이 없을 수 없다."

이 인용은 복잡성을 감소시키는 오늘날 매체 환경 속에서, 타자에 대한 사고회로가 단순해진 사태를 환기시킨다. 즉, 타자에 대한 공감에는 시간이 필요하다. 그런데 오늘날 미디어에 의해 매개될수록 점점 단발적으로 타자를 만나게 되고 공감은

---

11. 프랑코 베라르디 '비포', 『미래 이후』, 강서진 옮김, 난장, 2013.

점점 어려워진다. 역으로 타자와의 거리는 단축되는 역설이 생길 수 있는 것이다.

또한 위의 인용에서 '비포'는 '정동'을 직접 언급하고 있지는 않지만, 묘사된 구절들은 '공감'이라는 인지작용(자기동일화의 메커니즘을 갖는)을 거치기 이전에 신체 레벨에서 촉발되고 반응하고 변용이 일어나는 사태를 지적한다. 이 점에서도 미디어 매개적인 '정동'에 대해 생각해 볼 수 있다. 이어서 '비포'는 "타인이 살과 피를 갖고 나타날 때 우린 그런 타인의 현존을 감당할 수 없"다고 했다. 이것은 달리 생각할 때 오늘날 우리가 디지털 네트워크 속에서 쉽게 마주치는(마주친다고 착각하는) 타자들을 '살과 피를 가지지 않은 현존하지 않는 가상'으로 여기는 측면이 있음을 상기시킨다.

이런 측면에 대해서는, 저자 이토 마모루 역시 최근의 SNS(트위터, 페이스북, 라인 등) 분석을 통해 비슷하게 이야기한 바 있다. 저자에게 오늘날 디지털 미디어는 "무의식적으로 신체 내부에서 생성된 정동을 즉시 발신할 수 있는 미디어"이다. 또한 "익명성 높은 공간에서, 누군가에게 보이고 있다는 강한 '타자성'의 감각과 '아무에게도' 보이지 않는다는 희미한 타자성 감각"이 양가적으로 뒤섞여 있다. 그 안에서 이루어지는 감정의 발로와 그것의 집합적인 들끓음이 오늘날 우리의 정동, 감정의 회로가 되었다는 것이다.[12]

물론 이런 지적들이 오늘날 디지털 네트워크를 향한 비관만을 의미하는 것은 아니다. '비포'와 달리 이토 마모루는 이 디지털 네트워크와 뉴미디어의 다양한 측면들을 시야에 두고 있다. 하지만 한편으로는 '비포'와 이토 마모루 양자의 이야기들을 통해 뉴미디어의 유동성, 예측불가능성 자체가 주는 어떤 '불안'에 대해서도 충분히 인지해야 할 것이다. 이와 관련하자면, 최근 한국뿐 아니라 전세계적으로 '혐오' 정서 및 포비아들이 문제적인 상황으로 돌출한 것을, 이러한 새로운 커뮤니케이션 환경과 그에 접속된 우리의 신체, 말의 변화 양상을 함께 고려해서 생각해 볼 수도 있을 것이다.[13]

즉, 새로운 커뮤니케이션 상황 속에서 우리의 말과 신체는 분명 이전과는 다른 말과 신체로 변이하고 있다. '인지되기 이전의 신체 레벨에서의 정동은 즉각적으로 특정 회로를 거쳐 '좋다, 우울하다, 기쁘다, 불쾌하다, 싫다'와 같은 감정의 레벨로 전화하고, 그것은 다시 오늘날 새로운 커뮤니케이션 공간 속에서 순식간에 증폭, 확산된다. 단지 활자미디어를 통해 공동의 화제와 관심을 가졌던 과거의 집합적 주체(타르드라면 '공

---

12. 伊藤守,「社会の地すべり的な転位 コミュニケーション地平の変容と政治的情動」,『現代思想』, 青土社, 2014.12.
13. 언젠가 '일베' 현상에 대해 "가해의 흘러넘침"이라는 표현으로 이 포비아 확산의 메커니즘을 적확하게 이미지화한 글을 본 일이 있다(박권일,「혐오의 트리클다운 – 왜 약자가 약자를 혐오하는가」,『말과활』, 2013. 10/11월호). 그 메커니즘의 유물론적 조건에 대한 물음과 고민도 그 표현과 공명하며 전개되었다고 해야 할 것 같다.

중'이라고 표현했음)의 정동과 비교할 때, 뉴미디어를 통해 이합집산하는 존재들의 정동은 '비포'가 지적한 사태와도 무관하지 않아 보인다. 활자미디어, 영상미디어와 접속했을 때에는 분명 강한 리듬, 어조의 말들을 노골화하기 어려웠다. 하지만 뉴미디어와 연동된 디지털 네트워크 상에서 이런 자극들은 좀더 쉽게 표출되고 빠르게 연쇄반응을 일으키며 증폭하고 변이한다. 이때의 정동은, 지배시스템에 저항적이고 대안적인 새로운 정치적 주체를 형성시키고 결집시킬 수도 있다. 하지만 또 한편으로는 (최근 문제적으로 부상한 것이기도 하지만) 한 사회에 축적된 역사적, 정치적 갈등 상황과 접속하면서 '혐오'·'증오' 발화와 행동으로 이행할 수도 있는 것 아닐까. 그렇기에 이 책의 6장에서 암시한 '타자'라는 문제계는 '원리적으로라도' 중요하게 환기해 내야 하는 것이다. 미디어와 정동과 저항적, 구성적 주체의 문제는 별도의 주제로 다루어야 할지라도, 현재 우리의 체감 수준에서도 타자와의 거리와 타자에 대한 감각의 질은 다시금 원리적으로, 그리고 새롭게 문제시되어야 하는 것이다.

4. 나오며

발리바르는, 스피노자가 가지고 있던 대중multitudo에의 관점을 (타키투스의 말을 빌려) 이렇게 압축적으로 제시한 바 있다. "대중들은 공포를 느끼지 않으면 사람들을 공포에 떨게 만든다."14

번역이라는 특별한 읽기경험 속에서 내내 기대하고 고민했던 것도 바로 그 멀티튜드 혹은 오늘날 재사유되어야 할 집합적 주체의 성격을, 이 세계의 '구체적인 조건'(의 변화)과 관련지어 이해할 수 있지 않을까 했던 부분이었다. 그리고 그 부분에 대해서는, 저자가 이 책 안에서 충분히 암시, 시사점을 주고 있다고 생각한다.

물론 이 책은 사회학, 미디어연구, 문화연구, 커뮤니케이션 연구 혹은 라이프니츠, 타르드, 들뢰즈 등에 대한 관심 등 각 영역마다 각기 다른 의미망 속에서 읽힐 수 있을 것이다. 하지만 이 책에서 행간마다 숨어 있는, 저자의 예리하고 입체적인 시각 및 영역을 횡단하는 문제의식은 공히 독자들에게 새로운 상상력과 영감을 자극하기에 충분하리라 믿는다.

마지막으로, 지금은 익숙해져 버린 문구 하나를 떠올린다. 푸코는 '다음 세기는 들뢰즈의 세기가 될 것이다'라고 한 바 있다. 번역이라는 특별한 의미의 읽기 과정 속에서 푸코의 이 말이 단순한 주례사가 아니었음을 다시금 생각하게 되었다. 이 책에서 논하고 있는 새로운 커뮤니케이션 상황과 조건을 분석하고 해명하는 데에 활용된 이론적 자원들은 공통적으로 들

---

14. 에티엔 발리바르, 『스피노자와 정치』, 진태원 옮김, 이제이북스, 2005, 148쪽.

뢰즈의 '운동', '차이'의 개념, 사유에 의해 매개되고 있었기 때문이다. 그런 의미에서 이 번역은 들뢰즈를 통해(혹은 관련하여) 맑스와 네그리와 니체와 스피노자와 베르그손을 함께 읽던 옛 다중네트워크 동료들과 그 시절에 대한 늦은 응답이라는 점도 덧붙인다. 문화연구자도 철학전공자도 사회학자도 아닌 역자가 이 책을 번역한 것 자체가 만용일 수 있을 것이다. 하지만 1990년대와 2000년대의 소위 포스트모던적 이론(담론)의 범람 속에서 이론(지식)과 삶의 유기적 연결 사이에서 헤매거나 고민하던 개인적 시절에 대한 어떤 일단락과 연속적 이행의 계기가 필요했다. 이 번역에는 그 시절의 개인적 삶과 고민의(그러나 이것이 전적으로 개인적인 것이라고는 생각하지 않는다.) 흔적이 스며있다고 해야 할 것 같다. 이런 역자의 부족함을 현재적 관점에서 보충하면서 프리뷰를 해 주신 미디어·문화연구자 이도훈 선생님 및 아프꼼 선생님들, 그리고 이 모든 유/무형의 만남과 접속과 지적 협력을 가능케 하신 조정환 선생님 및 갈무리 출판사 활동가 분들께 감사드린다. 행여 번역상 오류나 개념어의 혼돈이 있다면 그것은 전적으로 역자의 책임이다.

2016년 1월

옮긴이

:: 인명 찾아보기

:: 용어 찾아보기

ㄷ

ㄹ

ㅁ

ㅊ

ㅋ

ㅌ

본문에 참고한 이미지 출처

25쪽 : https://www.flickr.com/photos/wheatfields/2073336603/

134쪽 : https://www.flickr.com/photos/marktee/18921881121/

180쪽 : https://www.flickr.com/photos/usmcarchives/6260765031/

210쪽 : https://www.flickr.com/photos/gsfc/14058664528/

242쪽 : https://www.flickr.com/photos/curtiskennington/3614198297/